KB051271

빅데이터와 정치

빅데이터와 정치

초판 1쇄 발행 2024년 2월 29일

지은이 한의석, 손민석, 김영근, 정진화, 박일현, 임진희, 김윤희, 심세현, 이가연

펴낸이 김선기
펴낸곳 (주)푸른길
출판등록 1996년 4월 12일 제16-1292호
주소 (08377) 서울시 구로구 디지털로 33길 48 대륭포스트타워 7차 1008호
전화 02-523-2907, 6942-9570-2
팩스 02-523-2951
이메일 purungilbook@naver.com
홈페이지 www.purungil.co.kr

ISBN 978-89-6291-092-6 93340

이 책은 2023년도 성신여자대학교 부설연구소 지원 과제에 의하여 연구되었음.

빅데이터와 정치

푸른길

누군가의 행동을 정확하게 예측할 수 있는가? 그렇다. 영화 〈마이너리티 리포트(Minority Report 2002)〉에서 주인공 톰 크루즈는 프리크라임(Precrime)이라는 형사사법기관 소속으로 범죄자가 범죄를 저지르기 전에 그(녀)를 체포하는 임무를 수행하는 사람이다. 그것이 가능한 이유는 축적된 방대한 양의 데이터, 즉 빅데이터의 처리와 분석을 통해 미래를 예측할 수 있기 때문일 것이다. 마이너리티 리포트는 빅데이터 기술의 가능한 활용 방식을 잘 보여주는 영화로 우리의 가까운 미래를 예견한 영화라고 평가할 수 있다.

다른 과학기술과 마찬가지로 빅데이터에 대해서도 긍정적인 시각과 부정적인 시각이 공존하고 있다. 낙관적인 관점에서는 빅데이터가 의사결정, 정책 결정에서 효율성, 합리성을 증대시킬 것으로 기대하지만, 프라이버시, 개인에 대한 감시와 통제, 개인 선호의 조작과 같이 부정적인 측면이 강화될 것이라는 우려가 제기된다. 빅데이터가 개인에게 미칠 수 있는 다양한 영향에 대한 윤리적·철학적 논의는 상대적으로 활발한 반면, 정치학적 관점에서 빅데이터가 우리에게 제공할 수 있는 편의와 우리에게 미치는 부정적 영향에 대해서는 많은 논의가 이루어지지 않았다.

이 책은 동아시아연구소에서 작년과 재작년에 발간한 『생명과학기술과 정치』, 『디지털 기술과 정치』에 이어 과학기술의 발전이 정치를 어떻게 변화시키고 있는지, 과학기술이 정치 영역에서 어떻게 작동하고 있는지를 '빅데이터'를 중심으로 살펴보고 있다. 필자로는 성신여자대학교 동아시아연구소의 학술·연구 활동에 직간접적으로 참여하고 있는 8명의 연구자들이 함께했다. 본인의 전공 분야와 연관되어 있기는 하지만, 전공이라고 하기에는 어려운 주제를 택하여 노력해 주신 선생님들께 감사의 마음을 전한다. 이 책을 통해 독자들이 빅데이터 기술 발전이 우리 사회와 개인의 정치적 삶을 어떻게 변화시킬 것인지에 대해 다시 한번 생각하는 기회가 될 수 있기를 바란다.

성신여자대학교 동아시아연구소는 축적된 지역연구 역량에 더하여 동아시아 국가들을 중심으로 과학기술의 발전이 각국에 미치는 사회경제적, 정치적 영향력, 그리고 과학기술과 관련된 정치적 쟁점들과 사회적 수용성을 중심으로 연구를 계속해 나가고자 한다. 이 책은 그 세 번째 결과물이다. 정치학적 연구 주제가 우리의 삶에 대한 관심과 연결되어야 한다는 당연한 생각을 되새기면서, 작은 성과가 정치학 연구의 지평을 조금은 더 넓히는 데 보탬이 되기를 기대해 본다. 이 책을 완성하는 데 도움을 주신 푸른길의 이선주 팀장님께 감사의 말씀을 드린다.

2024년 2월

저자들을 대표하여,

한의석

차례

빅데이터와 정치변동

한의석(성신여자대학교)

1. 빅데이터와 정치의 미래

정보통신기술의 발전과 초연결사회로의 전환과정에서 과거와 비교할 수 없는 방대한 분량의 데이터가 축적되기 시작했고, 이를 수집, 처리, 분석하는 기술이 발전하게 되었다. 빅데이터의 활용을 통해 마케팅, 의료서비스, 제조업 등 산업적 차원에서 생산성 및 이윤이 증가했으며, 불확실성이 높은 미래 사회에 빅데이터가 통찰력과 리스크(risk) 대응력을 강화하고 데이터 분석을 통한 경쟁력 강화와 새로운 가치 창출에 기여할 것이라는 긍정적인 전망이 제시되었다(강만모·김상락·박상무 2012, 30). 또한 선거운동이나 공공정책 결정 과정에 빅데이터가 활용되기 시작하면서 정치학적 관점에서 빅데이터의 중요성이나 사회정치적 영향력을 다루는 논의들이 증가했다. 하지만 경제 분야에서의 일반적인 낙관론과 달리 사회·정치 분야에서는 빅데이터의 기능이나 역할에 대해서 비관적인 전망도 다수 제기되었다.

빅데이터에 대한 최근의 사회과학적 논의들은 데이터의 소유(보호)와 활용이라는 두 가지 측면에서 빅데이터의 긍정적인 측면과 부정적인 측면을 다루고 있다. 권력자원으로서의 정보(데이터)의 중요성은 빅데이터가 논의되기 훨씬 이전부터 잘 알려진 사실이다. 따라서 정보를 누가 소유하는가와 어떻게 활용하는가의 문제는 오래전부터 정치적인 일이었다고 할 수 있다. 그렇지만 기존의 데이터들과 달리 빅데이터와 관련해서 주목해야 할 점은 방대한 데이터의 수집이나 저장, 분석이 개인 차원에서 이루어지는 것은 거의 불가능하며 국가나 대기업 차원에서 가능하다는 점이다. 특히 국가와 기업의 빅데이터 사용 목적이 기본적으로 개인과 사회에 대한 조정과 통제를 내포하고 있으며 개인의 선호나 판단에 지대한 영향을 미칠 수 있다는 점에서 윤리적이고 정치적인 차원의 검토가 필요하다(손화철 2013, 43). 인터넷 정보 제공자가 AI 알고리즘을 통해 이용자에게 맞춤형 정보를 제공하고 이용자는 제공된 정보 내에서만 선택하게 되는 필터버블(filter bubble)은[1] 빅데이터 기술이 개인의 자유를 제한하고 선호를 왜곡할 수 있음을 보여주고 있다.

정보 즉 데이터의 소유에 관한 문제는 민주주의와 연결된다. 유발 하라리는 정부와 소수 엘리트 집단에 정보가 독점되는 것이 현대 민주주의의 가장 큰 위협이라고 주장했으며, 또한 데이터를 통제하는 자가 진짜 정부라고 하면서 정부든 대기업이든 정보의 독점을 경계해야 한다고 지적했다(Yuval Harari 2018). 중국의 경우 인공지능과 빅데이터를 결합한 중앙집중적인 감시 기술을 활용하여 높은 수준의 사회 안전을 유지하기도 하지만, 시민들에 대한 강력한 통제 장치를 통해 권위주의를 강화하고 있음을 볼 수

---

1 https://www.scienceall.com/?s=%ED%95%84%ED%84%B0%EB%B2%84%EB%B8%94.

있다.

데이터 소유의 문제는 동시에 데이터 보호의 문제라고 할 수 있다. 국가의 정보 독점에 대한 우려가 증가함에 따라 데이터 민주주의 관점에서 개인정보 보호가 중요한 쟁점이 되고 있으며, 정부 데이터의 공개와 공유에 대한 요구가 커지고 있다(황종성 2022). 행정안전부에서 제공하는 공공데이터포털(www.data.go.kr)은 정부 차원에서 이루어진 데이터 민주주의를 위한 노력의 한 사례라고 할 수 있다. 데이터 소유의 문제는 또한 개인 및 국가의 데이터 주권과 연결된다. 개인 차원의 데이터 주권을 넘어, 자국(민)의 데이터가 다른 나라의 정부 또는 기업에 의해 소유되고 활용되었을 때 발생할 수 있는 부정적 결과에 대한 우려가 커짐에 따라 이를 방지하기 위한 규제가 강화되는 추세이다.

한편 빅데이터의 활용은 정책 결정의 합리성 증진과 같은 긍정적인 성과를 도출하기도 하지만 동시에 부정적인 결과를 초래할 수 있다. 공공정책 분야에서 빅데이터를 활용해 독감과 같은 질병의 유행 가능성을 확인하고 예고한다거나 최적의 버스 노선을 결정하는데 빅데이터 분석을 적용하는 등의 사례들을 확인할 수 있는데, 이는 데이터에 기반한 정치 행태, 정책 결정 방식이 긍정적인 결과를 가져온 대표적인 경우라고 할 수 있다. 빅데이터는 마이크로 타깃팅(micro-targeting)과 같이 선거 정치에서 활발하게 사용되었다. 2012년 미국의 오바마 대통령 선거캠프에서 사용하여 성공한 방법으로 잘 알려져 있는데, 개인의 인구학적 특성, 소비 행태, 이념 성향 등의 데이터를 종합하여 개별 특성에 맞도록 차별화된 메시지를 발신하여 지지를 이끌어 내는 데이터 마이닝 기법의 선거운동 방식이다(한의석 2021, 21-22).

빅데이터를 활용한 의사결정의 합리성과 효율성에 대한 낙관적 기대와

신뢰는 정치인들을 배제하고 인공지능(AI)이 정책을 결정하는 것이 바람직하다는 믿음으로 이어진다. 2018년과 2022년 일본 도쿄도의 타마시 시장 선거에서 마쯔다 미치히토(松田道人)는 AI후보자를 내세우며 자신이 당선될 경우 AI가 예산과 정책을 주도하도록 하겠다고 약속했다(朝日新聞デジタル 2023/01/05). 이러한 관점의 연장선상에서 일본의 한 경제학자는 현대 민주주의의 위기를 극복하기 위해 선거 없이 정책을 결정하는 무의식 데이터 민주주의(「無意識データ民主義」)를 제안하고 있다(成田悠輔 2022). 선거 과정에서 발생하는 유혹이나 편견으로 인한 잘못된 선택보다는 데이터의 결집과 통합을 통해 무의식 수준에서 욕망과 목적을 집약할 수 있는 시스템을 통해 의사결정을 하는 것이 더욱 바람직하다는 것이다.

반면 빅데이터를 이용한 권력의 독점과 정치적 통제 수단화에 대한 경고가 계속되고 있다. 빅데이터가 감시와 통제에 활용되면서 조지 오웰의 소설 『1984』에 나오는 빅브라더나 푸코의 『감시와 처벌』에 등장하는 제러미 벤담의 파놉티콘(Panopticon)이 주목받게 되었다(한의석 2023, 12). 중국 정부가 빅데이터의 수집과 활용을 통해 사회에 대해 강력한 통제와 관리를 시행하고 있음은 잘 알려진 사례이다. 한편 빅데이터를 이용한 감시와 통제는 국가 영역에만 국한되는 것이 아니다. 쇼샤나 주보프(Shoshana Zuboff)는 감시 자본주의(Surveillance Capitalism)라는 개념을 제시하면서 민간 기업의 빅데이터 수집과 활용이 개인의 자기 결정권을 침해하고 있으며 국가를 넘어서는 새로운 권력이 되고 있음을 경계하고 있다(손민석 2023, 92-94).

2. 이 책의 구성

제1장은 빅데이터가 가져올 사회정치적 변화에 대해 빅데이터의 속성 중 하나인 '속도'를 중심으로 데이터 생성 및 분석 속도의 가속화가 사회에 어떻게 영향을 미치고 있는지에 주목하고 있다. 특히 사회적 가속(기술 가속, 사회 변화의 가속, 생활 속도의 가속)에 따른 변화와 소외에 주목하는 로자(Hartmut Rosa)의 주장과 이를 극복하는 방안으로서의 공명 개념을 설명하고 있다. 저자는 빅데이터 세계와 사회적 가속화 속에서 민주적 공명의 실현을 강조한다.

제2장은 재난·안전 분야에서 빅데이터를 어떻게 활용할 수 있는가에 중점을 두고 있다. 디지털전환(DX) 및 지속가능성전환(SX) 시대의 미래 위험(risk)에 대응하고 관리하기 위한 거버넌스의 형성과 이를 통한 효율성 증대를 위해 빅데이터를 어떻게 이해하고 활용할 수 있는가에 대한 관심이 증가하고 있다. 저자는 빅데이터로 인한 정치, 경제, 사회의 변화에 대한 논의들을 '빅데이터 정치경제학'으로 명명하고 특히 리스크 매니지먼트 및 재난·안전 거버넌스에서 빅데이터의 활용 방식과 가능성을 제시하고 있다.

제3장은 한국의 선거에서 빅데이터가 어떻게 활용되었는지에 대해 시기별로 그 특징을 분석하고 있다. 2011년 선거 분야의 언론보도에 빅데이터라는 용어가 등장한 이래, 실제 선거에서 빅데이터가 활용되기 시작했고 빅데이터 기술의 발전에 따라 활용 방식도 진화하기 시작했다. 2020년 국회의원 선거를 앞두고 빅데이터를 활용한 인공지능(AI) 공천 시스템이 제시되기도 했으며, 선거 전략 수립 및 정책 개발에 빅데이터 분석이 적극 고려되었다. 저자는 한국 선거에서의 빅데이터 활용 방안을 4단계로 구분하면서 유튜브, AI, 챗GPT 등의 새로운 기술과 가짜 뉴스와 같은 도전적 과제에

대한 대응이 중요함을 강조하고 있다.

제4장은 보건의료 분야에서 빅데이터를 둘러싼 정책 논쟁과 정치 갈등이 무엇인지 분석하고 있다. 개인의 진료기록이나 인체 정보 등을 포함한 민감한 개인정보의 보호와 보건의료 서비스의 강화와 산업 발전을 위한 활용에 대한 법규들이 모호하거나 충돌하여 혼란을 초래하는 경우가 잦다. 저자는 실손의료보험 청구 전산화 관련 보험업법 개정 사례를 통해 개인의료정보 보호, 정보 주체의 동의 및 자기 결정권 문제, 보험업법과 의료법의 상충 및 체계 정합성 등에 대해 논의하고 있으며, 이러한 문제를 해소하기 위한 국회의 적극적 역할을 주문하고 있다.

제5장은 최근 미중 갈등의 본질이 강대국 간의 기술 경쟁이며 빅데이터 분야는 중국이 미국을 추월할 가능성이 높은 분야임을 지적하고 있다. 중국은 빅데이터 및 관련 산업을 통해 제조업 중심의 전통산업 구조를 개선하는 동시에 빅데이터, 인공지능, 로봇공학 등에서 선도 국가가 되고자 한다. 또한 공공부문 사회관리의 효율성 제고를 통해 정부 서비스를 개선하는 한편 경제와 사회에 대한 정부의 관리 감독 능력을 강화하려고 한다. 저자는 데이터의 양, 깊이, 질, 다양성, 접근성을 기준으로 미국과 중국을 비교하고 있는데 미국이 일부 앞서고 있지만 중국과의 격차가 점차 줄어들고 있다는 점에 주목한다. 미중 경쟁이 빅데이터에 관한 글로벌 규범과 질서의 형성에 중요한 영향을 미치고 있다는 점에서 이에 대한 관심을 촉구하고 있다.

제6장은 빅데이터가 외교 분야에서 어떻게 활용되고 있는지를 사례를 통해 보여주고 있다. 정치인들이 사용하는 소셜미디어, 뉴스기사 등에 대한 빅데이터 분석은 각국의 외교 정책이나 국제관계 동향을 파악하는 데 유용한 도구가 될 수 있다. 예를 들어, 트럼프 전 대통령의 트위터 게시물 분석

은 미국의 외교정책을 이해하는 데 중요한 수단이 되기도 했으며, 소셜 미디어 빅데이터 분석을 통해 공공외교 차원에서 국내외 대중의 한국에 대한 관심도를 파악할 수 있다. 또한 빅데이터는 외교안보 차원에서 위험 인식 및 정보 분석, 사이버 보안 등에 활용되고 있어서 재외 국민들의 보호를 위해 국가별 위험도를 측정하거나 재난안전 정보를 제공하는 데 쓰이기도 한다. 빅데이터는 개발협력, 기후변화, 인도주의적 문제 등 외교정책 수립에 있어서 도구로 활용되는 중이다.

제7장은 빅데이터와 결합된 인공지능 기술을 활용한 자율무기체계(무인무기)의 발전에 주목한다. 러시아–우크라이나 전쟁에서 나타난 사이버전과 심리전, 민간인들로부터 수집된 데이터의 활용, 스타링크(Starlink)와 같은 민간 기업 시설의 활용, 드론을 이용한 공격의 효율성 등이 보여주는 바대로 빅데이터를 활용한 혁신적 무기체계의 등장은 전쟁의 양상을 급격하게 변화시켰다. 양질의 빅데이터를 학습한 고성능 인공지능이 탑재된 자율무기체계가 미래 전쟁의 게임체인저가 될 것임은 자명한 사실이다. 저자는 국방 데이터의 공유와 활용에 제한이 많다는 점에 아쉬움을 표하는 한편, 빅데이터 기술을 주도하고 있는 민간 기업과 정부(국방부)의 협업 필요성을 강조하고 있다.

제8장은 불확실성이 높은 국제정치에 있어서 정보의 중요성에 대해 설명하고 있으며 또한 국가 주권의 관점에서 데이터 주권의 문제와 주요국들의 정책적 차이점을 소개하고 있다. 저자는 특히 빅데이터가 우주 개발 및 인공지능, 디지털 무역 분야에서 데이터의 수집과 이동, 개인정보보호 문제로 복잡하게 얽혀있음을 강조하면서 빅데이터의 악의적 사용에 대해 경계하는 한편, 적절한 규제를 통해 국제협력을 촉진하고 통합을 촉진할 수 있다는 점을 강조하고 있다. 불확실성이 높아지고 있는 디지털 정보화 시대

에 데이터 거버넌스를 위한 협력이 절실하다는 것이다.

참고문헌

강만모·김상락·박상무. 2012. "빅데이터의 분석과 활용." 『정보과학회지』 30권 6호: 25-32.

손민석. 2023. "디지털 대전환 시대의 사회적 불평등과 정치신화." 한의석 외. 『디지털 기술과 정치』. 푸른길: 89-125.

손화철. 2013. "빅데이터 기술의 철학적 함의." 『윤리학』 2권 201호: 39-62.

한의석. 2021. "초연결 지능정보사회와 민주주의." 미래정치연구소 편. 『스마트 거버넌스: 초연결 지능정보사회의 온라인 공론장과 거버넌스』. 푸른길: 16-36.

____. 2023. "서장: 디지털 기술의 발전과 정치변동." 한의석 외. 『디지털 기술과 정치』. 푸른길: 9-17.

황종성. 2022. "데이터 시대의 정치와 민주주의: 한국의 사례." 디지털타임스. (https://www.dt.co.kr/contents.html?article_no=2022032102109969061001)

Yuval Noah Harari. 2018. "Why fascism is so tempting — and how your data could power it." TED Talks (www.ted.com).

成田悠輔. 2022. "「無意識データ民主主義」という打開策：経済学者・成田悠輔と考える「民主主義の再生」." 『WIRED』 Vol. 42.(https://wired.jp/article/commons-democracy-yusukenarita/).

제1부

빅데이터의 정치

제1장

빅데이터와 사회적 가속화 시대 공명과 민주주의 의례*

손민석(조선대학교)

1. 들어가면서

"전 세계에 유령이 출몰하고 있다. '빅데이터'라는 유령이"

10년 전, 2014년 세계은행 학술 블로그에 『공산당선언』 첫 문장을 패러디한 글이 실렸다. 폭증하는 데이터 규모와 테크놀로지 혁신으로 세계가 새로운 국면에 돌입했다고 지적한 저자는 "데이터 혁명이 일상에서 이미 진행 중"이라고 말했다. 그는 UN이 발간한 『새로운 글로벌 파트너십: 지속가능발전을 통한 빈곤퇴치 및 경제혁신』 보고서를 거론하면서, "데이터와 통계를 강화하는 '데이터 혁명' 촉구 선언 이후 혁명적 열기가 감지되고 불꽃이 일고 있다"고 보고했다. 전문가포럼에서는 "수면 아래에서 새 시대를

---

* 이 글은 『문화와융합』 제46권 2호에 게재된 필자의 논문 "빅데이터와 사회적 가속화"를 수정, 보완한 것이다.

향한 지각변동이 감지"되고 있었다. UN보고서가 제시한 것처럼 데이터 강화가 빈곤퇴치와 경제혁신을 달성하는 세계로 이어지게 될지는 미지수지만, 빅데이터와 기술혁신이 사회를 근본적으로 변화시킬 것이라는 전망에는 의견일치가 나타났던 것이다(UN 2013; Das 2014).

2024년, 우리는 이전과 비견할 수 없을 만큼 빅데이터가 영향력을 미치는 세계에 살고 있다. 일례로 코로나19 이후 빅데이터 없는 방역체계를 상상하기 어렵게 되었다. 주지하듯이 코로나19 초기 확산단계에서, 수작업 기반 방역체계가 한계에 도달하자 질병관리본부는 빅데이터 기술을 활용한 시스템을 도입했다. 정부는 관계기관 협조를 얻어 확진자 "위치 데이터를 신속히 수집하여 데이터기반 확진자 동선 분석, 감염 위험지역 분석, 그리고 감염 예상 네트워크 자동 분석 기능을 제공하는" 방역체계를 구현했다. 빅데이터 기술은 코로나19 초기 확산대응의 주역으로 평가받았다. 2024년 초에는 방역통합정보시스템이 개통되었고, 현재 '감염병 빅데이터 플랫폼'이 구축되고 있다(송경빈 2020; 연합뉴스 2024).

2010년대 초반 맥킨지 연구진은 빅데이터를 기존 "데이터베이스 관리도구가 수집하고, 저장, 관리, 분석할 수 있는 역량을 뛰어넘는 대규모 데이터 집합"으로 규정했다. 다만 데이터 집합이 어느 정도로 커질 때 빅데이터로 간주될 수 있는지를 확정하기보다는, 향후 변화가능성을 염두에 두면서 규모에 관한 미래 담론에는 개방적인 입장을 취했다(McKinsey 2011).

빅데이터 사회를 전망하는 관점은 다양하다. 일각에서는 적절한 의료서비스와 영양공급과 같은 인류의 기본필요를 충족시키는 목적으로 빅데이터를 활용하는 시스템을 환영한다. 실제로 말라리아·뎅기열병과 같은 질병 발생지역과 확산속도를 추적하고 대응체계를 마련하거나 빈곤퇴치를 목적으로 빈곤정도를 예측하고 물적 지원을 하는데 빅데이터는 중요한 역할을 한다(Devi, et al. 2020; World Bank 2021). 다른 한편으로 빅데이터 수집 및 분석 알고리즘이 기반이 된 감시권력체제 도래를 우려하는 이들은 지배권력의 악용소지를 경고한다(Saetnan, et. al. 2018; Qian, et al. 2022). 빅데이터 사회를 어떤 각도에서 검토하는지에 따라 규범적 판단이 달라지는 만큼 빅데이터 특성에 따른 세부맥락을 제시하면서 논의를 심화시킬 필요가 있다.

본 연구는 빅데이터 사회의 가속화 차원에 주목하면서 데이터 생성 및 분석 속도의 가속화와 사회적 생활양식의 상호관계를 조망한다. 데이터 생성과 분석 및 처리과정의 가속화는 실시간 의사결정을 가능하게 하고 새로운 산업구조에 혁신을 촉진했다. 하지만 테크놀로지의 가속이 사회적으로 고착된 문제를 해결하는 데 도움이 될지, 아니면 새로운 사회적 문제를 야기하게 될지에 관해서는 더 심화된 검토가 필요하다. 이미 자본권력의 영향력과 빅데크 기업의 홍보로 많이 알려진 빅데이터 사회의 긍정적인 측면만이 아니라, 개인과 사회의 생활양식에 부정적 영향을 미치는 빅데이터 세계 역시 함께 고찰할 필요가 있다. 하르트무트 로자(Hartmut Rosa)는 속도합리성에 기초한 기술지배 현상이 야기한 사회변화 및 생활양식의 가속을 문제화한다. 본 연구는 로자의 가속화 담론을 중심으로 현대사회의 속도변화와 소외를 탐색한다.[1]

---

1 한편 한병철은 로자를 비판하면서 가속화의 시대는 지나갔다고 진단한다. 그에 따르면, 우리 시대의 시간의 위기는 '가속화'가 아닌 '시간의 원자화'에서 비롯된다. 한병철은 "가속화와 감속화는 모두 서사적 탈시간화라는 공동의 뿌리에서 유래"한 것으로 "양자는 동일한 과정의 상이한 발현"이라고 주장한다(한병철 2018, 53-54). 시간은 원자화되고 서사는 탈각되었기에 특정한 시간서사(전진하는 가속의 드라마)와 결부된 가속화 담론은 유효기간을 상실했다는 것이다. 본고는 디지털 시대에 도래하는 시간의 원자화 현상을 전면 부인하지는 않지만, 그렇다고 삶의 서사를 완전히 종식시킬 정도로 모든 시간이 원자화되었다거나, 디지털 전체주의의 지배력이 이미 완결된 형태로 이전시대와 단절을 이루었다고 보지도 않는다. 처방 측면에서도 (한병철이 해법으로 제시하는 '관조'보다) 로자가 모색하는 '공명'이 보다 정치사회적 맥락을 고려하면서 세계

글의 순서는 다음과 같다. 다음 절에서는 빅데이터 개념의 기원과 전개과정을 약술하고, 속도 측면에서 테크놀로지의 혁신에 초점을 맞추어 데이터를 초고속으로 처리하는 세계에서 파생되는 병리적 현실 일부를 소개한다. 3절에서는 데이터 처리속도의 테크놀로지 혁신이 사회적 삶의 양식과 감정구조를 변화시키는 양상을 탐구한다. 하르트무트 로자 담론을 중심으로 사회적 가속화와 이에 따른 소외 현상을 다룬다. 4절에서는 소외에 대한 응답으로 로자가 제시하는 민주적 공명(共鳴) 담론을 간략하게 소개한다. 개인의 주관적 차원의 공명 실천을 정치사회적 담론을 논의하고, 민주적 공명이 마련될 수 있는 제도적 차원을 검토한다. 끝으로 빅데이터와 사회적 가속화 시대에 민주적 공명의 가치를 숙고한다.

2. 빅데이터와 초고속 처리속도

빅데이터 용어를 단지 '거대한 자료뭉치'로 이해한다면, 오래전부터 다양한 작품에서 빅데이터가 사용된 용례를 확인할 수 있다. 하지만 단순히 거대한 자료뭉치를 넘어 '새로운 방식으로 처리되는 다양한 유형의 데이터'라는 컴퓨디 괴학과 통계 및 계량경제하의 관점을 염두에 둔 현대적 용법으로 빅데이터가 사용된 시점은 1990년대부터이다. 실리콘 그래픽스에서 일하던 매쉬(John Mashey)는 그룹 대상으로 한 여러 강연에서 〈빅데이터와 차세대 기반시설〉에 관해 발표했다. 그는 하이테크 커뮤니티에서 "컴퓨팅(computing) 경계가 계속 진화하고 있다는 점을 간명하게 전달"하고자 빅데

와 관계에서 비판적으로 관여한다는 점에서 본 연구의 관심사에 더 부합한다.

이터를 사용했다(Lohr 2013). 이후 빅데이터는 전공 분야에서 공식 학술담론으로 제출되었고, 담론과 실천 영역 역시 점차 확장되어 갔다(Weiss and Indurkhya, 1998; Diebold 2000; Diebold 2012).

빅데이터가 세부 전공분야를 넘어 대중적으로 주목받은 계기는 스마트폰, 센서, 인터넷, 컴퓨터의 기술혁신과 관련이 있다(조성준 2019, 68-70). 2007년 아이폰 출시와 함께 도래한 '스마트폰 혁명'은 과거와 비견할 수 없을 정도로 엄청난 데이터가 쏟아지는 계기를 마련했다. 이후 수많은 이들이 일상에서 스마트폰을 활용해 페이스북(메타), 트위터(X) 같은 SNS나 인터넷 커뮤니티에 생활흔적을 남기고 검색하면서 데이터를 배출하기 시작했다. 생성된 데이터가 엄청난 규모로 폭증한 것은 센서 기술 발전의 영향도 크다. 센서 기술로 정형 데이터(structured data)뿐만 아니라, 정해진 형식 없이 상시적으로 생성되고, 시간에 따라 변화 및 이동, 전파가 빠른 비정형 데이터(unstructured data)가 증폭한 것이다. 온도계, 진동 센서, 오디오나 비디오 데이터, CCTV와 같은 감시 데이터, GPS, 드론이나 인공위성 등에서 수집되는 비정형 데이터 규모는 현재 빅데이터의 80% 이상 비중을 차지한다.

센서가 부착된 사물에서 추출되어 실시간으로 데이터화된 수많은 정보들은 유무선 인터넷 기술 발전에 힘입어 한군데로 모여 사물인터넷 시대를 열었다. 공공기관과 기업은 생성된 수많은 데이터를 분석하고 활용 가치가 있는 방식으로 가공하고자 했다. 이러한 흐름 안에는 기존 데이터 규모와 폭을 넘어서는 테크놀로지 요청이 있었고, 컴퓨터 계산속도 향상 및 알고리즘의 고도화와 같은 혁신이 배경으로 자리한다. 인공지능의 확산으로 컴퓨팅 처리량은 기하급수적으로 늘어났다. 컨설팅 회사 IDC가 발간한『세계의 디지털화』에 따르면, 글로벌 데이터 등록량은 2018년 기준 33제타바이트에서 2025년에 이르게 되면 175제타바이트에 도달할 것으로 예상했다. 다른 보고서는 "2027년까지 글로벌 빅데이터 시장규모가 1,030억 달러에 육박할 것"으로 전망하기도 했다(Reinsel, et. al. 2018; Taylor 2022).

빅데이터의 특징은 V 두문자어를 활용해 설명하는데, 초기에는 규모(Volume), 다양성(Variety), 속도(Velocity)를 중심으로 논의되었다(Laney 2001). 오늘날에는 정확성(Veracity)과 가치(Value)를 추가하고, 경우에 따라 더 많은 V 두문자어를 덧붙인다. 이 글에서는 5V로 빅데이터 특징을 소개한다. 먼저 빅데이터는 규모(Volume) 면에서 과거와 비견할 수 없이 방대한 양을 의미한다. 금세기 초 10의 12거듭제곱 바이트를 의미하는 테라바이트(TB)를 사용하던 정보단위가 이제는 10의 15거듭제곱 바이트인 페타바이트(PB)도 훌쩍 뛰어넘어 10의 21거듭제곱 바이트인 제타바이트(ZB)로 이루어지는 상황이다. 또한 데이터 유형에서도 다양성(Variety)을 보인다. 상이한 소스에서 쏟아지는 유형으로는 정형 데이터, 반-정형 데이터(semi-structured data), 비정형 데이터, 처리가 이루어지지 않은 원시 데이터(raw data) 등이 있다.

다양한 유형의 방대한 규모의 데이터를 생성하고, 관리하는데 속도(Velocity)는 중요한 역할을 차지한다. 수많은 소스에서 흘러나오는 정보를 수집하고, 분식하는 데이터 처리속도는 대단히 빠른 속도로 이루어지고 있다. 가령 네비게이션은 현재 주행 속도와 실시간 교통상황에 맞추어 길안내를 해 주는데, 이를 위해서는 여러 변수를 고려하면서 수많은 차량이 보내오는 실시간 데이터와 사물에 부착된 센서 데이터 등을 신속하게 처리하고 분석할 수 있는 프로세싱 속도가 요청된다.

규모와 다양성, 속도에 더해, 정확성과 가치는 빅데이터의 목적성을 지시한다. 비즈니스 관점에서 보면 방대한 양과 속도, 다양성을 특징으로 한 정보자산인 빅데이터 테크놀로지는 활용 가능한 "가치로 전환하기 위해" 필요한 것이다. 이를 위해 데이터 과학자(data scientist)들은 분석 과정을 거쳐 (데이터 사용자 내부 사정을 들여다보게 해 주는) '인사이트'(in-sight)를 도출한다 (Mauro et. al. 2016; 조성준 2019).

특정기술과 분석을 통해 인사이트를 도출하고, 이를 가치로 전환하기 위해서는 데이터 품질이 신뢰할 만하고 정확성(Veracity)을 갖추어야 한다. 방대한 양의 데이터 수집과정에서 은폐나 누락 등 통계적 신뢰성을 확보하지 못한다면, 폐해를 낳을 수 있기 때문이다. 정보에 대한 적절한 처리 및 해석의 전제는 데이터의 신뢰성이기에 수집된 자료출처와 이동경로 등을 정확히 검증할 수 있는 경로확보를 필요로 한다.

최종적으로 수집된 데이터의 유용성은 적절한 분석방법을 통해 패턴을 인식하고 인사이트를 얻어서 운영 개선 및 서비스 향상 등 조직목표에 부합한 가치(Value) 창출로 이어지는지에 따라 결정될 수 있다. 인사이트로 도출된 데이터가 결과적으로 가치가 있다고 판단하는 이들은 조직의 의사결정자들이다.

지금까지 빅데이터 기술의 다양한 특성을 살펴보았다면, 이제 초고속으로 데이터를 처리하는 기술 혁신이 삶의 양식의 변화와 결부되면서 나타나는 사회문화적인 증상 일부를 검토한다. 초고속으로 대용량, 다품종 데이터 자산을 활용해서 정보의 품질과 신뢰성을 확보하여 가치를 추출하는 빅데이터 경제가 급성장하면서 세계는 빠른 속도로 디지털화되어 가고 있다.

디지털 시대를 표상하는 용어 가운데 하나로 '데이터성애자'(datasexual)가 등장할 만큼 데이터에 집착하고 도취되는 삶이 가속화되기도 한다. 데이터성애자들은 강박적으로 데이터를 소비하면서 "데이터의 관점에서 자신의 삶을 정돈한다." 이들은 "데이터를 더 소비할수록 더 섹시해진다"는 신념을 구현하듯이 살아간다. 데이터에 강박적인 이들은 스마트폰을 이용해 방대한 양의 데이터를 배출한다(Basulto 2012).

자기전시에 집착하는 이들 가운데 일부는 끊임없이 자신을 계측하고 성과를 내기 위해 과잉활동을 하다가 진정어린 공명은 경험하지 못한 채 소진되어 우울과 탈진에 빠지기도 한다. 또한 적지 않은 이들이 스마트폰 터치 입력을 통해 삶의 내러티브를 데이터 바이트로 전환시키고, 반복되는 스크롤과 검색을 통해 디지털 배출물을 생성하면서, 의식하지도 않은 순간에 개인의 선호와 가치를 디지털 광고업계에 이전시킨다. 정보의 세계 안에서 정보처리 행위자로 살아가는 이들을 고객으로 삼는 디지털 기업들은 끊임없이 이들을 자극할 수 있는 새로운 디바이스와 아이템을 선보이고 여기에 미혹된 이들은 온라인 공간에 집착하고, 과다한 수준으로 개인정보를 공유한다.

초고속의 데이터 처리속도를 지닌 디지털 기업은 새로운 자극을 통해 인간 심리의 취약성을 공략한다. '도파민 자극을 통해 작동시키는 단기 피드백 순환고리'로 운영되는 페이스북(메타)의 매커니즘이 대표적이다. 메타가 운영하는 인스타그램은 내부연구로 10대의 정신건강을 해친다는 것을 알면서도 모른 척 했다는 내부고발이 이어지기도 했다. 2023년 10월에는 미국의 수십 개 주 법무장관이 인스타그램과 모회사 메타를 상대로 소송을 걸었다. 소장에 따르면 메타는 강력한 기술을 활용해 소셜 미디어 플랫폼 중독과 강박을 고의로 유도하면서 청소년 정신건강을 해치고 있다. '좋아요' 형태의 인정에 뇌가 취약하다는 것을 알면서 "어린이와 청소년들을 미혹하고 참여시켜 궁극적으로 덫에 빠뜨리고 있다"는 것이다(Paul 2023).

소셜 미디어 플랫폼의 공세적 전략 속에서 데이터에 매몰된 이들은 새로운 플랫폼 안에서도 스마트폰을 매만지고 쓰다듬으면서 온라인에 머무

르는 시간을 확대하고 자신의 현재 상태를 공유한다. 극심한 피로와 탈진에 가까운 상태에서도 과도하게 활성화된 긍정성을 유지하고 싶어한다. 이들은 피로를 가속화하는 쇼츠, 릴스, 틱톡과 같은 숏폼 콘텐츠를 소비하면서 주의력과 집중력을 '도둑맞으면서' 살아간다. 아침에 일어나자마자 스마트폰을 쉼 없이 확인하지 않으면 불안해하고, 일과시간에 무의식적으로 앱에 접속하고, 흔적을 남기면서 광고업체가 원하는 데이터의 정확성과 최신 상태를 보장하는 '데이터 정제'(data hygiene)에 자발적으로 동참한다. 또한 빠른 속도로 영상을 시청하고 무의식적으로 영상이나 이미지를 스크롤하는 과정에서 디지털 권력의 그물망 속에 포박되어 '데이터 그루밍'(data grooming)에 빠진다(Mcfedries 2013).

데이터의 초고속 처리속도를 수반한 디지털 사회에서 야기된 부정적 효과 가운데 하나는 빠르고 강렬한 자극에 반응하도록 사람들의 뇌 구조를 변형시킨다는 점이다. 회전율 속도가 빠르고 반복적 형태로 고강도로 자극을 받게 되면 내성이 생기면서 더욱 강렬한 자극을 요구하게 되고, 느린 자극에는 반응하지 않게 된다. 자극적 콘텐츠에 지속적으로 노출될 경우 소외와 우울에 빠지게 되는 위험이 커진다는 보고도 제출되고 있다. 이러한 병리적 패턴이 사회적으로 확산되면 공론장에서는 숙의가 어려워질 뿐 아니라, 일상에서도 주의력을 강탈당하게 된다. 불편함을 감내하는 시간과 인내심을 발전시키고 통제되지 않는 타자와 지난한 대화에 참여하기보다 조급하게 원하는 결과물만 최단시간에 충족하는 삶의 양식으로 자신을 변형시키게 된다(Ward 2022; Hari 2022; Kardaras 2022).

유의할 점은 테크놀로지 혁신과 사회적 가속화로 인한 병리현상을 진단할 때 단순히 기술 자체를 악마화한다거나, 개인의 의지력과 결단의 문제만으로 해법을 제시하는 것은 사태를 왜곡할 수 있다는 점이다. 그보다는 근현대 세계에서의 테크놀로지 변화가 사회적 생활양식의 변화와 결부된 연결고리를 보다 깊이 숙고하는 것이 더 생산적이다. 그렇게 할 때 집중력 손상을 목표로 삼는 비즈니스 모델, 자기소외와 우울을 유발시키는 자극적 콘텐츠를 초고속의 회전율로 돌리는 현대 정치경제 매커니즘을 보다 잘 인지할 수 있다. 다음 장에서는 근현대 세계를 관통하는 사회적 가속화와 소외를 자신의 학문적 의제로 삼은 로자의 관점을 소개하면서 논의를 이어간다.

3. 사회적 가속화와 소외

앞서 언급한 병리적 증상을 볼 때 근현대 세계에서 급속도로 발전해 온 테크놀로지의 혁신과 진보가 사회적 차원에서 언제나 바람직한 진보의 방향으로 전진했다고 단언하기는 어렵다. 가령 창조성을 발휘하면서 초고속의 테크놀로지를 발전시켜 왔지만, 빠른 테크놀로지 발전이 시간의 압제로부터 우리를 해방시켰는지 질문한다면, 도리어 우리는 어느 때보다도 '시간의 압제' 속에서 '궁핍함'을 경험하고 있다고 답변할지 모른다. 테크놀로지는 계속해서 발전하고 있지만, 역설적이게도 우리는 더 짧은 시간에 더 많은 일을 하는 압박 속에서 살아가고 있다. 뿐만 아니라 현대 경제 시스템 안에서 기업가정신을 가지고 경쟁사회를 발전시키다 보면 삶의 풍성함이 찾아올 것이라는 약속이 여전히 유효한지도 의문이다.

여기에서는 초고속 데이터 처리속도와 사회변화의 상호관계를 사회구조적 차원에서 접근하기 위해 인간을 보다 자유롭게 하는 사회로 진전시킬 것으로 기대한 테크놀로지의 가속화가 오히려 우리 자신을 옥죄어 가고 있다고 지적한 하르트무트 로자의 가속화 담론을 검토한다. 고전 사회학자들은 저마다 근현대 세계를 핵심적으로 포착하는 간명한 용어를 사용해 왔다. 비판이론 전통을 계승한 로자는 현대의 저변에 놓인 핵심담론으로 '가속화'(acceleration)를 지목한다. 나아가 그는 합리화, 분화, 개인화, 상품화 문제를 본격적으로 다룬 막스 베버, 에밀 뒤르켐, 게오르그 짐멜, 칼 맑스, 아도르노와 호르크하이머의 근현대 세계의 고전 안에도 "가속화에 대한 생생한 감각"이 담겨 있다고 주장한다(로자 2020, 17).

근현대사회의 구조변동을 속도 합리성과 가속화 담론으로 구성한 로자의 핵심 주장을 서술하면 다음과 같다. 초고속의 데이터 처리 속도가 가능해진 테크놀로지의 변화, 테크놀로지의 가속화와 연동되어 나타나는 사회변화의 가속, 사회적 가속화 속에서 나타나는 생활속도의 가속은 서로 뒤얽혀져 있다. 우리는 사회를 무턱대고 정체시키지 않으면서도 삶의 속도를 늦추는 법을 배울 필요가 있다. 이는 사회적 감속 그 자체를 신봉하는 것이 아님을 의미한다. 만약 가속이 우리 시대의 문제이고, 감속 그 자체가 해법이 아니라면, 사회적 해결책의 출발점은 어디에서 찾을 수 있는가. 우리는 공명(resonance)에서 출발할 필요가 있다.[2]

가속화에 응답하면서 민주주의 갱신에 적합한 공명 개념은 4장에서 논의하고, 이번 장에서는 현대사회의 특징인 가속화 양상을 분석한다. 로자는

---

2 로자는 현대 자본주의 사회의 '고동치는 심장'을 알기 위해서는 사회적 가속화를 이해하는 것이 필수적이라는 점을 지적한다. 근대성의 시간구조를 분석하는 로자는 현대 자본주의 사회가 "구조적으로 현상유지를 위해서 체계적으로 성장과 가속화, 혁신의 증가를 요구"하고 있다는 점에서 "역동적으로 안정화"된다는 점을 밝힌다. 한편 2005년 사회적 가속화를 다룬 책이 출간된 이후 사람들은 로자를 '감속의 구루'로 오해하게 되자, 그는 『소외와 가속』(2013)을 출간하고 "속도는 그 자체로 문제가 되는 것이 아니며, 속도가 다른 형태의 소외로 이어질 때만 문제가 된다"는 점을 명확하게 밝힌다. 이후 "소외에 대한 응답이자, 소외의 반대로서 공명 개념"을 발전시켜 나간다(Rosa 2017).

사회적 가속화를 세 범주로 나누어 테크놀로지의 가속, 사회변화의 가속, 생활속도의 가속을 검토한다. 분석적 차원에서 범주를 구분하기는 했지만, 세 영역은 완전히 분리되기보다 밀접하게 상호관계를 맺고 있으며, 경쟁원리라는 동일한 동력이 이면에서 작동하고 있다. 로자는 먼저 오늘날 선명하게 보이는 현상인 교통과 통신, IT 등 테크놀로지의 가속을 다룬다. 테크놀로지의 가속은 시공간의 감각과 구조를 변화시킨다. 가령 이전과 비견할 수 없는 초고속 데이터 처리속도로 '소통'하는 디지털 세계는 사회적 삶의 양식을 급속도로 변화시키고 있다. 신체라는 감각기관을 지닌 인간이 터하고 공동체 안에서 더불어 살아가면서 공통의 경험을 축적한 역사적 장소, 땅의 질서를 변용시키고 있는 것이다. 정보가 지배하는 디지털 세계의 속도가 삶을 잠식하고 은폐하면서 소외를 일으키는 것을 로자는 우려한다(로자 2020, 20-21).

테크놀로지의 가속은 사회 내부에서 변화하는 한 가지 차원을 포착한 것이다. 로자가 주목한 두 번째 범주의 가속화는 사회적 권리와 의무를 담지하는 의례, 언어와 행동 양식, 사회적 에토스와 가치, 라이프스타일 등의 사회변화, 말하자면 사회 자체의 가속이다. 사회변화가 급속한 속도로 변화한다는 것은 가치체계와 사회적 생활양식이 유효성을 담보하는 시간 구간이 급속하게 짧아진다는 것을 의미한다. 정보사회 이전과 달리 오늘날 빅데이터 세계는 과거 '세대차이가 난다'는 표현 자체가 무색할 만큼 세대 간 공통감각을 공유하는 시간 구간이 축약되어 있다. 급변하는 사회에서는 관계를 안정적으로 맺기 위해 이전에 습득한 지혜나 에토스 역시 급변하고 유통기한이 매우 짧아진다. 또한 사회변화 속도가 빠른 사회에서는 불과 얼마 전까지만 해도 안정성과 효과성을 담보한다고 여겨진 사회 제도나 실천들이 이내 급격하게 불안정성을 드러내고 구태의연한 것으로 판정된다

(로자 2020, 21-26).

　가속화의 세 번째 범주는 테크놀로지 혁신에도 불구하고 시간의 압박 속에서 살아가는 역설과 관련되어 있다. 그것은 사회적 생활속도의 가속이다. 사람들은 주관적 차원에서 생활속도의 가속을 경험한다. 과거 어느 때보다 자동화 기술을 포함한 테크놀로지의 발전이 일어나고 있지만 많은 사람들은 디지털 혁명 시대에 자신들이 시간의 압박을 더 받고 있다고 느낀다. 객관적으로도 여러 일을 동시에 해 나가는 '멀티태스킹' 속에서 우리는 더 많은 과제를 수행한다. 더 적은 시간에 더 많은 일을 하려다 보니, 정해진 시간 단위에서 할 일과 경험은 계속 늘어난다. 테크놀로지의 가속과 혁신은 일상의 과제를 줄였다기보다 증폭시켰다. 과거 편지라는 수단으로만 장거리에 있는 이들과 의견교환을 하던 시대와 비교해서 디지털 시대의 테크놀로지 혁신은 의견교환을 훨씬 간단하고 신속하게 할 수 있는 도구를 발명했다. 하지만 이전보다 이메일, 카카오톡, 텔레그램, 전화, SNS 등을 통한 업무량은 전방위적으로 확장되었고, 우리는 시간의 궁핍함을 경험한다. 혁신적 테크놀로지 가속에도 불구하고, 혹은 매개로, 우리는 늘 시간에 쫓기면서 생활속도의 가속을 경험한다(로자 2020, 27-33).

　현대의 사회적 가속화를 야기한 동력 가운데 하나는 자본주의 세계에서 능력주의에 기초한 경쟁원리이다. 능력주의 세계에서 경쟁의 승패를 판가름하는 원칙은 전근대적 신분계급이나 과거에 이룩했던 업적 자체가 아니라 현재도 지속되는 성과물을 제출하도록 압박을 가한다. 경쟁에서 우위를 차지하기 위해서는 가속을 통한 시간절감을 항구적으로 모색해야 한다. 물론 피케티가 지적한 것처럼 21세기 자본주의 경제 시스템은 자본소득과 노동소득 사이의 극심한 격차로 세습화된 세계를 공고히 하고 있지만, 명목상 내세우는 능력주의와 경쟁의 사회적 문법체계는 끊임없이 개인적 삶과 사회적 삶의 지상사명으로 경쟁력 유지를 강령으로 삼는다. 한편 근현대 세계에서 테크놀로지 혁신이 일으킨 동력 근저에 인간의 자율성 증대의 열망이 있었다는 점을 고려할 때, 오늘날 사회적 생활속도의 가속으로 인간소외와 속박이 야기되었다는 사실은 아이러니하게 보인다(로자 2020, 34-38).

로자는 테크놀로지의 가속 자체가 생산력 향상 및 시간절감을 통한 경쟁력 유지와 이를 뒷받침하는 생활속도의 가속에 대한 사회적 응답으로 나타난 점을 통찰한다. 멈추는 순간, 뒤쳐진다는 경쟁의 사회적 원리가 내면화된 자본주의 세계에서 개인은 끊임없이 새로운 테크놀로지에 적응하면서, 혹여 자신이 낙오되지는 않을까 불안해하는 와중에 사회적 삶의 변화속도에 발맞추게 된다. 새로운 사회적 상호작용의 패턴을 습득하면서 사회변화의 가속에 동참한 이들은 경쟁력 유지를 위해 생활속도의 가속을 이어간다. 무한루프처럼 반복되는 이 회로는 다시 새로운 테크놀로지의 가속을 요청하는 구도로 돌아간다. 로자는 테크놀로지와 사회변화, 생활속도의 가속이 거대하고 단일한 폐쇄회로 시스템으로 맞물려 구동된다고 말한다(로자 2020, 41-44).

가속화 과정의 폐쇄회로는 사회적 소외를 야기하고 좋은 삶을 실현하는 것을 방해한다. 로자는 자신의 학문적 기획의 정수는 소외에 대한 비판적 성찰이라고 명시한다. 그는 소외를 다양한 층위의 관계맺음과 결부시켜 설명한다. 소외는 세계와 관계 맺는 방식과 관련되어 있다.[3] 먼저, 세계 안에

---

3 로자는 소외를 '사회적 실어증'으로 설명하기도 한다. 소외는 주체가 "자신의 신체나 감정, 물질 환경 및 자연환경, 사회적 상호작용과 연결시키지 못하고, 반응하지 않는 방식으로 세계를 경험"할 때 발생한다. 주체는 '음소거' 상태로 세계와 관계를 맺는다. 서로가 서로에게 울림을 주거나 개체가 개체를 활성화시키지 못한 채 경직된 상태로 고착되어 있는 상황이다(Rosa 2019, 178-179).

위치한 주체가 구조적 왜곡을 경험하게 되면서 공간으로부터의 소외가 발생한다. 디지털화된 지구화 시대에 사회적 거리와 물리적 거리의 분리는 깊어져 갔다. 우리는 코로나19 이후 원격 테크놀로지를 통해 사회적 상호교류를 하는데, 물리적 공간 환경이 지배적인 규정력을 발휘하지 않는다는 점을 경험했다. '비물질적' 빅데이터 세계에서는 점차 사회적 가속으로 인한 물리적 공간의 탈피를 심화시킬 위험이 있다.

둘째, 사물로부터의 소외이다. 우리가 사물세계와 맺는 관계는 사물의 교체 속도와 깊이 관련되어 있다. 가령 사물의 사용빈도나 개인화 정도에 따라 신체 감각으로 흡수되는 깊이와 폭이 달라지고, 이에 따라 일상적으로 체험하는 자아 정체성과 사물의 세계는 일정 수준에서 뒤엉킨다. 이를테면, 내가 애정하는 물건 안에 나라는 존재의 정체성이 스며들어 있다고 말하기도 한다. 하지만 신상품 생산주기 및 교체주기 단축을 특징으로 하는 속도경쟁 사회에서는 회전율을 높이는 과정에서 사물로부터 소외가 발생한다(로자 2020, 118-124).

사물로부터 소외를 넘어 자기행위로부터의 소외 역시 간과할 수 없다. 즉각적 보상이 주어지는 소비활동에 짓눌리다가 정작 자신이 추구하는 바는 행하지 못한 채 자기다움을 잃어버리기도 한다. 이와 더불어 질주하는 세계에서 조급하게 지나치는 경험들은 많아지지만, 정작 의미 있는 시간경험은 빈곤해지면서, 시간으로부터 소외를 경험한다. 끝으로 사회적 가속화 심화는 종종 자신과 타자로부터 소외를 야기한다. 경험과 행동을 한 사람의 삶으로 통합하기 위해서는 살아온 내력이나 삶의 지향점과 연결할 수 있어야 한다. 타자와의 관계맺음이 깊어지기 위해서는 오랜 불협화음 속에서 조율과 화해를 경험하는 공명의 계기를 필요로 한다. 하지만 사회적으로 가속화된 세계에서는 자신의 정체성과 행동양식이 분리되고, 사회적 공명은 없이 경쟁사회에서 성과만을 위한 과잉긍정성과 피상적 관계맺음으로 인해 쉽게 소진되고 탈진증후군에 빠지게 된다(로자 2020, 124-139).

우리가 인간을 근본적으로 공명하는 존재로 생각할 수 있다면, 자신, 타자, 시간, 사물, 나아가 세계의 총체성과의 관계의 기능부전을 극복하는 일은 매우 본질적이고 핵심적인 과제이다. 소외라는 비인간적이고 억압적인 현실을 변화시키기 위해서는 다른 노력과 더불어 정치적 차원에서 제도적 개선이 요청된다.[4] 문제는 자기소외와 타자소외와 같은 기능장애가 발생한 상황에서 다른 입장을 가진 이들이 차이를 식별하면서도 공명의 계기를 마련하면서 숙의과정을 통해 공동선을 모색할 수 있겠는가 하는 점이다. 마치 뫼비우스의 띠처럼 소외의 현실을 넘어서기 위해서는 억압적인 제도를 철폐하고 사회적 삶의 양식을 개선하는 건강한 정치가 필요한데, 정치가 건강해지기 위해서는 참여자들이 자기를 소외시키고 타자의 존재를 신속하게 지워내는 현실을 넘어서야 하는 딜레마가 있는 것이다. 새로운 미디어환경의 변화와 양극화가 심화되는 현실에서 건강한 숙의를 발전시킬 수 있는 '민주적 공명'을 모색하는 것은 우리 시대의 긴급한 도전으로 남겨져 있다.

---

4 로자는 초고속 성장 패러다임을 넘어서기 위해서는 '인식의 변화'만으로는 불충분하다는 점을 명확히 한다. 이미 "경제적, 정치적, 과학적, 기술적, 법적, 관료적으로 제도화된 형식이 자본주의가 작동되는 역동적 안정화 방식에 기반을 두고 있고, 그에 상응하는 성향과 지향점을 개별 주체들에게 강요"하고 있기 때문이다. 여기에서 본격적으로 다루기는 어렵지만 로자는 특별히 정치경제와 관련된 근본적 제도개혁을 요청한다(Ross 2019, 436).

4. 공명과 민주주의 의례

소외라는 핍진한 현실에 어떻게 응답할 것인가. 로자는 가속사회에서 파생된 문제를 사회적 감속으로 봉합하는 것은 피상적 처방이라고 지적한다. 그는 속도 자체가 문제가 되는 것이 아니며 감속이 능사가 아니라고 말한다. 교통체증이나 우울과 탈진과 같이 의도치 않게 사회적 가속의 역기능 결과로 나타나는 감속도 존재하며, 구조조정 대상자가 되어 사회에서 배제되어 강제적으로 감속상태에 빠진 실업자들도 있음을 상기시킨다(로자 2020, 48). 속도는 가속화가 소외를 발생시키는 맥락에서만 문제가 된다. 비우고 숨 고르면서 일상을 온전히 향유하는 시간도 갖지 못한 채 늘 급한 일로 쫓기는 삶을 살다가 탈진해 버릴 때처럼 말이다. 한편 가속사회의 거대한 흐름을 거스를 수 없으니, 여기에 기름을 부어 초고속으로 더 질주하라는 처방 역시 로자는 마뜩치 않게 생각한다. 좋은 삶과 좋은 정치의 조건이 무엇인지를 진지하게 탐색하기보다 시류에 굴복하는 것처럼 보인다는 것이다(Lijster & Celikates 2018, 28-29).

가속화 시대에, 소외를 극복하고, 자신과 타자, 시간, 사물, 나아가 세계의 총체성과의 관계를 다시 연결하는 방안으로 로자가 제시한 개념은 공명이다. 공명과 소외는 단순히 양분되는 개념이라기보다 보다 역동적으로 상호관계를 맺고 있다. 공명은 단순한 일치(consonance)가 아니다. 처음부터 완전한 의견일치가 있는 곳에서는 공명이 새롭게 일어날 일이 없다. 그것은 대화라기보다 독백에 불과하기 때문이다. 공명은 차이와 불협화음을 전제한다. 내가 아닌 다른 누군가가 나에게 말을 건네고, 나는 중요한 무언가에 울림이 있어 존재 깊은 곳에서부터 반응하면서 공명이 일어난다. 공명이 일어나는 과정을 살펴보면 한편에서는 자기 주도적이라기보다 다소 수

동적으로 타자로부터 영향을 받거나 감동받는 감흥(affection)이 존재한다. 동시에 다른 한편에서는 자신도 적극적으로 응답하면서 상대에게 울림을 주는 자아 효능감(self-efficacy)을 함께 경험하게 된다. 공명이 자동적으로 발생하지 않는다는 점을 고려하면 공명의 순간에 이르기까지 의견불일치와 갈등, 불협화음의 과정을 경유한다(Rosa 2017).

공명 담론은 행위주체성(agency)과 참을성(patiency)을 묶어낸다. 로자는 인간의 주체성을 옹호하는 해방의 기획과 상호부름 속에서 참을성을 통과한 연결감을 통합한다.5 공명의 조건은 가부장제와 같은 지배 권력으로부터 인간 주체성을 수호하고 해방의 기획을 전진시키면서도, 외부로부터 침투 자체가 불가능한 철옹성을 쌓는 자아를 구축하지 않는 데 있다. 로자의 공명 기획은 적극적인 수용성을 가지고 '바깥'에 있는 어떤 것, 또는 누군가와 만나는 것에서 출발한다. 주도권을 자신이 쥐기보다 내게 말 건네 오는 타자를 상정하고, 부름에 응답하는 '호명 가능성'(Anrufbarkeit)과 '응답-가능성'(response-ability, 책임성)에 주목한 점에서 공명이론은 돌봄 민주주의(caring democracy) 기획과 맞닿아 있다고 로자는 설명한다(Tronto 2013; Rosa 2023, 8).

'자율성'이 아닌 '공명'에 로자가 주목한 배경에는 동시대의 정치경제적 문제의식이 있다. 소비자본주의 사회에서 형식적으로는 주체의 자율성이 보장된 것처럼 보이지만, 로자가 보기에 가속화된 경쟁논리가 모든 것을 잠식하면서 자기결정권을 지닌 '자율적 주체'는 끝 모르는 '스펙 쌓기'를 위한 자기계발에만 몰두한다. 이런 상황에서 자기결정권이나 자율성 자체를 내세우는 것만으로 해방의 비전을 제시할 수 없다고 로자는 판단한다. 경

---

5 '참을성'의 인식론적, 윤리적, 정치적 의미에 관해서는 Taylor(2023) 참조.

빅데이터와 정치

쟁의 문법이 세계 전체를 잠식해 가고 인간소외를 야기하는 현실을 대면하고 여기에 응답할 수 있는 정치적 비전으로 로자는 공명을 제시한다. 이 점에서 그의 공명 개념은 개인의 실존 차원에서 우주적 질서와 합일을 추구하는 이들의 주관적 느낌이나 상품화된 마음명상 프로그램이 제시하는 진동과 구분할 필요가 있다.6 그의 공명은 정치적인 범주로 이해되어야 한다(Lijster & Celikates 2018, 32-33).

로자는 공명의 영역을 세 가지 축으로 분류한다. 수평적 축에는 가족, 우정, 연애, 사회관계, 그리고 정치적 관계가 포함된다. 다음으로 특정한 목적 달성과 관련된 일, 학교, 소비활동, 사물과 같은 대각적 축이 있다. 사물의 객관적 세계는 수평적 축과 수직적 축을 연결한다. 수직적 축은 인생, 존재 그 너머에 존재하는 전체 혹은 세계의 총체성과 맺는 공명 관계이다. 여기에는 종교, 자연, 예술, 역사와 같은 영역이 있다. 공명은 역동적이고 생생한 반응관계를 표현하고자 한다(Rosa 2019, 195-201).

공명의 핵심특징은 '감흥'(affection), '정서'(emotion), '변화'(transformation), '포착하기 어려움'(elusiveness) 등이 있다. 공명관계에 있을 때 인간은 깊은 감동을 받거나 뭉클함을 느낀다는 점에서 (바깥으로부터 시작된) '감흥'은 첫 번째 요소이다. 우리에게 말을 건네고 울컥하게 하는 바깥은 다양하다. 음악을 듣거나 산책을 하면서 감동을 느낄 수도 있고, 책을 읽는 경험에서 비롯될 수도 있고, 때로는 격렬한 대화에서 비롯될 수도 있다. 혹은 저 너머의 부름이 될 수도 있다. 공명은 이중운동으로 이루어진다. 개별자의 고유성을 간직하면서도 외부로부터 '감흥'을 수용할 때, 우리 '정서' 역시 반응하면서 자기 효능감을 경험한다. 부름에 귀 기울이고 응답하는 대화적

6　로자의 공명 개념을 소비자본주의 시대에 상품화된 마음명상과 대조한 작업은 Kristensen (2017) 참조.

관계 속에서는 변화가 일어난다. 공명의 관계맺음 이후는 이전과 동일한 존재일 수 없다. 상호간에 '변화'가 일어난다. 끝으로 공명의 관계는 본질적으로 '포착하기 어려운' 애매함이 있다. 공명 관계는 예측불가능성을 받아들인다. '포착할 수 없는' 공명 관계는 누군가가 정하거나 보장할 수 있는 것이 아니며, 우리 통제권 바깥에 있다(Rosa 2018, 47-48). 네 가지 '객관적' 기준은 로자의 공명 개념을 다른 형태의 진동을 구분하게 한다. 예를 들어 히틀러의 나치집회에서 나타난 집단적 관계맺음 안에는 감흥이 강렬할지는 몰라도, 인위적으로 조작하거나 포착하기 어려운 공명 관계와 달리 심리조종(manipulation)이라는 점에서 로자의 공명과는 다르다(Rosa 2023, 5).

우리가 당면한 문제는 현재 양극화된 정치세계 풍경이 지금까지 약술한 공명의 세계와 전혀 다르다는 점이다. 당파들이 경합하는 현실정치세계에서는 타자를 통제하기 위한 정치선전과 은닉된 형태의 심리조종도 자주 일어난다. 또한 상대 이야기에 경청하기보다는 혐오와 저주의 언사를 내뱉으며 타자의 존재를 신속히 지워내려 한다. 자기주장만이 난무하는 양극화 시대와 디지털 전환기 반향실 효과와 정보여과현상으로 정보가 왜곡되는 현실 안에서 '분열과 대립, 마구 뒤섞임을 넘어서는 민주적 공명 공간'마련은 요연해 보인다. 강렬한 이미지와 단기 정보들이 세계를 뒤덮고 이마저도 초고속으로 변화하는 사회에서 시간을 두고 상대와 토론과 숙의 과정을 거치면서 성찰하는 공명의 공간은 마련할 수 있는가?

'시간정치'(chronopolitics) 문제를 여기에서 본격적으로 다룰 수는 없다.[7]

---

7 후속 과제인 시간정치 담론에서는 '정치의 시간', '시간의 정치', '시간화된 정치' 국면이 포함될 예정이다. '정치의 시간'은 정치 시스템 내부에서 작동되는 시간성을 다룬다. 선거운동 과정, 의회에서의 참여와 숙의, 권력 작동과 이에 저항하는 필리버스터, 임기 중 허니문 기간과 레임덕 시간 등 정치세계에는 자체의 고유한 리듬과 시간이 존재한다. 디지털 세계에서 급변하는 속도와 현실정치세계에서 숙의과정에 요구되는 시간 사이 격차를 어떻게 해소할 것인지는 풀

다만 여기에서는 민주적 감수성이 발전되고 서로의 목소리가 들리는 공간을 마련하기 위해 로자가 제시하는 세 가지 조건을 살펴본다. 참여, 대표성, 만남의 공간에서 제도적 변화가 그것이다(Rosa 2022, 26-28).

첫째, 로자는 상향식 참여 과정에서 공명의 계기가 마련되어야 한다고 지적한다. 일반적으로 보편적 시민참여 요구와 전문적 논증에 근거한 숙의 사이에 긴장지점이 발생한다. 로자는 참여시민 모집단을 닮아 있으면서도, 지나치게 특정 정파에 밀착되지 않아 숙의할 수 있는 시민위원회를 구성해서 상향식 의견 형성제도를 마련할 것을 제안한다. 그는 숙의가 가능한 이들이 모인 포럼이나 모임에서는 경청과 응답하는 과정 속에서 상당 수준의 공명이 일어난다는 경험연구를 참고한다(Rosa 2022, 28-29).

둘째, 대표성 있는 정치인들이 독자적 판단에만 의존하기보다 공명의 계기를 마련하면 효과적일 수 있다는 것이다. 정치인 자신이 기획한 공공정책이 공중에 '들리게끔' 하고, 실질적으로 공중의 '응답을 듣는' 자리가 마련된다면, 정치적 효능감 뿐 아니라 대중정치인으로 성장하는 전략 측면에서도 유용하다는 것이다(Rosa 2022, 29-30).

셋째, 새로운 미디어 환경의 변화로 서로의 입장 자체가 확인되지 않은 채 만남의 공간이 이루어지는 것은 도리어 문제를 악화시킬 수 있다는 점을 지적한다. 로자는 변화된 오늘날 미디어 환경 속에서는 더욱 더 공익미디어의 역할이 중요하다고 강변한다. 민주적 공명 지대 자체가 확보되기 어려운 미디어 환경을 제도적으로 개선할 필요가 있다는 것이다. 아울러

어야 할 당면과제이다. 아울러 '정치의 시간'뿐 아니라, 시간을 정치의 대상으로 삼는 '시간의 정치' 차원 역시 간과해서는 안 된다. 개인의 삶을 규제하고 관리하기 위해 시간 배분을 조정하는 통치기제를 다루고, 나아가 개인을 넘어 역사와 사회로 논의지평을 확장해 자신의 정치적 입장을 강화하고 반대파를 공격하기 위해 역사적·사회적 시간을 무기로 삼는 '시간화된 정치'를 주목해야 한다(Esposito and Becker 2023).

인간은 체현된 존재이기에 입장이 다른 이들이 어울릴 수 있는 오프라인 사회공간을 계발하는 것도 필요하다고 말한다(Rosa 2022, 30-32).

오늘날 현실정치를 보다 비관적으로 전망하는 관점에서 보면 로자가 주창하는 민주적 공명은 다소 이상주의적인 규범이론으로 보일 수도 있다. 양극화 시대에 대한 다양한 형태의 진단과 전망, 제도설계를 지금 여기에서 세부적으로 논의하기는 어렵다. 다만 민주주의 갱신을 위해 속도의 문제를 진지하게 고민하면서, 민주주의에 합당한 '의례'(ritual)를 수행할 수 있는 '공명의 공간'(resonanzraum)이 필수적이라는 로자의 관점은 후속 담론에서도 고려되어야 한다. 공명의 공간을 마련하고 민주적 의례를 발전시키는 작업은 파편화된 소외의 시대에 민주주의의 토대를 견실히 하고 정치를 건강하게 발전시키는 데 필수적이다.

5. 나가면서

본 연구는 현대세계의 구조변동에 깊이 관여된 빅데이터의 특성 가운데 속도에 주목하면서 테크놀로지의 가속화가 사회적으로 미치는 영향을 살펴보았다. 구체적으로 로자의 사회적 가속화와 소외 담론을 참조하면서, 속도의 기술적 변화가 사회변화의 가속과 생활양식의 가속으로 연쇄적으로 구동되면서, 소외를 야기한다는 점을 검토했다. 또한 소외에 대한 응답으로 제시된 공명이 일어나는 조건을 탐색했다.

공명의 관계에서 주체와 타자, 세계는 상호영향을 미치면서 변화를 일으킨다. 폐쇄된 방 안에서 외치는 독백이나 메아리와 달리 공명은 닫힘과 열림의 상호관계 속에서 작용한다. 그 안에는 자기만의 고유한 목소리를 낼

만큼의 '닫힌' 일관성의 자리가 있고, 동시에 타자로부터 충분히 영향을 받을 수 있을 만큼의 '열린' 투과성이 있다. 조작적이고 제 마음대로 조종하려는 관계에서는 공명이 일어날 수 없다. 그것은 포착하기 어렵고, 예측불가능하고, 사전구성이 불가능하다. 공명은 단순히 상대를 도구화하는 거래가 아니라, 서로를 활성화하고 힘을 북돋아주는 관계맺음이다(Rosa 2019, 174).

1998년 휴대폰 스피드011 광고를 보면 한석규 배우가 스님과 함께 대나무 숲을 고요하게 걷는 와중에 전화벨 소리가 울리는 장면이 등장한다. 배우는 휴대폰을 잠시 꺼두고 수행자와 보폭을 맞추면서 숲을 거닌다. 그는 나지막하게 다음과 같은 말을 남긴다. "또 다른 세계를 만날 때는 잠시 꺼두셔도 좋습니다." 당시 어디에서나 '잘 터진다'는 점을 부각하기 위해 광고카피는 "때와 장소를 가리지 않는 스피드011"이라는 말을 덧붙이면서 광고는 끝난다.[8] '어디서나 잘 터지는' 디바이스를 네트워크로 연결하는 유비쿼터스 시대라지만, 우리는 자기 자신, 타자, 사물, 시간, 세계의 총체성의 관계 속에서 공명의 관계는 상실한 채 자기폐쇄적인 쳇바퀴 안에서 살아가고 있는지 모른다. 지금은 어느 때보다 가속사회가 야기한 소외를 극복할 수 있는 공명의 관계를 정치적으로 회복할 시기다.

---

8 한편 SK 텔레콤은 2011년 엄기준 배우를 등장시켜 동일한 장소에서 리메이크 광고를 선보였다. 1998년 한석규 광고가 당시 통신사 기지국 수의 제한으로 휴대폰이 '안 터지는' 장소들이 종종 있는 상황에서 벨소리를 등장시켰다면, 2011년 광고에서는 엄기준의 핸드폰에 쉴 새 없는 진동소리가 등장한다. 그리고 배경화면에 알림 글이 뜬다. "트위터에 새 글이 등록되었습니다." "새로운 메일이 도착했습니다." 엄기준은 핸드폰 전원을 끄고 "또 다른 세계를 만날 때는 잠시 꺼두셔도 좋습니다. T의 무선인터넷 세상은 때와 장소를 가리지 않습니다"라고 말한다(동아일보 2011).

참고문헌

동아일보. 2011. "[아하! 그 광고] SK텔레콤 '산사편'"(2011년 10월 16일).

송경빈. 2020. "코로나19 확산 대응의 주역, 빅데이터." 『한국IT서비스학회 춘계학술대회 논문집』, 323-328.

연합뉴스. 2024. "원인불명 감염병 한 달 안에 검사법 찾는다"(2024년 2월 19일).

조성준. 2019. 『세상을 읽는 새로운 언어, 빅데이터』. 21세기북스.

하르트무트 로자. 2020. 『소외와 가속』. 앨피.

한병철. 2018. 『시간의 향기』. 문학과 지성사.

Basulto, Dominic. 2012. "Meet the Urban Datasexual." *BIGTHINK*. (17 Apr.)

Das, Prasanna Lal. 2014. "The specter of big data is haunting the world, but has the data revolution already occurred?" *World Bank Data Blog.* (13 Mar.)

Devi, Salam., Vijender Solanki, Rabul Laskar. 2020. "Recent advances on big data analysis for malaria prediction and various diagnosis methodologies." in Valentina Balas et. al. (eds.). *Handbook of Data Science Approaches for Biomedical Engineering.* Academic Press.

Diebold, Francis X. 2000. "Big Data Dynamic Factor Models for Macroeconomic Measurement and Forecasting." *the Eighth World Congress of the Econometric Society.*

_____. 2012. "On the Origin(s) and Development of the Term 'Big Data'." *PIER Working Paper* 12-037.

Esposito, Fernando and T. Becker. 2023. "The Time of Politics, The Politics of Time and Politicized Time: An Introduction to Chronopolitics." *History and Theory: Studies in the Philosophy of History* 62(4): 3-23.

Hari, Johann. 2022. *Stolen Focus: Why You Can't Pay Attention - and How to Think Deeply Again.* Crown Publishing Group.

Ishwarappa, Anuradha. 2015. "A Brief Introduction on Big Data 5Vs Characteristics and Hadoop Technology." *Procedia Computer Science* 48: 319-324.

Kardaras, Nicholas. 2022. *Digital Madness: How Social Media is Driving Our Mental Health Crisis.* St. Martin's Press.

Kristensen, M. L. 2017. "Mindfulness and resonance in an era of acceleration: a critical inquiry." *Journal of Management, Spirituality & Religion* 15(2): 178-195.

Lijster, Thijs., Robin Celikates. 2018. "Beyond the Echo-chamber An Interview with

빅데이터와 정치

Hartmut Rosa on Resonance and Alienation." in Thijs Lijster (ed.) *The Future of the New: Artistic Innovation in Times of Social Acceleration*. Valiz.

Lohr, Steve. 2013. "The Origins of 'Big Data': An Etymological Detective Story." *The New York Times* (1 Feb.).

Mauro, Andrea De., Marco Greco, Michele Grimaldi. 2016. "A formal definition of Big Data based on its essential features." *Library Review* 65(3): 122-135.

Mcfedries, Paul. 2013. "Meet the Datasexual Quantified-selfers are really just self-obsessed." *IEEE for the Technology Insider*. (24 Sep.).

McKinsey. 2011. "Big data: The next frontier for innovation, competition, and productivity." *McKinsey Global Institute Report*.

Paul, Kari. 2023. "Meta sued by 33 states over claims youth mental health endangered by Instagram." *The Guardian* (24 Oct.)

Qian, I., Xiao, Mozur and Cardia. 2022. "Four Takeaways From a Times Investigation Into China's Expanding Surveillance State." *New York Times* (21 Jun.)

Reinsel, David., John Gantz, John Rydning. 2018. *The Digitization of the World: From Edge to Core*. An IDC White Paper.

Rosa, Hartmut. 2017. "The Crisis of Dynamic Stabilization and the Sociology of Resonance. An Interview with Hartmut Rosa." *Public Seminar*.

_____. 2018. "Available, Accessible, Attainable: The Mindset of Growth and the Resonance Conception of the Good Life." In Hartmut Rosa and Christoph Henning. eds. *The Good Life Beyond Growth*. Routledge.

_____. 2019. *Resonance: A Sociology of Our Relationship to the World*. Cambridge: Polity Press.

_____. 2022. "Social Media Filters and Resonances: Democracy and the Contemporary Public Sphere." *Theory, Culture & Society* 39(4): 17-35.

_____. 2023. "Resonance as a medio-passive, emancipatory and transformative power: a reply to my critics." *The Journal of Chinese Sociology* 10(16): 1-11.

Saetnan, Ann., Ingrid Schneider, Nicola Green. eds. 2018. *The Politics and Policies of Big Data: Big Data, Big Brother?*. Routledge.

Susen, Simon. 2019. "The Resonance of Resonance: Critical Theory as a Sociology of World-Relations?". *International Journal of Politics, Culture, and Society* 33(3): 309-344.

Taylor, Charles. 2023. "The ethical implications of resonance theory." *The Journal of Chinese Sociology* 10(14): 1-12.

Taylor, Petroc. 2024. "Big data market size revenue forecast worldwide from 2011 to 2027." *Statista: The Statistics Portal for Market Data.* (13 Feb.)

Tronto, Joan. 2013. *Caring Democracy Markets.* Equality and Justice. NYU Press.

UN. 2013. "A New Global Partnership: Eradicate Poverty and Transform Economies through sustainable Development." *The Report of the High-Level Panel of Eminent Persons on the Post-2015 Development Agenda.*

Ward, Jacob. 2022. *The Loop: How Technology Is Creating a World Without Choices and How to Fight Back.* Hachette Books.

Weiss, S. M. and N. Indurkhya. 1998. *Predictive Data Mining: A Practical Guide.* Morgan Kaufmann Publishers.

World Bank. 2021. *Data For Better Lives.* 2021 World Development Report.

빅데이터와 정치

제2장

빅데이터 정치경제학:
재해 거버넌스와 디지털 전환을 중심으로

김영근(고려대학교)

1. 서론

우리는 4차 산업혁명이라는 과학기술의 발전 속에서 다양한 리스크를 극복하기 위한 디지털전환(DX) 및 지속가능성전환(SX: Sustainability Transformation) 시대를 맞이하여 '위드코로나'로 상징되는 위험사회, 바꾸어 말하면 '재난과 더불어(재간: 災間)' 살고 있다. 이 장의 문제의식이자 연구 목적은 재해 거버넌스 혹은 '리스크 매니지먼트(재난관리)'를 위한 예방−대비−대책−복구(부흥) 과정에서 현대인들이 과연 '빅데이터'를 어떻게 활용하여 '안전·안심사회'를 어떻게 구현할 것인가 규명하는 것이다. 이에 '빅데이터 정치경제학' 혹은 '빅데이터 재난·안전정치학'에 관한 분석을 통해 빅데이터가 정책결정 프로세스에서 작동하는 행위자 및 아젠다를 교차시키는 메커니즘을 규명하는 데 있다.

여기서 빅데이터란 무엇인가? "디지털 기술과 네트워크의 발전에 따라 기존의 데이터베이스 관리 도구, 관리 시스템의 능력을 넘어 대량의 정형, 비정형 데이터 세트, 이를 포함한 다양하고 방대한 디지털 데이터를 분석하여 의미있는 가치를 추출(생성)하고, 복합적인 결과를 분석하여 축적하고 유통하는 프로세스, 나아가 대용량 데이터를 활용, 분석하여 가치있는 정보를 추출하고, 생성된 지식을 바탕으로 능동적으로 대응하거나 변화를 예측하기 위한 정보화 기술"[1]을 의미한다. 이에 더해 4차산업혁명의 '초연결성'이 낳은 방대한 양의 데이터를 분석함으로써 정치(정책과제 등) 및 경제현상을 이해하고, 정책을 수립하는 '빅데이터 정치경제학'이 주목받고 있다.

인공지능(AI)과 정보의 초연결성, '데이터 사이언스(과학)'으로 대표되는 '디지털 전환' 시대의 빅데이터는 정치, 경제, 사회문화 등 다양한 분야에서 융복합적 방식으로 활용되고 있다. 여기서는 특히 재해 거버넌스(=정치) 과정을 중심으로 빅데이터가 어떻게 활용되는지에 대해 구체적으로 살펴보고 미래 안전사회 구현을 위한 단서를 마련하고자 한다.

여기서 빅데이터란 "일반적인 데이터 관리 및 처리 소프트웨어에서 다루기 어려울 정도로 거대하고 복잡한 데이터의 집합"을 나타내는 용어이다. 기하급수적으로 증가하는 빅데이터를 정치·경제(산업) 특히 재해 거버넌스에 활용하고자 행위자 및 아젠다별로 유형화하여 분석하고자 한다. 미래 리스크를 관리 혹은 해결하는 과정에서 거버넌스의 효율화가 기대된다. 또

---

1 1995년 국가정보화기본법에 준거하여 정보화촉진기본법 제정(8월 4일)되었으며, 이후 정보화추진위원회(1996년) 이후 2009년 새로이 출범한 국가정보화전략위원회 및 삼성경제연구소 등 연구자들의 정의를 참조할 것. 위키피디아("데이터베이스 등 기존의 데이터처리 응용소프트웨어로는 수집·저장·분석·처리하기 어려울 정도로 방대한 양의 데이터"), 삼성경제연구소("기존의 관리 및 분석 체계로는 감당할 수 없을 정도의 거대한 데이터의 집합"), 맥킨지(Mckinsey: "기존 시스템의 데이터 수집, 저장, 관리, 분석 역량을 넘어서는 데이터셋 규모로 빅데이터의 분량 기준은 산업 분야에 따라 상대적이며 앞으로도 계속 변화될 것"), 최혜선, 「빅데이터 활용에 의한 경제성장·국민의 편의 증진과 공법적 과제」, 『유럽헌법연구』 Vol. 14, 2013, pp.403−404.

<표 1> '빅데이터혁명'으로 인한 영역별 변화 및 리스크 관리요소

	영역	사회변화	관리 요소
국가 안보	정치학	민주주의 이념의 재난관리: 글로벌 체제하의 검역 및 소통	인간의 안전보장: 리스크 커뮤니케이션
	지구 환경	안전한 생태계 구현 모델 제시	복합적 거대위기(Mega Crisis): 기후변화 공동대응, 팬데믹 관리
경제 안보	경제학	21세기 마셜플랜(재난기본소득)	지경(地經)학적 대립: 공급망의 재구 성(Re-Supply Chain)
인간 안보	인문· 사회문화	인간중심의 비대면(언택트) 사회로 전환	안전한 라이프라인의 구축 및 정책의 사회적 수용성 문제
	역사인 식·사상	재난·안전 이데올로기: 화해 vs. 대립(마찰)	인류애적 연대(유대감)의 괴리: 안전사상 및 정보리스크 관리
	스포츠	평화 체제와 연계[2]	경쟁적 올림픽개발학 치중: 스포츠 전쟁
기술 안보	과학 기술	안전혁명을 위한 데이터공학의 융 복합적 활용	기술이전 및 기술패권 경쟁: 반도체전쟁과 갈라파고스 현상
국제 안보	안전 공동체	휴마트(Humanity+Smart)	공공외교(Public Diplomacy) 및 국제 협력
키워드		지속발전전환(SX), 공공데이터, 디지털트윈스, 안전지수, ChatGPT, 알고리 즘, AI(인공지능), 재해와 선거행정, 가짜뉴스, 풍평피해, IoT (사물인터넷), 기계학습분석	

↓

빅데이터혁신(BX: Big Data Transformation) = 디지털뉴딜

참조: 필자작성, 김영근(2020), "코로나19 재해 거버넌스에 관한 한일 비교분석", 『아시아연구』
23(2), <표 5>(p.65)를 대폭 수정·보완.

한 정부 이외의 행위자 즉, 기업이나 시민사회(조직)의 작동하는 방식을 완
전히 바꾸어 결과적으로 '안전혁명'이라는 새로운 일상이 기대되고 있다.

'빅데이터혁명의 시대(BX: Big Data Transformation)'를 제대로 이해하기 위

---

2   스포츠 분야에서 빅데이터는 다양한 방면에서 활용되고 있다. 여러 팀과 기관은 선수 성과 분
석, 팀 관리, 팬 경험 향상 등을 위해 빅데이터 기술을 도입하고 있다. 예를 들어, 플레이어 분석
과 성과 향상, 데이터 수집과 분석, 데이터 기반 부상예방과 선수 건강관리 등이다. 이는 산업
과 연계하여 성과 향상, 경쟁력 강화, 효율성 증가, 팬과의 상호 작용 개선 등 다양한 목표를 달
성하기 위해 도입되고 있다.

해서는 데이터가 영향을 미치는 영역별 특징과 교차하는 여러 상황을 분류할 필요가 있다(〈표 1〉 참조).

이는 빅데이터혁명이 초래할 인간과 AI전쟁 등 글로벌 사회의 리스크(변용)를 극복하고 다가올 미래 리스크의 관리(매니지먼트)를 위해서도 불가결하다. 어느 나라든 단순히 '빅데이터'의 활용이나 관리에 그치지 않고 건강보장 및 '안심생활'을 포함한 인간의 안전보장(Human Secutity)까지도 고려한 '안전국가'의 구현이 중요해지고 있다.

따라서 '빅데이터'가 초래할 글로벌 패러다임의 변용에 관한 선행연구는 주로 전통적으로 중시되어왔던 '국가 안보'(정치 및 지구환경)에 주목해 왔다. 이와 연계된 '경제 안보'(리스크 및 불확실성 관리), 나아가 '기술 안보'(과학공학 및 안전혁명)는 물론 비전통적 안보 즉 '인간 안보'(인문사회·문화·사상·스포츠)에 관해서도 빅데이터와의 상관관계를 분석할 틀의 제시가 절실하다. 또한 안보의 영역이 복합적으로 상호작용하며 그 영향력이 커지고 있는 가운데, 전지구적 공공재(=공공 빅데이터)라는 관점에서 '글로벌 안보' 차원의 논의도 포함해야 할 것이다.

디지털전환(DX) 및 지속가능성전환(SX) 시대를 살아가는 우리가 다가올 미래 리스크를 관리하기 위해 과연 빅데이터를 어떻게 이해하고 활용해야 할지 고민하는 것은 중요하다. '3.11 동일본대지진과 후쿠시마 원전사고'라는 대재난을 경험한 일본이 인간의 안전보장과 안전·안심사회를 위한 '빅데이터혁명(BX)'에 관해 새로이 자리매김해나가는 과정을 정치경제학적인 관점에서 살펴보고자 한다. 특히, 일본이 지방소멸 위기를 극복(관리)하고 나아가 지방활성화를 위한 'AI(인공지능) 행정', 거버넌스의 도입, 빅데이터의 활용 등 디지털혁명에 관해 주목하고자 한다. 이는 과제대국 일본이 재난·안전관리를 통한 안전·안심사회를 구현하려는 정책추진과도 연계되어 있다.

글로벌 패러다임의 전환과 빅데이터 거버넌스를 이해하기 위해, 다음과 같은 키워드에 주목하고자 한다. 빅데이터혁신(BX), 디지털뉴딜, 공공데이터, 디지털트윈스, 안전지수, '챗(Chat)GPT',[3] 알고리즘, AI(인공지능), IoT(사물인터넷), 재해와 선거행정, 가짜뉴스, 풍평피해, 디지털행정(Digital Government), 미래교육[4] 등이다.

2. 글로벌 패러다임의 전환과 빅데이터 거버넌스: 위험사회 vs. 안전혁명

디지털트윈스, 안전지수, ChatGPT 등 글로벌 과학기술의 진전과 패러다임의 전환은 빅데이터 정치를 구현하는 데 있어서 시너지 효과로 이어지고 있다. 특히, 안전국가론 혹은 재난안전공동체 등 실제 그 실현이 어렵다고 여겨진 분야에서 빅데이터 정치가 주목받고 있다.

1) 글로벌 기술 패러다임의 전환: 위험사회 vs. 안전혁명

우리는 4차산업혁명 시대의 위험사회에서 살고 있다. 중요한 것은 기술만을 중시하는 풍조에서 벗어나 인간의 안전을 우선하지 않으면 중국이 '서

---

3   이시한, 『챗GPT가 바꿀 우리 인류의 미래 GPT 제너레이션』, 북모먼트, 2023, pp.27-28.
4   정부부처가 언론에 배포하는 보도자료의 작성 등 인공지능(AI) 챗봇 '챗GPT'가 실제로 우리 일상생활 곳곳에 스며들고 있다. 윤옥한, 「Chat GPT 등장과 교양교육의 방향 탐색」, 『한국콘텐츠학회논문지』 Vol. 23 No. 5, 2023, pp.89-90.

양기술'을 도입하려 했던 '양무운동'과 마찬가지로 실생활과의 괴리라는 실패의 결과를 초래할 수 있다는 점을 명심해야 한다. 위험사회에 살고 있는 현대인은 단순히 과학기술의 특징이나 비용을 고려한 자본주의적 관점만으로 사회적으로 확산되기는 어려운 실정이다. 무엇보다도 '사회적 수용성'을 고려한 안전한 활용 문제가 관건이라 할 수 있다. 이때 디지털전환(DX) 시대를 살아가는 현대인들이 빅데이터를 재해 거버넌스에 활용하여 안전·안심사회를 어떻게 구현할 것인가 주목하는 것은 유용한 주제이다. 특히, 기술 융합이 진전되는 상황 하에서는 산업기술과 과학기술을 분리하기 보다는 빅데이터를 활용한 최적의 선택지는 곧 시너지 효과로 이어질 수 있다는 점에 주목할 필요가 있다.

누구도 예상할 수 없었던 정보기술(IT) 혁명을 통해 각양각색의 콘텐츠가 융합된 정보(데이터)가 힘을 갖는 초지능 및 초연결의 시대인 4차산업혁명 사회에서 살고 있다. 이러한 제4차산업혁명의 시대에 무엇보다도 가장 중요한 것은 정보나 데이터 자원이라 할 수 있으며, 나아가 리스크 매니지먼트에 유념해야 한다. 정보화 및 공장 자동화로 일컬어지는 3차 산업혁명이 4차산업혁명으로 진화하는 과정에서 빅데이터 활용의 여러 측면에서 혁신과 동시에 새로운 과제들을 도출하고 있다. 3차 산업혁명 때보다도 더욱 방대한 양의 정보가 실시간으로 활용, 공유 그리고 전달되면서 이러한 정보의 관리 및 보안의 중요성이 커지고 있다. 4차 산업혁명의 가장 핵심이 되는 정보자산의 관리와 보안의 중요성은 증대해 가고 있는 동시에 위협요인 또한 증가해서 많은 정보 침해 사고와 유출사례들이 늘어나고 있다.

4차 산업혁명이라는 문명을 살아가는 현대인이 정보보안의 역할에 관해 제대로 인지하고, 관련 사고나 범죄 예방을 위한 법제도적 정비나 통합시스템의 구축 등 다양한 대응책 마련이 절실하다. 기법이나 관련 소프트웨어 개발의 필요성도 제기될 것이다. 4차 산업혁명 시대의 발전에서 빅데이터 관리의 실패야말로 심각한 저해 요인으로 작용할 수 있고 더 나아가 국가적으로도 막대한 손해를 끼칠 수가 있기 때문이다.

2) 재난(재해) 관리와 빅데이터의 활용과 사회변화

코로나 감염병재해(2019-2023)를 겪고 현재 재해공존 사회에 살아가고 있는 인간에게 재난(재해) 현장에서 과연 빅데이터가 어떻게 활용되고 있으며, 방재 및 감재, 축재 등 위험감소 과정에서 활용되는 지 관심이 증대되고 있다. 다만 지금까지 빅데이터의 활용에 관한 정책이나 제도는 주로 재해 발생 후의 사후적 대응에 한정하여 주목해 왔다. 따라서 안전사회를 위한 구현의 수단으로써 빅데이터를 슈퍼컴퓨터, 4차 산업혁명의 패러다임 구상과 정책, 스마트시티 등 재해(재난) 현장에서 적용되는 프로세스 및 메커니즘에 관심을 갖고, 나아가 빅데이터 정치경제학의 현재와 미래를 점검하는 것은 중요하다.

전 세계적으로 코로나19와 같은 대규모 위기 상황에서 디지털전환(DX) 및 관련 빅데이터 혁명(BX)의 중요성에 관해 실감하기 시작했다. 특히 중앙정부와 지방자치체가 상호소통함으로써 빠르고 효과적인 재난·안전관리를 둘러싼 의사결정에 빅데이터를 활용하는 사례는 적지않다. 4차 산업혁명은 디지털 기술의 발전과 활용에 지대한 영향을 미쳤으며 결과적으로 많은 변화를 초래했다(〈표 2〉 참조).

4차 산업혁명의 변화는 빅데이터를 더욱 효과적으로 활용하고, 새로운 기회와 도전에 대비하도록 돕고 있다. 4차 산업혁명이 빅데이터 활용에 미치는 변화에 관해서는 영역별 '초연결성 효과'에 주목해야 한다. 이때 단순

〈표 2〉 4차 산업혁명 시대 빅데이터의 활용과 사회변화(영향력)

	변화
빅데이터의 일상화 (=정치경제학)	- 데이터수집의 증가와 다양성: IoT의 활용(센서 및 스마트 기기 데이터 수집)을 통한 다양한 정보 획득 - 데이터 처리능력의 향상: 클라우드 컴퓨팅의 발전으로 대규모 데이터를 신속한 처리 가능 - 사용자(경험) 중심의 서비스: 빅데이터 분석결과를 활용하여 기업 혹은 개인별 최적화된 맞춤형 서비스 제공
인공지능(AI)의 진화	- 머신러닝과 딥러닝의 발전: 데이터 분석의 자동화와 정확도 향상 - 패턴 인식 및 예측 능력 강화
블록체인 기술의 도입(=보안 강화)	- 블록체인을 활용하여 데이터의 보안성 확보 - 정보의 안전성 강화
	- 대규모 데이터 사용으로 인한 사이버 보안과 프라이버시 강조 - 데이터 보호 및 관리가 중요한 이슈로 부상

출처: ChatGPT 및 빅카인즈(https://www.kinds.or.kr)를 활용하여 필자 작성

히 데이터 처리 능력의 향상보다도 빅데이터의 신뢰성과 투명성을 높이고, 정보의 안전성을 강화하는 프로세스 및 메커니즘의 확보 여부도 관건이다. 4차 산업혁명을 규정하는 특징 중 하나인 물리적인 장치들 간의 연결을 촉진하는 IoT(사물인터넷)의 활용으로 인해 더 많은 데이터가 생성되고 수집되고 있다. 센서, 스마트 기기, 웨어러블 디바이스 등을 통한 데이터 수집이 증가하였고 이는 곧 빅데이터 혁신의 계기가 되었다고 할 수 있다. 특히 데이터 보호 및 관리(=보인 강화)기 중요한 이슈로 부상함에 따라 블록체인 기술의 도입 등 다양한 '안전관리'가 연동되어 논의되고 있다.

한편, 코로나19 팬데믹이 발생한 후, 정치와 빅데이터의 활용에는 여러 가지 변화가 나타났다. 결과적으로 다음 〈표 3〉과 같은 다양한 변화들은 코로나19와 같은 대규모 위기 상황에서 빅데이터의 중요성을 부각시키며, 빠르고 효과적인 의사결정에 도움을 주었다.

재난(재해) 관리와 빅데이터의 활용을 뒷받침하고 있는 것은 '디지털 뉴

<표 3> 코로나19 팬데믹 재해와 빅데이터 정치과정

정치과정	정책대응
공공건강 및 위기대응	– 감염 예측과 대응: 유동인구, 의료 데이터, 소셜 미디어 정보 등을 종합하여 대응 계획 수립 – 대응의 신속성과 효과성 증대
정보전달 및 투명성 강화	– 정부 소통 및 투명성: 정확하고 실시간 정보 제공으로 시민들에게 더 투명한 공공데이터 전달 – 감염병 경로 등 역학조사: 감염 현황, 예방 조치, 백신 접종 현황 등을 기초로 한 감염확산 방지를 위한 최적화 데이터 제공
의사결정 및 정책변화	– 긴급한 정책 조치: 코로나19 상황에서 신속한 의사결정을 지원하고 정책 조정에 활용 – 데이터 기반 의사결정: 확진자 추적, 의료 인프라 강화, 경제지원 등
경제적 영향 평가	– 경제 예측과 지원: 경제적 영향을 예측하고 정부와 기업의 대응을 지원 – 안전경제학의 운용: 소비 트렌드, 고용 데이터, 산업분석 등 활용
온라인 플랫폼과 소셜 미디어 활용	– 온라인 커뮤니케이션의 증가: 정치인들은 온라인 플랫폼과 소셜 미디어를 통해 시민들과 소통하는 데 더 많이 의존 – 정치 커뮤니케이션: 관련 데이터의 관리 및 활용
헬스패스 및 백신 예약 시스템	– 빅데이터를 활용한 예방접종 관리: 백신 예약 시스템과 헬스패스는 빅데이터 기반으로 운영, 접종자 건강 상태 추적에 활용

출처: ChatGPT 및 빅카인즈(https://www.kinds.or.kr)를 활용하여 필자 작성

딜' 정책이다. 이는 정부가 디지털 기술 및 혁신을 적극적으로 활용하여 경제와 사회의 변화에 대응하고 지속 가능한 성장을 추구하는 일련의 정치과정이라 할 수 있다. 특히 최근 여러 국가들은 디지털뉴딜 정책을 강조하고 '디지털 기술과 혁신의 촉진'을 도모하고 있으며, 인공지능, 빅데이터, 사물인터넷 (IoT), 5G 등과 같은 디지털 기술의 발전을 촉진하고 혁신을 촉발한다. 이를 통해 산업 분야에서의 생산성 향상과 새로운 비즈니스 모델의 창출을 지원하고 있다. 나아가 디지털뉴딜은 디지털 정치·경제적 인프라의 구축과 확장을 중요시여기며, 일자리 창출과 노동시장의 변화 대응에도 적극적인 행보를 보인다. 결과적으로 '지속가능성 전환(SX)'과 친환경 경제 플

랫폼을 구축하려는 목표는 'SDGs(지속발전계획목표)'와 연동되어 추진되고 있다. 이를 위해 산업별 전략 및 협력 강화에 주력하고 있다. 디지털뉴딜 정책을 통해 각 산업 분야에 맞춘 전략을 펼치고 산업 간 협력을 강화하려는 목적이 있다. 특정 분야에서 디지털 기술을 최대한 활용하여 경쟁력을 강화하고 신성장동력을 창출한다는 취지이다. 디지털혁명(DX) 시대의 도래에 대응하여 미래 지속가능한 성장을 위해 국가 전반에서 전략적으로 수립된 정책으로 볼 수 있다.

3. 디지털전환(DX) 시대의 빅데이터 정치경제학

정보(IT)혁명으로 인한 세계정치의 변용에 관해서는 다양하게 논의되고 있다. 여기서 '정보(IT)혁명'이란 IT기술패권을 둘러싼 국가간의 경쟁 및 협력 메커니즘을 포괄하는 넓은 개념이다. 이어진 4차산업혁명은 빅데이터 정치의 가능성을 활짝 열었다. 다만 기술발전의 속도, 정도 및 효율성만을 중시하는 풍조에서 벗어나 인간의 안전보장을 최우선으로 하는 '안전혁명'에 주목할 필요가 있다. 가령 중국이 서양기술을 도입하려 했던 '양무운동'과 마찬가지로 기술의 발진 및 도입이 결과적으로 실생활과는 간극이 발생하는 정책의 실패를 초래할 수 있다는 교훈을 새겨야 한다. 단순히 과학기술의 특징이나 비용을 고려한 자본주의적 관점만으로 사회적 확산을 기대하기 어려운 실정이다. 이때 유용한 수단이 '빅데이터'라는 점에 착안하고자 한다. 물론 무엇보다도 '사회적 수용성'을 고려한 안전한 활용 문제가 관건이라 할 수 있다. 특히, 산업기술과 과학기술이 인문·사회과학과 융합하는 사회로 전환되고 있는 현대사회를 고려한다면 빅데이터를 활용한 최적의 정책 선택지를 마련하는 데 단서를 제공하고자 한다.

1) 일본의 디지털전환 정책과 인간의 안전보장

우리는 4차산업혁명 시대의 위험사회에서 살고 있다. 기술만을 중시하는 풍조에서 벗어나 인간의 안전을 최우선으로 하는 정책의 추진이 각국의 주된 관심사가 되고 있다.

일본은 최근 디지털전환 및 혁신성장전략을 국가 아젠다로 삼아 다음과 같은 다양한 정책들을 전개하고 있다.

  – 4차 산업혁명 패러다임(플랫폼)으로의 전환
  – 안전한 과학기술혁신 생태계의 구축 및 고도화
  – 재난(안전)산업 육성을 통한 신성장동력의 창출

〈그림 1〉 인간안보를 위한 SDGs(지속가능발전 목표)

출처: 유엔개발계획(UNDP) https://sdgs.un.org/goals

    – 안전·안심사회 구축을 위한 소사이어티5.0

    – 기후변화 대응과 신에너지 정책: 슈퍼컴퓨터 및 수소사회

    – SDGs(Sustainable Development Goals: 지속가능발전 목표)[5]

  일본 디지털청 출범(2021년)의 배경은 사실상 '잃어버린 일본 디지털 20년'이라 평가할 정도로 지체된 아날로그 사회의 한계를 극복하고자 한 것이 출발점이라 할 수 있다. 2000년 책정한 'e-Japan전략'을 중심으로 '세계최첨단 IT 국가' 달성을 목표로 추진해 왔던 '디지털 국가로의 전환(DX)' 아젠다는 지연되고 있었다. 그러나 코로나19 팬데믹(2020.3.11) 감염병 재해 상황에서 디지털화 부족 문제와 맞물려 그나마 속도를 내기 시작했다.

  일본의 디지털화 추진은 재난안전 관리의 한계를 극복하기 위해 정부 부처간, 정부 및 지자체간 칸막이 행정을 개선하려는 노력과도 연동되었다. 특히 2020년 코로나19가 전세계를 강타하면서 일본 정부는 코로나 검사 등 IT 부문에서 많은 약점에 노출되자 대응책 마련의 일환으로 조직정비에 나섰다. '코로나19' 감염자수를 팩스로 집계하고, 수기로 입력하면서 제대로 된 역학조사가 이루어지지 않고 오류가 자주 발생하는 문제가 있었다. 또한, 뿌리깊은 '인감날인 문화'로 인해 재택근무를 시행하는 와중에도 사무실에 출근하는 등, 다양한 부분에서 디지털화 개선방안이 필요하게 된 것이다.

  2020년 9월 스가 총리가 취임 후, '디지털 패전' 극복을 지상목표로, '디지털청'을 신설(2021년 9월 1일)하였다. 디지털청은 코로나19 감염병재해 관리 차원(관점)에서 '디지털행정(Digital Government)'을 완성해야 한다는 시각 및

---

5 2015년 UN이 가맹국 합의로 채택한, 2030년까지 달성하려는 17개 목표(항목)을 뜻한다.

국가의 사이버 대응력(National Cyber Power) 관점에서 사이버공간의 사령탑 기능을 수행해야 한다는 목표도 포함하여 출발했다. 디지털청은 디지털개혁의 사령탑으로서 미래지향적 디지털 대전환을 대대적으로 추진하기위해 여러 부처에 걸친 정책을 통합하여 추진하고 인프라의 조성을 목표로현재 진행형이다. 그렇다면 한때 '경제대국'이자 '산업경쟁력'을 자랑하던일본의 디지털전환(DX)이 지연된(저해) 요인은 무엇일까?[6]

첫째, 일본이 디지털 사회로의 전환이 뒤처진 배경, 즉 '아날로그'를 고집할 수 밖에 없었던 이유로는 '현금사회'와도 관련되어 있다. 이는 일본의 재난관리와도 연계되어 있어, 빈번한 자연재해로 인해 사회 시스템이 정지될경우, 현금만이 '스스로를 도울 수 있다(自助)'는 인식이 작용한 것으로 해석된다. 실제 일본의 재난주관방송사 'NHK 1분 방재의 지혜'[7]라는 공익광고를 통해 현금의 확보를 강조하고 있을 정도이다.

둘째, 이외에도 변화를 싫어하는 문화적 요인과 더불어 세계 제1의 고령(화) 국가로서, 디지털화에 쉽게 적응하지 못하는 고령층을 배려한 관습도한몫한 것으로 보인다. 특히, 남에게 폐 끼치는 것을 꺼려하는 풍습은 실제재해 발생 후에도 마치 전통적 규칙과 규율처럼 퍼저있어, 평소 익숙한 아날로그 중심의 문화를 매우 중요시여기는 점도 디지털전환의 발목을 잡고있다.

---

6 WorkTokyo, "아직도 현금과 팩스를 쓴다고? 아날로그식 일본 사회," 2021.01.08.

7 [만일의 경우에 도움이 되는 방재의 지혜] "대규모 정전 발생할 경우, 복구까지 시간이 걸리기 때문에, 평소 무심코 사용하는 신용카드나 전자화폐를 사용할 수 없는 만약의 사태에 대비하고 안심을 위해 반드시 준비해 두어야 하는 것이 현금이다. 현금을 찾고 싶어도 대규모 재해 시에는 ATM에서 인출할 수 없다는 점도 상정하시기 바랍니다." [明日をまもるナビ] 災害時に備えて現金を！| NHK, https://www.youtube.com/watch?v=M09I7e1tUuw.

2) 빅데이터 정치학

'빅데이터 정치학'이란 인공지능(AI)의 발전과 더불어 국가와 인간의 관계 및 역할에 관해서 논하는 학문이다. 최근 정보혁명에 의한 세계정치의 변화 속에서, 미국과 중국 간의 정보기술 경쟁은 반도체 전쟁으로 이어졌다. 미국의 대중 무역제재와 중국의 대응 과정은 경제안보 차원에서 진행되었으며, 정보기술 표준경쟁으로 확산되었다. 이러한 미중마찰 과정은 '경제 이슈의 정치화'라 할 수 있으며, '빅데이터 정치학'이 작동되고 있음을 방증하고 있다는 점이다.

빅데이터는 정치, 경제 등 다양한 분야에서 중요한 역할을 하고 있으며, 특히 전쟁이나 글로벌 평화 논의 과정에서 다양하게 활용된 바 있다. 우크라이나 전쟁 리스크 이슈로 전환하여 '안전정치학'에 관해 점검해 보자. 전쟁이나 군사 작전에서 빅데이터를 활용하여 정보수집, 분석 및 예측을 통해 전략을 개발하거나 적(敵)의 행동을 파악하고 있다. 빅데이터는 군사 인텔리전스 및 사후 분석에 도움이 될 수 있으며, 전투상황에서의 의사결정을 지원하는 데에도 사용될 수 있다. 실제 빅데이터는 러시아와 우크라이나 전쟁에서 다양한 방식으로 사용되었다. 예를 들어, 러시아의 우크라이나 침공을 분석하고 예측하기 위해 미국의 비영리 단체 'ACLED'는 소셜 미디어 포스팅, 뉴스 보도, 정부 보고서 등의 다양한 출처로부터 데이터를 수집하고 시각화했다. 또한, 우크라이나 정부는 러시아의 사이버 공격에 대응하기 위해 빅데이터를 활용하여 국가 인프라를 보호하고, 러시아의 정보전을 막기 위해 국민들에게 정확한 정보를 제공했다. 빅데이터는 전쟁의 피해와 영향을 파악하고, 평화와 안보를 회복하기 위한 중요한 도구로 활용되고 있다.

한국 정부가 우크라이나에 대해 무기지원을 선언함으로써 안보위협은 스스로 키운 셈이라는 분석은 통상(무역)에 관한 빅데이터 분석을 통해서 제시되고 있다. 물론 한중관계 및 한러관계의 회복탄력성(리질리언스)을 고려하지 않는 외교정책을 유지할 경우, 한국경제의 '리스크 해소 혹은 완화(디리스킹)'[8]에 관해 전망하는 것은 쉽지 않다. 이때 지금까지의 외교정책에 관한 빅데이터 분석 등을 활용할 경우 미래 전망 및 리스크 관리 방안 등을 마련하는 데 유용할 것이다.[9]

'빅데이터 정치학'의 이슈와 대응과제는 다양하다(〈표 4〉 참조). 빅데이터와 반도체 전쟁, 정보기술 경쟁과 빅데이터, 인공지능(AI) 거버넌스와 빅데이터, 세계정치의 정보혁명과 빅데이터, 미래 AI와 인간, 전쟁과 평화 등 인간의 안전보장과 밀접하다.

예를 들어, 반도체 산업은 빅데이터 분석과 연관이 깊어서, 기술발전과

---

8 리스크완화(De-risking) 정책은 유럽이 중국에 대한 과도한 경제의존을 줄여나가 미래 위험에 선제적으로 대응한다는 취지에서 시작되었다. "이 용어가 처음 세계적으로 주목받은 것은 우르줄라 폰데어라이엔 유럽연합(EU) 집행위원장이 3월 30일 대중 정책과 관련된 연설에서 이 말을 처음 쓰면서부터다. 유럽연합이 옛 냉전 시절처럼 중국과 적대적으로 관계를 끊는 '디커플링'(관계단절)을 추구하는 게 아니라 중국에 대한 과도한 '경제적 의존'을 낮춰 이로 인해 발생할 수 있는 위험을 줄여나가겠다(디리스킹)는 의미다. 독일이 러시아의 천연가스에 지나치게 의존해 우크라이나 전쟁 이후 낭패를 봤으니 중국에 대해선 미리 이런 위험을 피하겠다는 것이다." 『한겨레신문』, 2023년 5월 23일자.

9 국제관계론, 외교사, 국제정치경제학 등에서 제시하는 이론적 시사점은 빅데이터 분석결과와도 일맥상통한 것으로 해석된다. '리스크 정치'의 오류에 관해서 윤영관 교수의 지적은 안전관리 차원에서 시사하는 바가 크다. "우크라이나 전쟁은 전 세계 국제질서의 성격, 아시아 지역 정치, 그리고 한반도 상황에 영향을 미쳐오고 있다. 특히 신냉전 시대의 도래는 과거 냉전 시대와 마찬가지로 한반도 차원에서 남북 간의 단절구조를 더욱 경직화시킬 가능성이 높다. 갈수록 국제정치가 그리고 그에 따라 한반도 상황도 어려워지고 있다." 아울러 "우크라이나 침공으로 미국과 러시아 간 갈등이 심화하고, 그리고 중국의 적극적 대러 지원으로 미중 간의 대립이 심해진다면, 북한에 대한 국제적 경제 제재라는 연합전선이 약화되고 미국의 입장에서는 비핵화를 위한 대북 레버리지가 훨씬 약화될 것이다. 또한 경제적으로 어려움을 겪을 러시아는 북한과의 협력을 강화할 가능성이 상당히 존재한다. 결국 북·중·러 대 한·미·일이라는 3각 대립구조의 고착화 가능성이 높아지고 핵에 대한 북한의 집착도 강해질 것이다."

<표 4> '빅데이터 정치학'의 이슈와 대응과제

	사회변화	관리 요소
반도체 전쟁	반도체 산업에서 빅데이터 분석의 중요성. 데이터를 통한 기술 발전 및 경쟁 우위 확보	패권
정보기술(IT) 경쟁	미국과 중국 간의 기술 경쟁에서 빅데이터의 역할 데이터 수집, 분석, 활용을 통한 경쟁력 강화	플랫폼
인공지능(AI) 거버넌스	인공지능과 빅데이터의 연계 학습 데이터를 기반으로 한 인공지능의 작동과 의사 결정	인류공존
세계정치의 정보혁명	인터넷을 통한 소통과 연결로 발생하는 빅데이터의 영향	미디어 리터러시
미래 AI와 인간	미래에 인간이 가질 역할에 대한 고민 빅데이터가 인간의 정보 활용 능력에 미치는 영향	AI 전쟁
전쟁과 평화	러시아 우크라이나 전쟁(2022년~): 난민, 경제위기 등	인간안보

출처: ChatGPT 및 빅카인즈(https://www.kinds.or.kr)를 활용하여 필자 작성.

경쟁에서 우위를 점하고 생산과 관련된 다양한 프로세스에서 효율성을 높이는 데 활용되고 있다. 정보기술 분야에서 미국과 중국 간의 반도체 기술 경쟁에서도 빅데이터가 핵심 역할을 한 것으로 알려져 있다. 나아가 인공지능의 발전과 관련하여 빅데이터는 학습 데이터를 기반으로 작동하여 효과적인 의사결정을 내릴 수 있도록 돕고 있다.

한편, 일본의 디지털전환(DX) 과정에서 빅데이터의 활용사례는 다양하다(〈표 5〉 참조). 구체적으로는 각 산업에서 생산성 향상, 비즈니스 모델 혁신, 서비스 개선 등 다양한 측면에서 디지털 혁명을 이끌고 있다. 일본은 다양한 분야에서 빅데이터를 적극적으로 활용하여 경쟁력 회복(강화) 및 경제위기 극복, 구체적으로는 인구감소 및 지방소멸을 저지하고 지역활성화를 모색하고 있다.

빅데이터는 외교전략은 물론 유권자 맞춤형 미디어 전략을 통한 선거 예측 등 국내정치 과정 및 정책 수립에도 활용되고 있다(〈표 6〉 참조). 정치적

〈표 5〉 일본의 디지털전환(DX)과 빅데이터

산업 분야	빅데이터 활용 사례
금융 서비스	– 신용평가 및 리스크 관리를 위한 대규모 거래 데이터 분석
	– 개인 맞춤형 금융 상품 및 서비스 개발을 위한 소비자 데이터 분석
스마트 제조업	– IoT 센서 데이터를 활용한 스마트 생산 및 유지보수 최적화
	– 제품생산 및 품질 향상을 위한 센서 및 생산 라인 데이터 분석
의료 및 보건	– 환자 데이터를 기반으로한 진단 및 치료 방법 개선을 위한 분석
	– 전자 의료 기록을 활용한 유권자 건강 모니터링 및 예방 서비스
교통 및 도시재생 계획	– 교통 데이터를 분석하여 교통체증 완화 및 대중교통 최적화
	– 스마트(플랫폼)시티 프로젝트를 위한 도시 인프라 및 에너지 효율화
소매 및 유통	– 소비자 행동 분석을 통한 맞춤형 마케팅 및 재고 최적화
	– 구매 패턴 분석을 기반으로 한 프로모션 및 할인 전략 수립

출처: ChatGPT 및 빅카인즈(https://www.kinds.or.kr)를 활용하여 필자 작성.

〈표 6〉 '빅데이터 정치'와 선거

활용 분야	구체적인 활용 내용
선거예측 및 전략수립	– 유권자 행동 분석: 행동, 선호도, 인터넷 활동 등 분석하여 선거 결과 예측
	– 소셜미디어(SNS 등) 분석: 선거 캠페인 전략 수립
정책수립 및 평가	– 공공의견 조사: 대중 의견을 수집하고 정책에 대한 지지도 반영
	– 정책효과 분석: 도입된 정책 추적 및 향후 결정에 대한 통찰력 제공.
정치 커뮤니케이션	– 미디어 모니터링: 언론, 뉴스, 소셜미디어 정보분석으로 리스크 커뮤니케이션
	– 유권자 맞춤형 데이터 활용: 선거 메시지 전달을 위한 마이크로 타겟팅
위기 대응(RM)	– 긴급 상황 대응: 빅데이터를 활용한 신속 대응으로 정치적인 결정에 영향

출처: ChatGPT 및 빅카인즈(https://www.kinds.or.kr)를 활용하여 필자 작성

환경의 변화, 즉 프로세스 및 메커니즘을 이해하는 데 있어서도 빅데이터의 활용은 유용하다. 정치행정의 의사결정과 전략수립을 더 효과적으로 지

원하고, 정책결정에 있어서도 더 많은 투명성과 효율성을 제공하고 있다. 특히 정치적 '리스크 커뮤니케이션'은 주목할 만하다. 아울러 긴급위기 상황 대응(RM: 리스크 매니지먼트)을 위해 빅데이터가 활용되고 정책변화 등 정치적인 결정에 영향을 미칠 수 있다는 점도 고려해야 한다.

3) 빅데이터 경제학

현대 사회는 지식과 정보의 급속한 증가로 인해, 기존의 경제학만으로는 재해공존 시대의 경제 현상을 바르게 이해하고 대응 정책을 수립하는 데 한계가 드러나고 있다. 이러한 문제를 해결하기 위해 등장한 새로운 경제학의 한 분야가 바로 '빅데이터 경제학'이며 '안전경제학'이다.[10] 경제현상 이해에 빅데이터 경제학을 활용한 연구는 다양하다.[11] 격변하는 시장의 동향을 예측하고, 새로운 경제적 가치를 창출하고, 나아가 AI를 활용한 새로운 비즈니스 모델을 개발·제안하고 있다.[12] 이는 경제적 리스크를 최소화하는 유용한 정보를 제공한다는 측면에서 안전경제학을 실현하는 데도 기여하고 있는 셈이다.[13]

한편, 글로벌 불확실성 및 위기관리를 중심으로 지속가능성전환(SX) 시대의 리스크 관리(RM)에 주목하는 '안전경제학'에 관한 논의는 빅데이터혀

---

10 대표적인 연구로는 김영근, 「지속가능성전환(SX) 시대의 안전경제학에 관한 시론: 글로벌 불확실성 및 위기관리」, 한일경상학회 발표자료, 2023년 10월 20일.
11 김선우·김형지·김성태, 「경제뉴스와 부동산 시장의 관계에 관한 빅데이터 시계열 분석: 소비자 심리와 정치 관련 변인을 주목하며」, 『커뮤니케이션 학회』 Vol.28 No.4, 2020, pp.39-41.
12 주희진·김정민·신지만·김경태·이건웅, 「AI 기반 장소 검색 서비스가 지역 경제에 미치는 영향에 대한 실증 연구」, 『경영정보학연구』 Vol. 23, Issue 3, 2021, pp.90-91.
13 최혜선, 「빅데이터 활용에 의한 경제성장·국민의 편의 증진과 공법적 과제」, 『유럽헌법연구』 Vol. 14, 2013, pp.405-406.

명(BX)과 연계되어 있다. 4차 산업혁명 시대를 살아가며 지속가능성전환(SX)이나 디지털전환(DX), 디리스킹(De-risking·위험완화) 이슈에 대처하는 국가별 정책은 다양하다. 다만 금융위기나 무역마찰(분쟁)은 물론 전쟁이나 재해 등 불확실성 혹은 리스크 요인이 증가하고 있는 현재, 우리가 어떻게 이를 관리해야 하는가를 논하는 '안전경제학'에 관한 선행연구는 많지 않다. 최근 러시아-우크라이나 전쟁이 글로벌경제에 미치는 영향(파장) 분석 등이 대표적이지만 빅데이터의 활용 등 디지털(사이버) 전쟁이나 경제학 차원의 논의로 이어지고 있지 않다.

전후 고도의 경제성장을 주도했던 일본이 '잃어버린 10년 혹은 20년'을 관리하며 남겨진 구조개혁 문제에 더하여 최근에는 아베노믹스의 4번째 화살 '지방창생', 즉 '지방개혁' 및 '디지털전환(DX)'이라는 장애물에 맞닥뜨려 있다. 일국의 경제가 단순한 슬럼프(slump)가 아닌 위기(crisis) 국면에 진입할 경우, 그 배경으로 주목받는 상호의존성 등 글로벌 요인은 물론 취약성 및 민감성 관리 등 국가별 요인에도 유의해야 한다. 이때 복합적 리스크 요인을 관리하고 회복·복구·재생을 목표로 규제개혁 등을 통한 '안전경제학'의 활용이 중요하다는 점을 명심해야 할 것이다.

무엇보다도 '안전경제학'를 위해서는 4차 산업혁명 기술의 안전한 활용에 주목하고, 지속가능성전환(SX) 시대를 살아가는 데 있어서 중요한 디지털전환(DX) 정책과 연계할 필요가 있다. 특히 빅데이터를 활용하여 '리스크 매니지먼트' 전략을 구축하고, 이를 통해 각 행위자(정부-기업-가계-해외)의 안전이 보장되고 결과적으로 '안심(신뢰)사회' 플랫폼을 어떻게 마련할 것인가가 관건이라 할 수 있다.

4) 빅데이터 정치경제학의 한계와 과제

빅데이터 혁명의 부정적인 측면(한계)을 고려한 다양한 학제적 노력(대응)이 전개되고 있다. '디지털전환' 과정에서 인공지능의 발달과 빅데이터가 제시하는 인류 문명의 혁신을 어떻게 이해하고 살아갈 것인가? 우리는 인간의 인문학적 사고와 윤리, 기술과의 융복합적 결합이 절실히 요구되고 있는 상황에서 살아가고 있다.[14]

다만 '빅데이터·디지털전환' 프로세스가 반드시 낙관적이고 긍정적인 것만은 아닐 것이다. 터미네이터나 매트릭스 등에서 볼 수 있듯이, AI에 대한 인간의 공포는 잠재적으로 존재한다. 실제로 스티븐 호킹 등 적지 않은 전문가들은 AI에 의한 '디스토피아'를 전망하고 있다. AI가 인간의 지능 수준을 뛰어넘어, 인간이 통제할 수 없는 수준까지 발전하게 될 경우, AI vs. 인간의 전쟁 상황도 발생할 수 있을 것이다.[15] 생성형 인공지능(AI) 시대, 인간의 커뮤니케이션을 관통하는 저널리즘의 미래 또한 예측하기 쉽지 않다. 언론계는 물론 학계에서도 '챗GPT'의 활용 방안과 그 득실을 놓고 대응방안에 관해 논의 중이다. 저널리즘이나 아카데미즘 영역에서 쓰일 수 있는 보도자료 및 보고서·논문 작성, 특정 주제 글쓰기, 맞춤 이미지 및 PPT(발표자료) 생성, 데이터 파일의 분석시각화, 선행연구(뉴스 댓글) 분석 등 리스

---

14 예를 들어, 고려대 디지털인문센터는 "지나치게 세분화되었던 학문 영역의 틀을 깨고 '융합'과 '지성'을 기본 바탕으로 인문학의 관점에서 코딩, 데이터과학, 인공지능 등 디지털 분야에 접근하여 지식과 경험을 선도할 수 있는 창의적 융합인재를 양성"을 목표로 하고 있다. https://kucdh.korea.ac.kr/

15 실제로 OpenAI는 AI가 초래할 수 있는 막대한 위협을 방지하기 위해, AI를 통제하는 연구자를 현재 모집하고 있기도 하다. 또한 미국 뉴욕타임스는 최근 챗GPT가 자사 기사를 통째로 베껴 대답한 사례를 들고 "저널리즘을 위협하고 있다"며 오픈AI와 마이크로소프트를 저작권 침해 혐의로 고소한 바 있다.

크 매니지먼트가 필요한 이슈이다.

이처럼 AI 및 빅데이터가 미래 사회에 가져올 시사점은 포스트 4차산업혁명 혹은 과학기술혁명보다도 상정외(예상밖)의 파격적 행보를 보일 것으로 전망된다. 우리 사회는 다가오는 글로벌 패러다임의 변용에 적응하여 살아남기 위해서 적절한 '리질리언스' 강화 및 대비책을 마련해야 할 것이다.

4. 재난·안전 관리를 위한 과학기술 및 빅데이터

1) 재난·안전 관리를 위한 빅데이터의 활용

산업안전·보건 분야에서의 빅데이터의 축적과 활용은 아직 초기단계에 머물고 있다. 빅데이터는 재난관리 및 안전관리 분야에서 다양한 방식으로 활용되고 있다(〈표 7〉 참조).

재난 상황에서 빅데이터 활용사례를 유형화하면, 더욱 효과적인 대응과 조치를 가능케 하며, 신속한 의사결정과 자원 동원력 및 효율성을 제고하는 데 일조할 것으로 기대하고 있다. 위기대응 및 재난관리에 대한 빅데이터의 대표적인 활용사례는 i) 재난 예측 및 모델링(+긴급상황 모니터링), ii) 구호 및 복구작업 지원, iii) 의료 긴급 대응, iv) 안전 및 위험 관리, 4단계로 나뉜다.

첫째, '재난 예측 및 모니터링'에 관해서는 기상 및 지질 데이터 분석이나 소셜 미디어 감지 등을 통해 이뤄진다. 이때 기상 데이터 및 지질 데이터를 활용한 빅데이터 분석은 자연재해(지진, 쓰나미 등)를 예측하고 모니터링하

〈표 7〉 재난·안전 관리를 위한 과학기술 및 빅데이터의 활용

활용 분야	활용 사례
재난 예측 및 모델링 + 긴급상황 모니터링	– 기상 및 지질 데이터: 날씨 변화에 따른 재해 예측 및 모델링을 수행하여 대비
	– 센서 데이터: 지진, 홍수 등의 (긴급) 재난 상황을 실시간으로 모니터링하여 대응
	– 소셜 미디어 분석: 특정 지역에서의 긴급 상황에 대한 대중의 의견 파악
	– 이미지 및 비디오 분석: 재난현장 피해상황의 시각적 평가 및 보고
구호 및 복구작업 지원	– 구조·복구작업 및 자원할당 최적화: 재해지역의 대중 행동 및 이동 분석 – GPS 및 위치 데이터: 구조대 및 자원을 효율적으로 배치하여 신속한 대응 – 모바일 데이터: 재난 상황에서 대중의 행동 및 이동 경로 분석하여 대응
의료 긴급 대응	– DMAT(재난의료지원팀: Disaster Medical Assistance Team) 운영
안전 및 위험 관리	– 재난 및 안전 관리에서 예측, 대비, 대응, 복구 단계별 빅데이터 활용

출처: ChatGPT 및 빅카인즈(https://www.kinds.or.kr)를 활용하여 필자 작성.

는 데 사용된다. 소셜미디어에서 추출한 대량의 데이터를 분석하여, 재난 상황에서의 인명 피해 및 구호 요청과 같은 정보를 빠르게 감지하여 대응할 수 있다.

둘째, '구호 및 복구 작업 지원'에 관해서는 SOC(사회간접자본) 등 '인프라 모니터링' 및 자원 할당 및 예측을 통해 과학적으로 운영된다. 이때 빅데이터는 도로, 다리, 전력망 등의 기반 시설을 실시간으로 모니터링하여 재난 발생 후에 빠른 복구를 지원한다. 또한 재난 상황에서 어디에 얼마만큼의 인력과 자원을 투입해야 하는지를 예측하여 효율적으로 구호 작업을 진행할 수 있다. 한편, 센서 데이터 및 CCTV 등을 통한 실시간 데이터 분석으로 위험한 상황을 빠르게 감지하고 대응할 수 있다.

셋째, '의료 긴급 대응'에 관해서는 '의료·보건 데이터의 분석'이나 '감염병 예측 및 관리'를 통해 그 효율성을 극대화시킨다. 2020년 3.11 '코로나19

감염병재해 팬데믹(전세계적인 대유행 상황)'에서는 빅데이터가 감염병 확산을 예측하고 효과적인 대응을 돕는 데 활용된다. 특히 환자 기록, 의료 이미지 등의 데이터를 분석하여 응급 상황에서 의료진에게 신속하고 정확한 정보를 제공하여 사회적 확산을 예방한 한국의 사례는 K-방역으로 평가받았다.

넷째, '안전 및 위험 관리'에 관해서는 '빅데이터 분석을 통한 예방 및 상황 인식'에 활용하고 있다. 시민들의 이동 패턴, 치안 데이터 등을 분석하여 특정 지역의 안전 수준을 예측하고 예방 조치를 취할 수 있다. 재난 및 안전 관리에 있어서 빅데이터는 예측, 대비, 대응, 복구 단계별로 복합적으로 활용되고 있다.

한국에서도 최근 「중대재해 처벌 등에 관한 법률」이 국회를 통과한 가운데 대형건설사들을 중심으로 산재예방에 도움이 될 IT 기반의 '스마트 안전 관리 시스템'이 활발하게 도입되고 있다. 각종 센서와 안전모에 장착된 웨어러블 카메라, CCTV, 드론 등 다양한 스마트 기기를 활용하여 현장 내 위험 사각지대와 가스, 화재, 구조물 진동 등 각종 정보를 수집하고 있다. 또한 위험에 노출되어 있거나 불안전한 행동을 보이는 근로자를 실시간으로 확인하여 위험 상황이 발생되면 경고 알람이 전송되거나 방호장치가 작동하는 형태로 운영된다.

2) 일본 국토형성계획과 디지털 전환을 통한 안전안심 생활의 구현

일본의 디지털전환(DX) 정책은 국토형성계획(국토교통성 주관)과도 맞물려 전개된다. 디지털을 활용하여 디자인된 미래도시의 청사진을 마련하고, 안전안심 생활의 구현이라는 점에서 국토균형발전에 관한 전략을 점검해

보기로 하자.

다나카 가쿠에이의 「일본열도개조론」은 국토의 균형발전을 통해 경제에 활력을 불어넣겠다는 외침으로 일본 국민들의 눈과 귀를 사로잡았다. 그러나 1955년 이후의 고도성장기에 태평양벨트로 집중됐던 일본의 경제력을 여타 지역으로 분산시키려는 목표와는 달리, '수도권일극집중' 현상으로 말미암아 지역격차를 가중화시켰다는 평가이다. 여러 개정을 통해 2022년 7월에 발표된 국토형성계획(제3차전국계획) 중간보고서의 내용을 요약하면 다음과 같다.

첫째, 국토종합개발법(1950년~2005년)이 국토형성계획법(2005년)으로 대폭적인 법개정 과정에서 '개발' 용어는 법률에서 사라졌다. '21세기 국토그랜드디자인'(1998년)이라는 명칭을 2008년 국토형성계획(2008년)으로 변경한 것은 '인간의 안전보장'이라는 관점에서 사람·삶의 질을 우선한다는 의도가 반영된 결과이다. 이는 특히 '재해(재난) 다발국'인 일본의 개발지향형 국토형성계획이 직간접적으로 자연환경에 악영향을 미쳐왔던 점을 반성한 결과이자 개선의 방향성이라 할 수 있다.

둘째, 국토형성계획(제3차전국계획)의 핵심 추진 전략은 다음과 같다.

i) [지역생활권] 지역별 관계자(주인)가 디지털을 활용하여 스스로 디자인한 새로운 생활권의 구축. 예를들어 10만 명 단위의 디지털전원도시 구상 등을 실현한다.

ii) [슈퍼메가리전(Super Mega Region)] 리니어(신칸센)의 개통으로 도쿄권·나고야권·간사이권을 보다 더 긴밀하게 연계하여 세계 유일의 새로운 대도시권을 형성(모델)한다. 다양한 수요에 대응하는 생활패턴의 실현 및 경제활동을 가능하게 하는 매력적인 Only One 도시를 목표로 국제경쟁력의 회복 및 강화를 견인하고자 한다.

iii) [거대재해 대응 및 탄소중립(CN: Carbon Neutrality)의 실현] 산업의 구조전환 및 재배치에 의해, 지역간 기능을 보완하고자 "레이와 시대의 산업재배치"라는 캐치프레즈로 국토균형발전을 지향한다. 성장산업의 분산입지 등 인구감소 문제를 감안한 적정한 토지이용·관리, 공공사업비(정부에 의한 투자)의 재조정, ICT 국제경쟁력 저하, EV(전기자동차) 도입 지연 등 국내산업 재배치 및 신산업클러스터의 입지유도 등을 검토한다.

보다 구체적으로 일본의 초광역권 발전계획을 중심으로 살펴보면, 일본은 미국이나 영국, 프랑스, 독일 등 유럽 국가들과 마찬가지로 국토광역(권)개발계획을 통해, 국토균형발전과 국가경쟁력 제고·강화를 추구하는 정책을 추진해 왔다. 〈국토그랜드디자인 2050〉 및 〈슈퍼메가리전〉 구상을 통해, 초광역권 발전계획을 통해 인구감소에 따른 지방소멸 문제 등을 해결하기 위해 정책 추진 과정에서 얻은 정책적 시사점은 다음과 같다.

첫째, 일본은 글로벌 경쟁력 제고를 목료로, 지역(廣域)간 협력을 국가전략으로 추진하기 위해 〈21세기 국토그랜드디자인〉 구상을 제시한 바 있다. 이를 통해 "지역의 자립과 아름다운 국토의 창조"를 제시하며 국토균형발전이라는 키워드를 '자립'과 창조(매력발산)로 전환하고 있다. 한편, 한국은 수도권 과밀화와 지역 위기 문제를 해결하기 위해 "지역(국토)균형발전" 정책을 전개하고 있다. 한국도 일본을 교훈삼아 광역권별 '자립'이라는 슬로건의 보완하여 '초광역권 개발계획'을 수립하는 것도 필요하다.

둘째, 일본은 이미 네트워크 연계의 핵심요소인 광역 교통망(=리니어신칸센)을 조성하고 실현(도쿄-나고야 간 2027년 개통)단계에 접어들고 있다. 이에 반해 한국은 초광역권 핵심축(=지방거점도시)을 잇는 광역철도 초속화(리니어KTX) 사업의 구상 수준에 머물러 있다. 우선 한국의 지정학적 특성(컴팩트)상 신교통수단의 개발에 따른 시간 및 공간상의 효용은 낮아 우선은 컴팩트시티 혹은 메가시티 구상을 전제로 한 공간 정책의 추진이 바람직하다.

셋째, 한국은 일본보다 앞선 디지털전환의 장점을 살려, 광역 단위에 얽매이지 않고 스마트시티·공유도시(Share City)·인공지능(AI) 등 초공간(메타버스) 산업·기술인력 공급체계를 구축하는 한국형 사회지속발전 트랜스(橫斷)·광역권 모델의 개발에 주력할 필요가 있다. 과거 성장(경제)기조의 국토·지역계획과는 다른 회복(경제)기반의 합리적인 인구 전망과 토지이용계획, 주변 지역과의 연계(횡단)협력 전략이 요구된다.

넷째, 한국은 일본에 비해 (초)광역권 발전계획에 부합된 인재육성 등 교육 및 제도화 측면에서는 강점을 가지고 있다. 지역의 자립도를 높이고 지역 과제 및 문제를 스스로 해결하는 역할은 곧 사람이라는 점에서 사람과 지식(정보) 등을 공유하는 시스템 구축을 통해 인터-광역권 상생발전안 마련이 절실하다.

'제1차 전국종합개발계획(1962년)' 및 '제2차 국토형성계획(2015년)', '제3차국토형성계획수립중간정리(2022년 7월)'에 이르기까지 7번의 계획책정(유효기간:평균 8.1년)을 발표하고 실시해 왔다. 평균 GDP 성장률 10% 정도의 고도성장하의 국토개발 전략과는 달리, 경제저성장률(2~3%) 혹은 코로나 재해 및 리시이-우그라이나 전쟁으로 말미암아 마이너스 성장률이 일상화된 상황하에서 일본이 2023년 여름에 발표한 제3차국토형성계획은 인구감소(노동력감소)와 함께 장기적으로 마이너스성장이 지속될 것이라는 상정하에 전국국토계획을 제시하고 있다. 예를들어, 일본의 디지털전환(DX) 정책과 맞물린 국토형성계획 중 하나인 '스마트시티' 프로젝트는 빅데이터를 활용하여 추진하고 있다. 도시 인프라, 에너지 효율성, 환경 모니터링 등에 빅데이터를 활용하여 지능형 도시를 구축하고 있다. 이러한 빅데이터의 활용은 기업, 정부, 학계 등 다양한 분야에서 교차하며 협력적으로 이루어 지고 있으며, 일본의 디지털전환(DX)에서 혁신과 효율성을 추구하는 데 중요한 역할을 하고 있다.

5. 결론: 빅데이터 정치경제학을 통한 '지속혁명(SX)'

이 글에서는 '빅데이터 재난·안전정치학'에 관한 분석을 통해 빅데이터가 정책결정 프로세스에서 작동하는 행위자 및 아젠다를 교차시키는 메커니즘을 유형화하였다. 빅데이터 정치경제학적 관점은 리질리언스 관리방법론 및 안전국가 이론을 정립함으로써 디지털전환 시대를 대비하는 데 있어서 매우 유용하다. 본 연구의 한계성을 극복하기 위해서 '빅데이터혁명(BT)'과 '지속가능성전환(SX)'에 관한 영역별 패러다임의 변화에 관해서 요약하면 다음과 같다(〈표 8〉 참조).

'국가 안보(national security)' 이외에 정치·경제·사회·과학·기술적 위험요소 등을 포괄하는 경제 안보, 인간 안보, 기술 안보를 아우르거나 융복합적으로 작동하는 공동체(화합·공생) 분야의 사회변화에 관해서는 무엇보다도 감염병 퇴치를 위해 국제사회가 협력하여 대응해야 한다. 이는 최근 관심이 증대되고 있는 '인간 안보'라는 새로운 패러다임에 대응할 필요성이 고조된 것과 맞물린다. 군사력 위주의 전통적인 '국가안보' 개념에서 벗어나기 위해서는 4차산업혁명이 가져온 빅데이터 등 문명의 이기들을 활용하고, 국가의 경계를 넘어 인간의 생명과 안전을 중시하는 '인간의 안전보장(human security)'을 최우선으로 하는 휴마트(Humanity+Smart) 거버넌스가 매우 중요하다.

〈표 8〉 빅데이터혁명(BT)과 지속가능성전환(SX)

	영역	사회변화	부(負)의 유산 및 빅데이터 활용 아젠다
국가 안보	정치 재해	정치적 화해 =【민주주의 이념의 확립 과 공유】 ⇒지정학적 대립	정권교체 vs. 정권유지의 정치: 선거행정, 이데올로기, 인간의 안전보장, 재해부흥(정책), 덕치(德治), 큰정부 vs.작은정부, 패권안전이론, 역(逆)이미지 거버넌스, 글로벌보건안보지수, 국경 및 사람의 이동제한(이민, 난민 등)
	지구환경 재해	지구환경공학적 조화 =【안전국가의 실현】 ⇒지환(地環)학적 대립	지속전환(SX) 지구·에너지공학: 거대위기, 기후변화 및 환경파괴, 팬데믹(감염병 세계유행), 개발(근대화)론, 격차사회, 기근, 빈곤
경제 안보	경제 재해	경제적 화해 =【산업화 및 협력구도】 ⇒지경(地經)학 대립	안전경제학/산업안전학: 성장 vs. 회복정책, 경쟁 vs. 공생 관계, 수평적 vs. 수직적 분업구조, '포스트 상호의존성', 자생적(自生的)·협력적 발전모델, '21세기마셜플랜(재난기본소득)', 자국우선주의 vs. 최혜국대우(MFN)
인간 안보	인문· 사회문화 재해	인문사회적·문화적 화해 =【자유·평등·합리주의의 실현】⇒지사(地社)학/지문(地文)학 대립	인간문명론 vs. 디스토피아: 디지털교육(ChatGPT 활용 등), '리언택트'(재대면) 사회, 사회변화, 안전문화론, 다문화공생(이민·난민 등), 재난인문학, 문화충돌·수용(한류, 日流 등)
	역사인식 ·사상재해	역사·인식적 화해 =【평화사상 및 언론의 자유 실현】⇒지사(地史)학/지지(地智)학 대립	전쟁과 평화 체제의 전환: 철학, 인식(心理), 언론, 이데올로기, 학지(學知), '인류애'적 연대(유대감), 인종차별(헤이트스피치 등)
	스포츠 재해	스포츠·공학적 축제(祝典) =【경쟁과 행복의 代理化】	스포츠평화학: 올림픽개발학, 이념추구, 산업발전 및 국위선양, 지역균형발전론
기술 안보	과학기술 재해	과학기술·공학적 화해 =【인류복지 및 생명의 과학화】⇒지과(地科)학/지공(地工)학 대립	융복합기술공학: 감염병 확산, 생명과학(Life Science), 안전혁명, 과학기술(Science Technology), 복합문화기술, '의료재해학', '예방재해의학'
글로벌 안보	안전 공동체	트랜스로컬 협력 =【휴마트(Humanity+Smart) 구현】⇒지공(地公)학/지공(地共)학 대립	미래 리스크 관리학(未災學): 인간의 안전보장(human security), 공공외교(Public Diplomacy), 공유사회, 테러, 지역질서, 국제협력

빅데이터혁신(BX: Big Data Transformation) = 디지털뉴딜

출처: 필자 작성, 도미나가(富永健一, 『日本の近代化と社會変動』講談社, 1990)의 분석내용을 원용하고, 김영근(2022), "포스트 코로나 시대의 생명정치와 인간의 안전보장." 『국가와 정치』 제28집 1호(pp.139-172), 표(p.142)를 수정·보완.

아울러 트랜스로컬 협력을 통해 화해 혹은 안전공동체의 구현에 힘써야 하는 것은 당연하다. 이때, 지정학적 공중보건(Public Health) 즉 지공학(地公學: Geo-Public Studies)의 관점에서 테러 등 복합적 리스크 헤징(매니지먼트)이 가능하도록 지역질서를 유지하고, 열린 공공외교(Public Diplomacy)를 통한 '국제협력 레짐'의 구축이 절실하다. 이는 '자국 우선주의' 이데올로기를 어떻게 관리하고, 첫 번째에서 제시한 정치(민주화) 분야와 연동되었을 때 그 효과가 높아질 것이다. 물론 코로나재해 과정에서 경험한 바 있는 국가별 여행제한은 물론 국경통제 및 무역(통상)규제 등 갈등구조가 증폭되는 프로세스도 엄연히 존재한다.

최근 코로나19 감염병 재해 대응이나 러시아-우크라이나 전쟁 등 글로벌 공조를 강화하자는 논의가 한창이다. 무엇보다도 중요한 것은 국가간 협력수준(Level of cooperation)이나 분쟁해결절차(Dispute Settlement Procedures) 등도 감안한 협업적 디지털 거버넌스(Collaborative Digital Governance) 플랫폼의 확립이 관건이다. 빅데이터의 효율적 활용을 통해 '재난·안전공동체' 구상이라는 관점에서 논의할 필요가 있다.

참고문헌

가와무라 가즈노리 편저, 김영근·김경림 옮김. 2019. 『일본의 재난 안전과 지방자치론: 포
　　스트 3.11 동일본대지진의 거버넌스』. 진인진.

간사이대학 사회안전학부 지음. 김영근 옮김. 2021. 『3·11 동일본대지진을 새로이 검증하
　　다-복구·부흥·재생 프로세스 및 방재·감재·축재를 위한 과제』. 한울아카데미.

김선우·김형지·김성태. 2020. "경제뉴스와 부동산 시장의 관계에 관한 빅데이터 시계열
　　분석: 소비자 심리와 정치 관련 변인을 주목하며." 『커뮤니케이션학회지』 Vol.28
　　No.4: 29~51.

김영근. 2022a. "동아시아 재해 거버넌스: 인간의 안전보장과 생명정치의 기원." 『일본연
　　구』 제37집: 347-372.

＿＿＿. 2022b. "포스트 코로나 시대의 생명정치와 인간의 안전보장." 『국가와 정치』 제28
　　집 1호: 139-172.

김영근 감수. 부혜진·정유경 옮김. 2018. 오다기리 도쿠미 지음. 『농촌은 사라지지 않는
　　다: 농산촌 생존을 위한 지방의 고군분투』. 한울아카데미.

김영근·야마 요시유키·가와무라 가즈노리·전성곤 저. 2018. 『재해 리질리언스: 사전부
　　흥으로 안전학을 과학하자』. 한국학술정보.

김종업·김형빈. 2017. "빅데이터를 활용한 미래예측과 재난·안전 정책 방안 연구." 『한국
　　지역정보화학회 학술발표대회 논문집』: 91-120.

김진·장환영·신윤호·김기승. 2021. "스마트시티(Smart City)의 새로운 변화, 디지털트윈
　　(Digital Twin)." 『도시정보』 No.468: 5-15.

노재인·박형수·명승환. 2022. "디지털 트윈을 활용한 스마트시티 재난관리 방안 연구: 인
　　천광역시 사례를 중심으로." 『한국지역정보화학』 25(1): 1-33.

민금영·정덕훈. 2014. "신속한 재난대응활동을 위한 빅데이터 속성에 관한 연구." 『한국
　　지능정보시스템학회 학술대회논문집』: 259-263.

반병헌. 2023. 『챗GPT 마침내 찾아온 특이점』. 생능북스.

윤옥한. 2023. "Chat GPT 등장과 교양교육의 방향 탐색." 『한국콘텐츠학회논문지』 Vol.
　　23 No.5: 88-96.

이시한. 2023. 『챗GPT가 바꿀 우리 인류의 미래 GPT 제너레이션』. 북모먼트.

이지현·박민수·정대교·임정현·박승희. 2019. "빅데이터를 활용한 재난 안전 관리시스
　　템 사례조사." 『대한토목학회 학술대회 자료집』: 1194-1195.

주희진·김정민·신지만·김경태·이건웅. 2021. "AI 기반 장소 검색 서비스가 지역경제에
　　미치는 영향에 대한 실증연구." 『경영정보학연구』 23(3): 77-96.

최혜선. 2013. "빅데이터 활용에 의한 경제성장·국민의 편의 증진과 공법적 과제."『유럽
　　헌법연구』Vol.14: 403-415.

広井良典外. 2020.『AI × 地方創生』. 東京: 東洋経済新報社
『한겨레신문』
일본의 지방창생 및 미래도시 구상[内閣府地方創生推進事務局], 검색일자 2024/0/01.
　　https://www.chisou.go.jp/tiiki/kankyo/teian/sdgs_2022sentei.html.

제2부

빅데이터와 국내 정치

제3장

한국의 선거와 빅데이터 활용 발전과정

정진화(성신여자대학교)

1. 서론

　빅데이터(Big Data) 없는 일상은 이제 상상하기 어려운 시대가 되었다. 나의 페이스북(Facebook) 계정으로 들어가면 내가 관심있게 봤던 의류 브랜드의 광고가 가장 먼저 눈에 들어온다. 그 중 구매하고 싶은 물건을 골라서 카카오페이로 결제하면 나의 결제이력이 모두 기록되고 소비패턴까지 분석되어 나에게 맞는 자산관리 서비스가 제공된다. 당근마켓에서 물건을 판매하기 위해 사진을 게시하면 상품 카테고리가 자동으로 지정되고, 판매자와 구매자를 자동으로 매칭해서 추천해준다. 모두 빅데이터 덕분이다.

　빅데이터를 일상생활에서 가장 잘 느낄 수 있는 것 중 하나가 바로 넷플릭스(Netflix)이다. 넷플릭스에 접속하면 이전에 내가 시청했던 콘텐츠를 중심으로 내가 관심가질 만한 영화나 드라마, 또는 내가 좋아할 만한 장르가 자동으로 추천되고 심지어 나와 취향이 비슷한 사람들이 많이 본 콘텐츠들도 확인할 수 있다. 실제로 넷플릭스는 그들의 성공 요인 중 하나가 빅데이터라고 밝힌 바 있다. 넷플릭스는 전세계 1억 2,500만 명의 스트리밍 구독자를 보유하고 있으며 사용자 ID, 평점, 영화를 본 시점, 영화 ID 4가지 데이터를 지속적으로 수집, 분석하여 개인 취향 맞춤 서비스를 제공하고 있다. 또, 넷플릭스는 ▲사용자의 드라마 되감기 및 빨리감기 ▲영상 중단 후 복귀 여부 ▲사용자가 영상을 본 특정 시점 ▲영상 시청 기기 종류 ▲검색 방식 ▲검색 결과 ▲평점 ▲엔딩 크레딧 시청 여부 등까지 추적하며 빅데이터를 구성하고 있으며 이는 더 나은 서비스를 제공하는 토대가 된다(AI타임스 19/04/08).

이처럼 우리는 일상생활 자체가 데이터로 이루어지는 시대에 살고 있다. 빅데이터의 위력은 단지 다양한 데이터가 엄청나게 많이 생성되고 기록되는데 있는 것이 아니라 이 데이터들이 모여 현재를 개선하고 미래를 예측할 수 있을 때 더 크게 발휘된다. 기업은 판매 자료를 분석해 고객의 성향을 파악하고 이에 맞춰 상품 생산과 마케팅 전략을 세울 수 있으며 정부는 과거의 기록들을 토대로 범죄 예방, 질병 관리, 재난 대처, 복지 혜택 등 대국민 서비스 전반에서 보다 혁신적이고 효율적인 대응을 할 수 있다. 빅데이터가 초래할 혁명적인 변화는 스마트폰이 가져온 변화만큼 클 것으로 보인다.

빅데이터가 가져온 변화의 물결은 선거 패러다임도 바꾸어 놓고 있다. 2008년 미국 대선에서 민주당의 오바마(Barack Obama) 후보는 유권자들의 빅데이터를 활용하여 마이크로 타겟팅(Micro Targeting) 전략을 수립했고 이를 기반으로 효과적인 유권자 맞춤형 선거 캠페인을 수행, 선거에서 승리할 수 있었다. 당시 오바마 캠프에서는 상품 마케팅 분야의 판매 전략을 벤치마킹하여 대규모 전화설문을 통해 확보된 정치성향, 유권자의 연령·인종·성별·소득·주택·교육수준 등 인구학적 데이터를 종합해 점수를 부여한 뒤 설득이 가능한 층과 불가능한 층으로 유권자 집단을 특화시켜 이에 맞는 매체와 메시지로 대응했다(한겨레 17/04/29).

오바마 캠프는 2012년 대선에서 빅데이터를 보다 본격적으로 활용했다. 당시 미국 대선은 '빅데이터 선거'였다고 해도 과언이 아닐 정도로 빅데이터의 활용이 선거 승리에 결정적인 역할을 한 것으로 평가된다. 당시 오바마 캠프에서는 대선 2년 전부터 빅데이터팀을 별도로 설치, '나월스(Nar-whals)'와 '드림캐처(Dreamcatcher)'라는 이름의 프로젝트를 가동하여 2008년보다 진전된 맞춤형 선거전략 및 캠페인을 전개했다. 대표적인 예로 오바마 캠프는 빅데이터 분석을 통해 헐리우드에서 정치헌금 디너파티에 참가하여 돈을 지불할 가능성이 가장 높은 그룹이 40대 여성임을 알아냈고, 이들에게 어필할 수 있는 배우가 조지 클루니(George Clooney)라는 분석이 나오자 이 배우를 초대하여 정치헌금을 모금하는데 성공했다. 이처럼 오바마 캠프의 빅데이터팀은 경험과 직감 보다 데이터 분석에 기반하여 의사결정을 내렸다.

또, 오바마 캠프는 선거가 박빙일 것으로 예측하고 경합주의 유권자 개인 성향까지 조사, 누가 자신들에게 투표할지도 파악했다. 빅데이터팀은 매일 데이터를 업데이트해 6만 6,000번의 모의선거를 했고, 이들이 수집한 정보로 TV, 온라인 광고를 진행했다. 오바마 캠프는 인터넷 맞춤형 검색광고에도 롬니 캠프보다 2배 더 많은 비용을 지출한 것으로 알려졌다. 공화당의 롬니(Mitt Romney) 후보 측에서도 대선 7개월 전 빅데이터 분석팀을 조직, '오르카(ORCA)'라는 프로젝트를 전개했지만 롬니의 빅데이터팀은 시스템 구축에 대한 준비기간이 짧고 노하우가 부족했다. 결국 더욱 정교하게 빅데이터를 활용한 오바마 캠프가 최종 승리를 거두었다(한국정보화진흥원

2012, 2-6; 디지털타임즈 12/12/11; 한국일보 12/10/23; 전자신문 12/11/05).

2012년 미 대선에서는 빅데이터를 활용한 이색적인 통계도 등장했다. 당시 민주당은 보트빌더(VoteBuilder), 공화당은 GOP데이터센터(GOP Data Center)라는 데이터베이스에 방대한 유권자 개인정보를 확보하고 총기면허, 신용카드 대출정보, SNS이용기록 등을 연계했다. 이러한 빅데이터를 통해 미국 메이저리그의 월드시리즈 우승팀과 미 대선의 연관성을 분석한 결과, 아메리칸 리그에서 우승팀이 나오면 공화당이 대선에서 승리하고 내셔널 리그에서 나오면 민주당이 승리하는 것으로 조사됐다. 이는 1920년 이래 16차례의 정확성을 보인 것으로 발견되었다(연합뉴스 12/10/22).

미래를 예측하는 가장 좋은 방법은 과거의 기록과 행동, 그리고 패턴을 분석하는 데 있을 것이다. 이런 점에서 빅데이터는 정보를 제공할 뿐 아니라 선거 전략 수립 및 예측에 중요한 영향력을 발휘할 수 있다. 이것이 바로 선거에서 빅데이터를 활용하는 가장 궁극적인 이유이자 최종 목적이라 할 수 있을 것이다. 2012년 미국 대선에서 오바마 캠프가 보여준 빅데이터 활용방안들은 빅데이터 선거의 가장 바람직한 원형이 되었고 이후 한국에서도 빅데이터를 선거에 도입, 활용하려는 시도들이 나오게 되었다.

우리나라에서는 2011년 하반기부터 선거에 빅데이터를 활용해야 한다는 목소리들이 등장하기 시작했고, 지난 10여 년간 빅데이터 활용은 크게 증대되어 2022년 대선은 그야말로 빅데이터 선거였다고 할 정도로 온갖 통계와 분석들이 홍수처럼 쏟아졌다. 하지만, 아직 이러한 발전과정을 종합적으로 정리한 연구는 찾아보기 어렵다. 이에 본 글은 한국언론진흥재단에서 운영하는 뉴스 빅데이터 및 분석 시스템인 빅카인즈(BIGKinds)를 통해 검색된 결과를 토대로 한국 선거에서 빅데이터가 어떻게 활용되어 왔는지 그 변천과정 및 발전단계를 체계적으로 정리하고 시사점을 도출해보고자 한다. 이와 같은 연구는 향후 한국의 현실에 적합한 빅데이터 활용방안을 모색하는 데 의미 있는 이론적·현실적 기초를 제공할 수 있으리라 기대한다.

2. 뉴스 빅데이터로 본 한국의 선거와 빅데이터

우리나라에서 선거와 관련해 빅데이터가 언론보도에 등장하기 시작한 것은 2011년부터이다. 빅카인즈를 통한 언론보도 분석 결과를 확인해보면 이 때부터 오바마의 빅데이터 활용에 대한 소개와 국내 도입에 관한 목소리들이 나오기 시작했다. 빅카인즈에서 검색 가능한 1990년 1월 1일부터 2023년 12월 31일까지 '선거'와 '빅데이터'를 키워드로 보도된 내용들을 살펴보면 총 4,747건의 기사가 검색되며 년도별 검색 결과는 〈표 1〉과 같다.

'선거'와 '빅데이터'를 키워드로 한 언론보도는 2011년 처음 등장한 이후 증가세를 보이기 시작했으며 2012년, 2014년, 2017년, 2022년에 전년대비 큰 폭으로 증가했다. 이는 2012년 제19대 국회의원 선거 및 제18대 대통령 선거, 2014년 제6회 지방선거, 2017년 제19대 대통령선거, 2022년 제20대 대통령 선거 및 제8회 지방선거 등과 밀접한 연관이 있는 것으로 판단된다. 즉, 선거가 치러진 해에 관련 보도들이 큰 폭으로 증가한 것이며 특히 2017년도에는 전년도 대비 두 배에 이르는 수준을 보였고 2022년도에는 역대 가장 많은 보도 건수를 기록했다. 상대적으로 보도 건수가 적게 나타난 2015년, 2019년은 대선, 총선, 지방선거 등 전국 선거가 치러지지 않았던 해로 전년도 대비 기사량이 오히려 줄어든 모습을 보이고 있다. 2023년도 역시 전국 선거 일정이 없는 해로 보도된 건수는 총 216건이며 전년도

〈표1〉 '선거'와 '빅데이터'에 관한 년도별 언론보도 건수(단위: 건)

년도	언론보도 건수	선거 여부 (재보궐 선거 제외)
2011	7	
2012	77	제19대 국회의원 선거 제18대 대통령 선거
2013	111	
2014	208	제6회 지방선거
2015	180	
2016	315	제20대 국회의원 선거
2017	642	제19대 대통령선거
2018	637	제7회 지방선거
2019	297	
2020	545	제21대 국회의원 선거
2021	640	
2022	880	제20대 대통령 선거 제8회 지방선거
2023	216	
합계	4,747	

대비 크게 감소한 수준인 것을 알 수 있다. 이러한 언론보도 추이를 그래프 화하면 〈그림 1〉과 같이 나타난다.

　한편, 검색 결과를 시각화하면 〈그림 2〉와 같은 관계도가 그려진다. 이 관계도는 검색 결과 중 정확도 상위 1,000건의 보도에서 추출된 개체명(인물, 장소, 기관, 키워드) 사이의 연결 관계를 네트워크 형태로 시각화한 것이며 가중치를 빅카인즈의 기본 설정값인 4로 적용했을 때 나타나는 결과이다. 즉, '선거'와 '빅데이터'를 키워드로 검색한 결과 중 정확도가 높은 뉴스를 기준으로 검색어와 밀접한 관계에 있는 개체들을 뽑아낸 것이라 할 수 있다. 관계도에서 검색어와 관련해 가장 비중이 높게 나타나고 있는 개체

〈그림 1〉 '선거'와 '빅데이터'에 관한 년도별 언론보도 추이

(단위: 건)

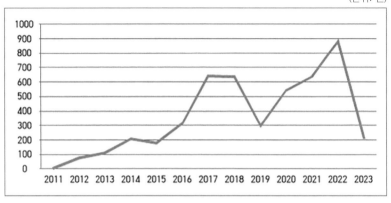

〈그림 2〉 '선거'와 '빅데이터' 키워드로 검색한 결과에 대한 관계도

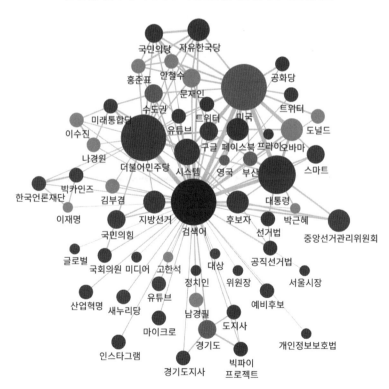

〈그림 3〉 '선거'와 '빅데이터' 키워드로 검색한 결과에 대한 워드 클라우드

〈그림 3〉 '선거'와 '빅데이터' 키워드로 검색한 결과에 대한 워드 클라우드

명은 더불어민주당, 미국이며 그 다음으로 대통령, 중앙선관위, 이어 지방 선거, 후보자, 자유한국당 등이 비교적 크게 나타나고 있다.

검색 결과 중 연관성(가중치, 키워드 빈도수)이 높은 기사 1,000건을 대상으로 키워드를 시각화하는 워드 클라우드(Word Cloud)는 〈그림 3〉과 같이 나타난다. 이는 사용자가 입력한 질의어를 토대로 검색한 결과에 대해 공시적 분석과 워드 클러스터링(Clustering)을 하여 동적으로 상호 작용하는 시맨틱 네트워크(Semantic Network)를 생성하는 알고리즘을 말한다. 다시 말하면, '선거'와 '빅데이터' 검색어가 어떠한 주제, 개념, 단어, 사건들과 관련이 깊은지 분석하여 연관성이 깊은 단어들을 군집화 한 것으로 검색어가 어떠한 의미적 연결을 깃는지 알 수 있는 것이라 할 수 있다. 〈그림 3〉을 보면 여론조사, 인공지능, 유권자 등과 관련해 가장 의미있고 빈도 높게 사용된 것을 알 수 있으며 이어 AI, SNS, 후보자, 후보들, 더불어민주당, 선관위 등의 개체들과 밀접한 연관성을 갖는 것으로 보인다.

3. 한국 선거에서 빅데이터 활용 변천과정

앞서 '선거'와 '빅데이터'를 키워드로 검색된 결과를 토대로 양적 분석을 실시했다면 여기에서는 질적 분석을 통해 한국의 선거에서 빅데이터를 활용해 온 방식의 변천과정을 알아보고자 한다. 이를 위해 검색결과 총 4,747건 중 정확도 상위 10%에 해당하는 468건을 직접 확인, 기사 원문의 내용을 모두 살펴보았다. 일반적으로 통계 조사에서 표본의 크기는 모집단의 약 10%로 보는 경우가 많으며 전통적인 연구에서도 1:10의 비율이 최소비율이라는 주장들이 존재한다(Halinski & Feldt, 1970; Miller & Kunce, 1973). 물론 10%가 모집단을 대표할 수 있는 표본의 크기를 결정하는 데 절대적인 기준이 아니며, 통계 기법에 따라 적절한 표본의 크기도 매우 다르다. 실제로 4,747건을 정확도 순으로 나열했을 때 본 글에서 분석하고자 하는 내용과 관련성이 높은 기사들은 상위 5%(234건) 안에 상당부분 포함되어 있었다. 하지만 정확도 상위 5%에 해당되는 검색 결과만 대상화할 경우, 질적 분석의 표본으로 부족하거나 놓치는 부분들이 발생할 수 있기에 정확도 상위 10% 수준에서 검색되는 결과를 모두 분석하기로 했다.

분석 결과 우리나라에서 '선거'와 '빅데이터'를 함께 다룬 보도가 처음 등장한 것은 정확히 2011년 11월 23일로 기사 제목은 '소셜 빅데이터 및 여론분석 전략 컨퍼런스' 개최에 관한 머니투데이의 기사였다(머니투데이 11/11/23). 두 번째는 그 다음날인 11월 24일 보도된 한국일보의 기사 "'빅데이터' 소셜분석, 여론조사 대체할까"였다(한국일보 11/11/24). 단순 언급으로만 따지면 머니투데이 기사가 최초이지만 컨퍼런스 개최에 대한 소식만 보도한 것이기 때문에 내용적으로는 SNS 빅데이터 분석이 기존의 여론조사를 대체할 수도 있다는 점과 빅데이터 활용 가능성을 모색한 한국일보 기사가 최초라고 볼 수 있다.

이후 2012년 제19대 국회의원 선거와 제18대 대통령 선거를 앞두고 빅데이터에 대한 관심이 증가하기 시작했다. 오바마의 재선 성공비결이 빅데이터를 활용한 마이크로 타겟팅 방식의 맞춤형 선거운동에 있었다는 분석들이 연달아 보도되었고 오바마의 빅데이터 선거 전략과 캠페인을 소개하며 한국의 선거에도 빅데이터 활용을 도입해야 한다는 목소리가 높아졌다. 또, 빅데이터의 정확성을 신뢰하며 빅데이터가 선거의 당락을 좌우할 주요 변수이자 핵심이라는 보도들이 압도적으로 많이 등장했다. 2013년 야후재팬(Yahoo Japan)이 참의원 선거에 도입한 빅데이터 활용모델이 선거 결과를 정확히 예측한 것도 이러한 분위기에 힘을 더했다. 야후재팬의 빅데이터 모델은 이전에 진행된 중의원 선거 결과에 온라인 검색량, 후보들의 SNS정보량 등을 조합하여 각 정당별 득표수를 추정, 선거 예측의 정확성을 높인 것이다.

초기에 선거와 관련하여 빅데이터를 적극적으로 활용하기 시작한 것은 후보자나 정당 보다 언론이었다. 언론사들은 주로 후보자 분석과 여론 파악을 위해 빅데이터를 사용했다. 2012년 한국일보는 4.11 제19대 총선을 앞두고 빅데이터 기반 소셜네트워크 분석 전문업체와 함께 2012년 2월 1일부터 24일까지 트위터에 올라온 글 가운데 총선 관련 트윗으로 판단된 253만3,043건을 분석하였다. 그 결과 전년도인 2011년 서울시장 보궐선거에서 박원순 후보에 대한 지지가 높았던 것과 달리 민주통합당을 바라보는 트위터의 민심이 싸늘해진 것으로 나타났다. 정당명을 담은 트윗량 단순 비교에서 민주통합당(61만 2,065건)은 새누리당(36만 6,037건)을 크게 앞섰지만 작성자의 감정 등을 표현한 심리어가 함께 언급된 트윗 2만 2,463건을 분석한 결과 '민주통합당'과 연관도가 가장 높은 심리어는 '오만하다'로 나타났으며 이어 '실망스럽다', '방자하다'등 대부분 부정적인 심리어로 나타났다. 새누리당의 경우에도 '섭섭하다', '포악하다', '무지하다'등 부정적인 심리어가 높게 나타났다(한국일보 12/03/04).

서울신문은 빅데이터 분석업체와 함께 2012년 2월 1일부터 3월 21일까지 19대 총선 후보 등 정치인 1,200명과 해당 기간 게시된 730만 3,383건의 총선 트윗, 그리고 리트윗 현황을 분석했다. 분석 결과, 트위터에서 4.11 총선 여론을 주도하는 이들은 정치인이 아닌 '폴리터리안(Politterian)'들로 나타났다. 폴리터리안은 정치적 성향을 노골적으로 표출하고, 자신의 정치적 메시지를 다른 트위터리안을 통해 대량으로 확산시키는 사람들을 의미하며 트위터 사용 빈도가 높은 한국인 이용자 100만 명 중 약 6만 여명이 해당되는 것으로 추산됐다. '파워 폴리터리안'의 표준모델은 '야당 성향의 40~50대 중년 남성'인 것으로 파악됐다(서울신문 12/03/29).

2014년부터는 빅데이터 활용 주체 및 방식 측면에서 조금 더 다양한 양상들이 나타났다. 먼저, 6.4 제6회 지방선거를 앞두고 정당과 후보자들을 위한 빅데이터 활용 선거솔루션들이 본격적으로 등장했다. 이러한 시스템들은 주로 트위터, 블로그, 카페 등에 올라온 내용, SNS, 포털 검색어 등 인터넷을 통해 발생되는 선거와 후보자 관련 정보를 수집하고, 수집된 정보의 긍정 또는 부정 여부를 분석하여 후보자에 대한 여론 성향과 네티즌들의 반응을 제공하는 것이다(디지털타임스 14/05/26; 매일경제 14/06/02). 새누리당의 씽크탱크인 여의도연구원은 2014년 상반기 페이스북 게시글 3,100만 건을 분석한 빅데이터 보고서인 '담벼락에 쓰인 대한민국'을 발간하며 보고서에서 세월호 참사 이후 '안전'에 대한 언급이 이전보다 10배나 급증, 선거의 관심사도 변화하고 있다는 점을 발견했다(세계일보 14/08/08). 중앙선관위는 후보자 공약과 유권자 투표 데이터를 취합, 빅데이터로 분석하여 매니페스토 실천 방안을 제시하겠다고 밝혔으며 이후 한국형 선거 빅데이터 구축 방안을 마련, 재·보궐 선거에 시범 적용한 후 2016년 4월 시행되는 20대 국회의원 선거에 정식 적용하기로 했다(전자신문 14/04/04).

2015년도에는 2016년에 치러질 4.13 제20대 국회의원 선거를 앞두고 빅데이터의 분석 기술이 더욱 진화하는 양상이 나타났고 이에 따라 주어, 목적어, 서술어 등 우리말의 문장 구조와 데이터를 조각내서 띄어쓰기, 오타 교정, 신조어 분석, 동의어 처리 등까지 함께 진행해 분석 주제에 맞는 데이터를 뽑아낼 수 있게 되었다. 이를 통해 다양한 분석이 가능해지게 되었고 의도된 정보를 분류하는 알고리즘의 정확성도 점점 높아지게 되었다(디지털타임스 15/12/08; 머니투데이 15/12/13).

2016년도에는 총선을 계기로 빅데이터 활용 방식이 선거 전략 수립에서 더 나아가 선거 결과 예측으로 본격 확대되어 언론사, 여론조사 기관, 빅데이터 전문 기업이나 연구소 등이 빅데이터 기반 시스템들을 활용한 선거 예측 결과들을 내놓기 시작했다. 예를 들어 '빅토리랩'이라는 회사는 선관위의 투표소별 개표 결과 데이터에 통계청이 5년마다 실시하는 인구총조사 데이터를 결합해 정치성향을 분석, 후보자들에게 제공하는 서비스를 개발했다(경향신문 16/04/02). 'JPD 빅데이터 연구소'는 지난 20년간 선거 결과를 통해 누적된 연령대별 정당 투표율, 지역구별 정당 지지율·투표수, 현재 인구 등을 종합 적용해 후보별 예상 득표수를 산출했다. 또 실시간 여론조사 결과와 정당 이슈, 정책 변수, 뉴스와 SNS 분석, 후보자와 관련해 쓰인 어휘의 긍정도·부정도 등도 수치화하여 종합적인 결과를 도출했다(전자신문 16/04/09).

2017년 제19대 대통령 선거와 2018년 제7회 지방선거를 치르면서 빅데이터 활용은 한국의 현실과 여건을 고려하는 방향으로 좀 더 진화했다. 미국은 페이스북을 중심으로 광범위한 정보를 수집, 마이크로 타겟팅을 했지만 한국은 선거법과 개인정보보호법상 그러한 정보의 획득이 어렵기 때문에 카카오톡이나 네이버밴드 등을 활용하는 방향으로 눈을 돌리게 되었다.

선거전략 및 예측뿐 아니라 이색적인 서비스를 개발하는 움직임도 대두되었다. 몇 가지 사례를 살펴보면, '누드대통령'이란 이름의 대선 공약 분석 서비스는 빅데이터와 머신러닝을 결합한 것으로 대선주자 이름은 가린 채, 각 후보가 내놓은 분야별 공약만 객관식으로 제시한 뒤 이용자가 본인 생각과 맞는 항목을 선택하면 그 결과를 분석해 나와 생각이 가장 가까운 후보를 찾아주는 것이다. 대선 과정에서 쏟아져 나오는 각종 기사와 후보 공약 등을 일일이 찾아보기 힘든 유권자들을 위한 챗봇(채팅형 로봇)도 등장했다. '로즈'라는 서비스는 카카오톡 친구 추가를 통해 등록하면 주요 이슈와 후보공약은 물론 후보자별 당선율까지 예측해서 알려준다. 친구와 대화하듯이 '오늘 이슈는 뭘까?', '나의 투표소는 어디일까?' 등을 물어보면 실시간으로 응답해주기도 한다. 페이스북은 대선후보 공약과 각종 이슈에 대한 생각을 한 눈에 볼 수 있는 '이슈 탭' 기능을 활용했다. 이슈 탭은 세금, 외교, 교육, 환경 등 총 20개 주요 이슈에 대한 대선 후보들의 생각과 공약을 보여주는 기능으로 유권자들은 이를 통해 각 후보의 페이스북 타임라인 기록을 일일이 찾지 않고 이슈 탭 하나로 확인할 수 있다(파이낸셜뉴스 17/04/30).

2018년에는 중앙선관위에서 각 지역별로 유권자가 후보자에게 원하는 공약을 제안할 수 있는 플랫폼을 제작해 스마트폰 애플리케이션과 인터넷 홈페이지를 통해 공개하기로 했다. 이와 관련 각 지역의 정책과 공약에 대한 유권자들의 관심도를 파악하여 '동네 공약 지도'를 운영하고 24시간 공약 제안을 받는 창구인 '우리 동네 희망공약' 제도를 운영했다. 중앙선관위의 이러한 서비스는 2014년 7월부터 2018년 2월까지 ▲512개 언론사(지역일간지 포함)의 보도 622만 9,584건 ▲243개 광역 및 기초지방의회의 본회의 및 상임위 회의록 10만 1,835건 ▲중앙선관위에 접수된 유권자 희망공약 2,159건에 대한 빅데이터 분석을 토대로 한 것이다(매일경제 18/04/23). 또, 동아일보와 중앙선관위, 서울대 언론정보학과 한규섭 교수팀은 이러한 빅데이터를 토대로 최근 4년간 가장 중요하게 여기는 이슈가 '교육'이며 이어 '학교' '안전' '일자리' 등의 순으로 나타난 것을 발견했다(동아일보 18/04/24).

한국언론진흥재단에서는 빅카인즈를 통해 선거구별·후보자별로 관련 기사를 검색, 분석하는 '6.13 지방선거 뉴스 분석 서비스'를 운영했다. 이 서비스는 후보자들의 발언을 한눈에 볼 수 있을 뿐만 아니라 선거구별로 주요 이슈를 추출해 뉴스분석 결과를 확인하고 지난 제6회 지방선거 당시 뉴스와 비교하는 것도 가능하다. 이는 중앙선관위로부터 제공받은 시·도지사, 구·시·군의 장, 교육감 및 국회의원 보궐 선거 후보자 정보를 기반으로 한 것이었다(서울경제 18/04/23).

2017년도와 2018년도는 빅데이터의 활용이 정교화되며 발전하는 시기였지만 빅데이터의 문제점이 본격적으로 드러난 때이기도 하다. 중앙선관위는 제19대 대선을 앞두고 빅데이터 분석 보도 규제를 강화하고 선거법 개정이 필요하다는 의견을 표명했다. 빅데이터를 활용한 '관심도', '호감도' 조사를 '지지도'로 보기 어려움에도 불구하고 빅데이터 분석 결과를 선거 여론조사 결과로 오인할 가능성이 높았기 때문이다. 선거법 제108조는 선거일 전 6일부터 선거일 투표 마감시간까지 여론조사 공표·보도를 제한하고 있다. 이는 부정확한 여론조사 결과 공표로 선거의 공정성을 해칠 가능성, 사표 방지 심리로 1위 후보에게 표가 몰리는 '밴드왜건' 효과, 그리고 뒤지는 후보에게 동정표가 몰리는 '언더독' 효과 등 때문이다. 하지만 빅데이터 분석 보도는 여론조사와 달리 엄격한 규제가 없어 선거 당일까지 보도할 수 있으며 결과 공표에도 제한이 없어 가짜뉴스에 악용될 수 있다. 또, 검색 순위 조작 프로그램과 트윗봇(twittbot·트위터에 자동으로 게시물을 남기는 프로그램) 등으로 분석 대상 데이터 자체에도 왜곡 가능성이 존재한다. 이에 중앙선관위는 빅데이터 분석을 보도할 때는 공정보도의무 준수, 정확한 표현 사용, 분석경위와 방법의 공표 등 세 가지 조건을 지켜야 한다고 당부했다(문화일보 17/04/18; YTN 17/ 04/19; 아시아경제 17/04/19; 매일경제 17/04/19; 세계일보 17/05/02).

　2018년에는 페이스북 이용자 5,000만여 명의 이용자 정보가 유출된 사건까지 드러났다. 2018년 3월 워싱턴포스트(WP)·CNN 등은 페이스북이 10여 년 전부터 기업·기관들이 애플리케이션과 맞춤 광고를 통해 이용자 정보에 자유롭게 접근할 수 있도록 해주고, 광고 수익으로 연 수백억 달러를 벌어들였다고 보도했다. 2014년 '케임브리지 애널리티카(CA)'라는 컨설팅업체는 페이스북에 '성격 검사 앱'을 뿌리고, 이를 내려 받은 이용자들의 성별·거주지·직업부터 친구 목록과 '좋아요(like)'를 누른 콘텐츠까지 추적, 분석하여 이용자의 내·외향성, 정치·종교 성향, 성적 취향, 부모 이혼 여부 등 과거사까지 수집한 것으로 드러났다. 그리고 이 업체는 2016년 미 대선 때 공화당의 트럼프(Donald Trump) 후보 측의 정치 컨설팅을 맡으며 이러한 자료를 토대로 트럼프 후보의 공약을 수립하고 민주당의 클린턴(Hillary Clinton) 후보를 공격하는 전략과 정치심리전에 활용한 것으로 드러났다(조선일보 18/03/21)

　2019년 하반기부터는 2020년 4월에 치러질 21대 총선을 앞두고 언론사, 정당, 선관위 차원에서 빅데이터 활용 방식이 좀 더 정교해졌다. 예를 들어

한경닷컴 뉴스랩은 유권자에게 적합한 국회의원 후보를 찾아주는 '국회 알고' 서비스를 개발했다. 이는 이용자가 자영업, 부동산, 취업, 결혼 등 16가지 관심사를 선택한 뒤 거주 지역과 나이, 성별을 입력하면 그에 부합하는 의정활동을 펼친 의원들을 결과로 제공해주는 것이다(한국경제 19/08/12).

중앙일보는 총선 예비후보 2,129명을 전수조사한 빅데이터를 활용해 이색적인 통계들을 산출했다. 분석결과에 따르면 21대 국회의원 선거 예비후보 10명 중 3명 이상이 전과자이며, 전과 2범 이상의 누범자도 13.2%에 이르는 것으로 나타났다. 이중 범죄 종류로는 음주운전이 221건으로 가장 많았으며 경기 오산시가 예비후보 전과 비율이 5명 가운데 4명으로 가장 높은 지역구로 나타났다. 후보자의 절반 이상이 전과자인 지역구는 235곳 가운데 51곳(21.7%), 전과자가 한 명도 등록하지 않은 지역구는 서울 강남병 등 14곳에 불과했다(중앙일보 20/02/13).

국민일보는 경기대 빅데이터센터 김택환 교수팀과 공동으로 2020년 3월 20일부터 4월 9일까지 SNS상에 올라온 주요 격전지 6곳 후보에 대한 유권자 게시글 52만여 건을 텍스트 마이닝(text mining) 기법으로 추출해 분석했다. 트위터, 블로그, 인스타그램 등을 대상으로 '감성 연관어 분석' 방식을 적용하여 글에 나타난 긍정 및 부정 감정 평가 알고리즘을 만들어 점수화한 결과, 후보들이 쏟아낸 네거티브 캠페인이 오히려 해당 후보에 대한 부정적 평가를 높이고 있는 것으로 밝혀졌다. 이 시스템은 21대 총선 당일까지 유권자들의 마인드 변화를 파악하고자 하였지만 격전지 6곳을 집중 분석한 결과 빅데이터 예측이 모두 적중하지는 못했다(국민일보 20/04/13; 국민일보 20/04/27).

2020년에는 AI를 접목하려는 시도가 처음으로 등장했다. 2020년 1월, 바른미래당의 손학규 대표는 신년 기자회견에서 공천 혁명을 표명하며 국민

공천 실행방안으로 여론조사와 빅데이터·AI를 활용한 후보자 발굴·공천 시스템을 구축하겠다고 밝혔다(전자신문 20/01/09). 하지만, 바른미래당은 1월 창당식을 한 이후 한 달도 안되는 시점인 2월 4일, 안철수계 의원들이 탈당하면서 교섭단체가 붕괴되고, 2월 24일 민주평화당, 대안신당과 통합하여 민생당이 되어 빅데이터를 활용한 후보자 공천은 아무런 성과를 내지 못하고 말로만 그치게 되었다. 6월에는 미래통합당의 김종인 비상대책위원장이 AI 전문가인 경희대 이경전 경영학과 교수에게 미래통합당의 싱크탱크인 여의도연구원장을 제안하기도 했다(경향신문 20/06/10). 정당의 싱크탱크 원장에 비정치인이자 과학기술 전문가를 영입하려 한 것은 그만큼 선거에서 승리하기 위해 빅데이터와 AI 활용이 중요해졌음을 반증하는 사례였다고 볼 수 있다.

중앙선관위와 국민권익위원회는 정책 빅데이터 분석 활용을 위한 업무협약을 맺고 민원 정보를 활용해 정책 빅데이터를 분석, 정책 의제를 발굴하기로 하였으며 이를 토대로 키워드 1,500만 건을 분석, '대한민국 공약이슈 지도' 서비스를 개통하였다. 그 결과 지난 제20대 국회 기간 중 국민들이 가장 높은 관심을 나타내며 다양한 민원을 제기한 이슈는 '아파트', 2위는 '교육' 3위는 '교통', 4위는 '학교' 순으로 나타났다(YTN 19/11/14; 아시아경제 20/02/19).

2020년에 가장 주목할 만한 빅데이터 활용방안은 민주당의 씽크탱크인 민주연구원에서 추진한 사례이다. 당시 민주연구원은 이동통신사와 독점 계약을 맺고, 가입자의 수년간 이동 동선과 소비 유형 등을 파악해 선거시스템을 구축, 전략 수립 및 캠페인에 활용했다. 현행법상 개인정보가 특정 어느 개인의 것인지 공개되지 않는다면 정보 활용이 가능한 점을 이용한 것이다. 이러한 시스템을 통해 상대 당과 치열한 접전을 벌이고 있는 민주당의 후보들은 선거 유세 일정과 지역별 맞춤 공약을 수립하고 시간대별로 사람이 많이 모이는 장소를 예측해 선거 유세를 펼쳤으며, 심지어 유리한 현수막 위치를 결정하는데도 빅데이터를 이용했다. 빅데이터가 개인 정보 침해 논란을 낳을 수 있는 만큼 민주연구원이 제공하는 빅데이터는 보안각서를 쓴 후보자와 후보자가 지정한 1인에게만 공개한 것으로 전해졌다. 반면, 미래통합당은 민주당만큼 빅데이터 활용에 적극적인 모습이 부각되지 않았다(서울신문 20/04/ 18). 총선 이후 민주당이 선거 유세에 활용한 이동통신사 가입자 정보를 두고 당시 양정철 민주연구원장은 개인정보보호법, 위치정보보호법 위반 혐의로 고발을 당했지만 검찰과 경찰에서 모두 무혐의 처분을 받았다.

2021년에는 전국선거가 있지는 않았지만 비교적 큰 선거인 서울시장, 부산시장 보궐선거가 4월 7일 치러졌다. 당시 국민의 힘의 서울시장 후보 경선에서 오세훈 후보는 인터넷 검색량에서 가장 높은 수치를 보였고 이것이 승리로 이어졌다는 평가들이 등장했다. 실제로 오세훈 후보 측에서 2021년 2월 23일 기준 '네이버 검색어 트렌드'를 조회, 분석한 결과 오 전 시장 검색량을 100으로 두면 경쟁자인 오신환 전 의원은 55, 조은희 서초구청장은 54, 나경원 전 의원은 41을 기록한 것으로 나타났다(서울신문 21/03/01).

2022년도는 제20대 대통령 선기기 있는 헤로 빅데이터 분석을 통한 다양한 통계와 조사 결과들이 우후죽순 쏟아져 나왔다. 당시 여론조사 결과에서는 윤 후보의 우세가 예측되었지만 빅데이터 분석에서는 전반적으로 이후보에 대한 관심도가 윤 후보보다 높게 나타났다. '빅카인즈'를 통해 2022년 2월 1일부터 3월 8일까지 두 후보에 대한 뉴스 언급량을 조사한 결과에서는 이 후보 28,220건, 윤 후보 29,385건으로 집계되어 팽팽한 구도를 보였다. 같은 기간 포털·SNS 트렌드에서는 이재명 후보의 관심도가 윤석열 후보를 앞서는 양상을 보였다. 구글 트렌드에서는 이 후보에 대한 평균 관심도가 46, 윤 후보는 33, 유튜브 트렌드에서는 이 후보에 대한 평균 관심도 41, 윤 후보 38로 나타났다. 빅데이터 플랫폼 썸트렌드에 따르면 같은 기간 이 후보가 언급된 SNS 게시물은 총 468만 8,946건, 윤석열 후보는 397만 5,587건이었다. 다만 게시물별 긍·부정 키워드 비율에서는 두 사람 모두 부정이 긍정을 압도하는 것으로 나타났다. 이 후보는 전체 게시물 중 부정적인 키워드가 69.5%, 긍정은 26.7%로 나타났고, 윤 후보 역시 부정 65.5%, 긍정 29.5%로 나타났다(중부일보 22/03/10). 즉, 뉴스 언급량을 제외하고 포털과 SNS 분야에 대한 빅데이터 분석에서는 이재명 후보에 대한 관심도가 높았지만 선거에서는 패배한 것이다.

2023년도는 선거가 없는 해이기 때문에 본격적인 빅데이터 활용방안이 등장하지 않고 있지만 2024년에 치러질 22대 총선을 대비한 전략들이 고안되고 있는 것으로 보인다. 먼저, 여당인 국민의힘이 선제적인 입장을 내보이고 있다. 국민의힘 싱크탱크인 여의도연구원에서는 2024 총선 대비를 위해 전략적 심층조사를 기획하고 있으며 연구소 내부에 빅데이터실을 신설했다고 밝혔다. 그리고 매일 유권자 관심 및 후보자 선호와 관련한 빅데이터를 분석해 지도부 전략회의에 보고하고 있으며 여론조사와 빅데이터를 종합해 후보 적합성을 평가하는 모델도 구축할 예정이라고 밝혔다(서울신문 23/06/12). 여의도연구원이 준비 중인 빅데이터 분석 시스템은 인터넷 검색 총량과 호감지수, 업무성과 등 총 20여 가지의 알고리즘과 딥러닝 AI 기술이 활용된다. 국민의힘은 이러한 시스템을 통해 언론에 언급된 빈도수, 인터넷 댓글과 각종 커뮤니티에서의 인지도, 긍정·부정평가 중 어느 것이 우세한지 등을 두루 살펴볼 계획이라고 밝혔다(문화일보 23/09/01).

더불어민주당의 민주연구원에서도 총선 체제 구축에 시동을 걸고 있지만 아직 국민의힘과 같은 구체적인 빅데이터 전략이 공개되지는 않았다. 이는 지난 2020년 총선 때처럼 극비리에 진행되고 있기 때문일 수도 있고 당의 내분이 짙어지면서 본격적인 빅데이터 활용 준비에 들어가지 않은 것일 수도 있다. 다만 민주당 부산시당이 '10만인 인터뷰 사업'을 진행하여 빅데이터를 활용하고 있는 것이 알려져 있다. 이는 각 지역의 '골목당사'와 거점 등을 중심으로 시민을 만나 지역과 부산에 가장 필요한 것은 무엇인지, 민주당에 요구하는 것이 무엇인지를 묻고, 그 결과를 중심으로 키워드를 도출하여 전문가들의 심층 인터뷰를 진행하는 것이다. 그리고 이를 토대로 데이터를 수집, 분석한 후 이 결과를 다시 시민에게 공유하여 반응을 확인하는 것이다(국제신문 23/07/17).

4. 빅데이터 활용 발전단계 분석

뉴스 빅데이터를 통해 양적, 질적으로 분석한 내용들을 종합해보면 한국의 선거에서 빅데이터 활용은 2011년 이후부터 현재까지 크게 도입기, 성장기, 성숙기, 그리고 변화기 4단계 과정을 거치며 발전해왔다고 볼 수 있다. 각 단계 및 시기별 특징을 요약하면 〈표 2〉와 같다.

먼저, 2011년부터 2013년까지는 도입기로 빅데이터 도입 및 활용방안을 적극적으로 모색하기 시작한 초기 단계라 할 수 있다. 뉴스 빅데이터 분석에 따르면, 한국에서 선거에 빅데이터를 활용해야 한다는 목소리가 처음 등장한 것은 2011년이며 이후 2012년 제19대 국회의원 선거와 제18대 대통령 선거를 거치면서 빅데이터 활용에 대한 관심이 점점 높아지게 되었다. 특히, 2012년 미국 대선에서 오바마가 재선한 성공비결과 2013년 야후

〈표 2〉 한국의 선거와 빅데이터 활용 발전단계

단계	시기	특징
도입기	2011년–2013년	·빅데이터 활용방안에 대한 적극적인 관심과 모색 ·분석 대상과 방식의 한계 존재
성장기	2014년–2016년	·빅데이터 활용의 다양화 ·분석대상의 확대 및 정서적·심리적 분석 기술 발전
성숙기	2017년–2019년	·빅데이터 활용의 정교화 ·빅데이터 활용의 한계 및 문제점 대두
변화기	2020년 이후	·빅데이터 활용의 보편화 및 한국적 적용 ·유튜브, AI, 챗GPT, 가짜뉴스 등 새로운 기술과 공간 부상

재팬의 정확한 선거예측 뒤에 빅데이터가 있었다는 것이 알려지면서 2013년도까지 빅데이터에 대한 관심은 계속 높아졌고, 빅데이터에 대한 기대감역시 크게 나타났다. 하지만 이 시기에 빅데이터 분석 대상은 주로 트위터에 한정되어 있었으며 분석 방식도 단순 언급량이나 지지 성향 정도를 파악하는 데 머물러 있었다. 또, 후보자 캠프나 정당보다 언론사에서 민심을 파악하기 위한 수단으로 주로 활용하였다.

이러한 한계 때문에 당시 빅데이터를 통한 분석들은 선거 결과에 대한 정확한 예측으로 이어지지 않았다. 예를 들어 2012년 당시 빅데이터를 선제적으로 사용하기 시작한 언론사들의 SNS 공간에 대한 빅데이터 분석 결과는 대부분 민주통합당에 대한 언급량이나 지지 성향이 더 높은 것으로 나타났다. 하지만 실제 선거결과는 이와 비례하지 않았다. 2012년 4월에 치러진 제19대 국회의원 선거 결과, 새누리당 152석, 민주통합당 127석, 통합진보당 13석, 자유선진당 5석, 무소속 3석으로 새누리당이 25석을 더 차지했다. 또, 12월에 치러진 제18대 대통령선거에서도 새누리당 박근혜 후보가 득표율 51.55%를 차지, 48.02%를 얻은 민주통합당 문재인 후보를 누르고 당선되었다.

2014년부터 2016년까지는 성장기라고 볼 수 있다. 이 시기에는 선거에 빅데이터를 활용하는 것에 대한 구체적인 시도와 노력들이 증대되었으며 빅데이터 활용방식들이 다양해지는 양상을 나타냈다. 또, 선거 전략 수립과 예측을 위한 솔루션들까지 등장해 관련 시장도 점점 커지게 되었다. 이 시기에 빅데이터 분석 대상은 트위터와 같은 SNS뿐만 아니라 블로그, 카페, 포털 등으로 확대되었으며 단순 언급량 분석을 넘어 긍정과 부정 여부, 정서적·심리적 특성을 파악하려는 노력들이 이루어졌다. 또, 도입기에는 빅데이터에 대해 전적으로 신뢰하거나 기대하는 분위기가 높았다면 이 시기에는 우리나라에서 빅데이터를 적용하는 데 한계와 문제점이 존재하는 것에 대한 우려가 조금씩 등장하기 시작했다.

이 시기에 치러진 선거는 대체로 박빙의 승부를 보였다. 2014년 제6회 지방선거 결과를 살펴보면 전체 정당별 당선자수는 새누리당 1,954명(49.7%), 새정치민주연합 1,595명(40.6%), 통합진보당 37명(0.9%), 정의당 11명(0.3%), 노동당 7명(0.2%), 무소속 326명(8.3%)으로 나타났다. 선거결과의 지표가 되는 광역단체장 선거에서는 새정치민주연합이 9명, 새누리당이 8명 당선되어 전반적으로 박빙의 승부였다고 볼 수 있다. 또, 2016년 제20대 국회의원 선거도 팽팽한 분위기 속에서 진행되어 선거결과 더불어민주당이 123석, 새누리당이 122석을 차지했으며 이어 국민의당 38석, 정의당 6석, 무소속 11석으로 나타났다. 하지만 당시 새롭게 등장한 솔루션들이나 서비스들 중에서 이러한 박빙의 승부 속에서 선거 결과를 정확하게 예측한 사례는 찾아보기 힘들다.

2017년부터 2019년까지는 성숙기로 빅데이터를 활용한 서비스들이 보다 정교화된 시기이자 빅데이터에 대한 좀 더 냉철한 비판과 시각이 대두된 시기라 할 수 있다. 2017년에 치러진 제19대 대통령 선거는 전임 박근혜 대통령의 탄핵으로 갑자기 실시되었으며 이에 따라 사실상 더불어민주당 문재인 후보의 당선이 거의 기정사실화 되어 있는 상황이었다. 실제로 제19대 대선에서는 문재인 후보가 득표율 41.08%를 차지, 24.03%를 득표한 자유한국당 홍준표 후보를 가볍게 누르고 당선되었다.

대선 이듬해에 바로 치러진 2018년 제7회 지방선거에서도 더불어민주당이 압승했다. 더불어민주당은 광역단체장 14석, 기초단체장 151석, 광역의원 652석, 기초의원 1,640석을 차지했고, 자유한국당은 광역단체장 2석, 기초단체장 53석, 광역의원 137석, 기초의원 1,009석을 차지하는 데 그쳤다. 박근혜 대통령 탄핵으로 문재인 후보가 압도적으로 당선된 직후 치러진 선거였기 때문에 사실상 제7회 지방선거 역시 일찍부터 더불어민주당의 압승으로 예측되었다. 이러한 분위기 속에서 2017-2019년까지 빅데이터 활용은 후보자와 유권자 간 매칭, 맞춤형 정책 및 공약 제공 등 다양하고 이색적인 서비스를 개발하고 보다 정교하게 데이터 분석에 접근하려는 방향으로 발전했다.

아울러 이 시기에는 2018년 페이스북 이용자 정보 유출 사건이 터지면서 빅데이터와 관련해 개인정보보호의 문제, 정보왜곡의 가능성, 데이터 근본주의에 대한 경각심이 대두되었다. 따라서 이 시기는 빅데이터 활용방안들이 보다 정교화 된 시기인 동시에 빅데이터의 양면성을 구체적으로 인식할 정도로 성숙한 시기라 할 수 있다.

2020년부터 2023년 현재까지는 변화기에 해당된다고 볼 수 있다. 이 시기는 빅데이터를 활용한 다양한 정보와 통계들이 쏟아져 나올 뿐만 아니라 정당의 공천부터 유권자 투표까지 선거 과정 전반에 적용할 정도로 빅데이터의 활용이 보편화되었으며 AI와 접목시키려는 구체적인 노력들도 등장했다. 2020년에는 한국의 현실적 여건 속에서 빅데이터를 가장 획기적으로 활용한 사례가 나타났는데 바로 민주연구원에서 이동통신사를 통해 획득한 정보를 선거 전략과 캠페인에 활용한 것이다. 2020년 제21대 국회의원 선거 결과 더불어민주당은 지역구 163석을 차지했고, 위성정당인 더불어시민당이 비례 17석을 확보해 총 180석을 얻었다. 이는 헌법 개정 외에 모든 법안 처리를 단독으로 할 수 있을 정도의 압승이라 할 수 있으며 이러한 승리는 빅데이터를 활용한 선거 전략과 캠페인이 주요하게 작동한 것으로 평가받았다.

하지만, 2022년 제20대 대통령 선거에서도 빅데이터는 선거 결과를 정확하게 예측하지 못하였다. 제20대 대선은 초박빙 승부로 예견되었으며 선거 과정에서 여론조사는 윤 후보가 유리한 것으로, 빅데이터 분석에서는 전반적으로 이 후보가 유리한 것으로 나타났다. 그리고 선거 결과 국민의 힘 윤석열 후보가 48.56%, 더불어민주당 이재명 후보가 47.83%의 득표율을 얻어 0.73%포인트 차이로 윤 후보가 승리했다. 두 후보의 표차는 24만7,077표에 불과했으며 이는 무효표보다도 적은 숫자이다. 초박빙 구도였기 때문에 선거 결과를 예측하는 것은 어떠한 방식으로도 쉽지 않은 상황이었지만 빅데이터 활용의 목적이 정교한 선거 전략 수립과 정확한 선거 결과 예측에 있음을 감안할 때 빅데이터의 한계가 다시 한번 드러난 것이라고도 볼수 있다.

2023년도는 2024년에 치러질 제22대 국회의원 선거를 앞두고 새로운 빅데이터 활용 방안들이 모색되고 있으며 향후에는 빅데이터를 선거에 활용하는 범위도 공천과정, 후보선정, 사전 정책수립 등 더욱 확대될 것으로 보인다. 또한 2024 총선을 앞두고 빅데이터 활용은 새로운 도전과제에 직면하고 있다. 먼저, 2020년 총선 이후부터 유튜브가 선거에서 중요한 공간으로 부상하게 되었는데 유튜브 공간은 텍스트가 아니라 동영상 콘텐츠를 분석해야 하기 때문에 이는 빅데이터 활용에 있어 새로운 과제로 남아있다. 빅데이터에 기반을 둔 AI, 챗GPT(ChatGPT), 가짜뉴스의 문제점도 대두될 것으로 예상된다. 이른바 '챗GPT 환각현상'이라 불리는 것 때문이다. 환각현상은 AI가 정보의 사실 여부와 관계없이 확률적으로 가장 적절한 단어를 조합해 답을 내놓도록 고안됐기 때문에 발생하는 것이다. 이 뿐만 아니라 인간이 AI를 이용해 의도적으로 만들어내는 허위 정보는 더 심각한 문제이다. 허위정보 추적 단체인 미국 '뉴스가드(NewsGuard)'는 인간이 아닌 AI가 뉴스를 만드는 '신뢰할 수 없는 가짜뉴스 사이트'가 150개(2023년 6월 7일 기준)로 집계됐다고 밝혔다. 이 사이트들은 일반적인 언론사 홈페이지와 크게 다를 바 없으며 AI가 작성한 뉴스라는 사실도 명확하게 밝히지 않는다. 따라서 독자들은 인간 기자가 취재해 보도하는 뉴스로 착각할 수밖에 없는 것이다(한겨레 23/06/14). 이러한 흐름 속에서 2024년 총선은 유튜브, AI, 챗GPT, 가짜뉴스 등 새롭게 부상한 기술과 공간에 대한 대응이 중요해질 것으로 예상된다.

5. 결론

2011년부터 현재까지 한국의 선거에서 빅데이터 활용방안은 선거가 있는 해를 기점으로 발전을 거듭해왔고 뉴스 빅데이터를 토대로 이러한 과정을 분석해보면 도입기(2011-2013), 성장기(2014-2016), 성숙기(2017-2019), 그리고 변화기(2020-현재) 4단계로 나누어 살펴볼 수 있다. 단계별 특징을 살펴보면 먼저 도입기는 선거에서 빅데이터를 활용하려는 적극적인 관심들이 대두된 시기이나 분석 대상과 방식에 큰 한계가 존재한 시기라 할 수 있다. 성장기는 빅데이터 활용이 급속도로 증대된 시기로 대상 및 기술적 측면에서 다양화된 특징을 보였으며, 성숙기는 빅데이터 활용이 좀 더 정교화되는 모습을 나타내며 빅데이터 분석 및 활용에 대한 과도한 기대를 벗어나 한계와 문제점에 대한 인식도 크게 대두되었다. 변화기는 한국의 현실적 여건에 부합하는 빅데이터 활용 모델이 등장하고 빅데이터 활용에 대한 모색이 거의 선거 전반에 걸쳐 보편화된 시기이나 동시에 유튜브, AI, 챗GPT, 가짜뉴스 등에 대한 대응 등 새로운 도전과제에 직면해 있다.

이러한 발전단계를 거치며 빅데이터는 보다 정교한 선거 전략 및 캠페인 수립, 과학적인 선거분석, 그리고 유권자 편의 증진에 긍정적으로 기여해 왔다고 볼 수 있다. 하지만 앞서 살펴본 것처럼, 한국의 선거에서 빅데이터 활용방안들은 선거 결과를 정확히 예측하는 데 있어서는 뚜렷한 한계를 드러내왔다. 이는 구체적으로 다음과 같은 문제점과 밀접한 관련이 있다.

첫째, 법률적 제한에 따른 데이터 수집의 문제이다. 선거에서 빅데이터를 활용하는 가장 이상적인 사례로 손꼽히는 오바마 캠프의 선거 전략과 선거 예측 등을 따라가기 위해서는 다양한 정보들을 수집, 분석하는 것이 필수 불가결하다. 하지만 우리나라는 개인정보보호법상 선거 분석에 필요한 지역별, 나이별 정보를 수집할 수 없으며 인터넷 선거운동이 상시 허용되었다 하더라도 선거법상 미국과 같은 데이터 수집 및 활용이 불가능하다. 이것이 한국의 선거에서 빅데이터가 생각보다 큰 위력을 발휘하지 못하고 있는 근본 원인이라 볼 수 있다.

둘째, 분석 대상의 한계이다. 법률적 제한에 따라 다양한 데이터를 수집하지 못하다보니 한국에서 빅데이터 분석의 주요 대상은 주로 SNS 공간에서 취득 가능한 데이터들에 의존하고 있다. 물론, 한국적 현실을 감안하여 블로그, 카페, 카카오톡, 네이버밴드 등의 공간을 활용하려는 시도들이 늘

빅데이터와 정치

어나기는 했지만 여전히 빅데이터를 활용한 여론의 추이를 알아보고 향방을 예측하려는 시도들은 SNS 공간에 집중되어 있다. SNS 공간은 여론조사와 같이 한국의 인구사회학적 특성을 반영한 형태로 여론을 취합하는 것이 아니기 때문에 세대 및 연령별로 볼 때 20-40대에 편중되어 있으며, SNS를 적극적으로 사용하는 사람들에게 제한되어 있다는 문제가 상존하고 있다. 즉, 빅데이터를 통해서는 민심 전체를 파악하는데 여전히 한계가 있는 것이며 이 때문에 전통적인 여론조사를 완전히 대체하기 어려운 것이다.

셋째, 예측성과 정확도의 저하이다. 분석 대상이 제한되다보니 빅데이터를 통해 분석된 검색량, 관심도, 공정 및 부정어 비율 등은 반드시 득표율과 비례하지 않는 것으로 나타나고 있으며 이는 결과적으로 빅데이터를 통한 선거 예측의 정확성을 떨어트리고 있다. 대표적인 사례로 2022년 대선의 경우 빅데이터를 통한 여론의 관심도는 더불어민주당의 이재명 후보가 전반적으로 높게 나타났지만 선거에서는 패배했다. 물론 두 후보 간의 차이가 무효표 보다 적을 정도로 초박빙의 선거였지만 빅데이터 활용의 주목적과 가치가 마이크로 타겟팅 및 선거 예측의 정확성에 있다는 것을 감안하면 이러한 정확성의 저하는 빅데이터 분석이 가진 한계임에 분명하다. 이 때문에 우리나라에서는 빅데이터 활용이 선거 전략 및 캠페인 수립, 여론 분석에 널리 활용되고 있는 것과 달리 선거 예측 차원에서는 예상보다 큰 영향력을 발휘하지 못하고 있는 것이다.

넷째, 정보 및 분석의 신뢰도 문제이다. 데이터 수집, 분석대상의 한계, 정확성 저하 등의 문제는 결국 빅데이터 활용에 대한 신뢰도를 떨어트리는 요인으로 작용하고 있다. 앞으로 AI가 만들어내는 기사나 챗GPT가 생산해내는 정보, 그리고 가짜뉴스 등을 걸러내지 못할 경우 빅데이터 분석 결과는 점점 더 신뢰도를 상실하게 될 것이다. 빅데이터가 이를 제대로 필터링하지 못한다면 정보의 왜곡은 계속해서 일어날 것이고, 이는 분석과 예측의 오류로 이어져 정확도는 물론 신뢰도를 더 악화시킬 것이다. 실제로 박재연·유용민(2018)의 연구결과에 따르면, 빅데이터 분석 결과를 활용한 언론의 보도에서 부정확하거나 불분명한 정보들이 제공되고 있거나, 유권자에게 필수적으로 전달되어야 할 항목들이 누락되어 있는 문제가 발생하고 있는 것으로 나타난 바 있다(박재연·유용민 2018, 131).

이와 같은 한계와 문제점을 고려할 때 한국의 선거에서 빅데이터 활용은 여전히 제한적이며, 선거 예측보다는 선거 전략 및 캠페인에 더 효과적으로 작동해왔다고 볼 수 있다. 근본적인 문제는 한국의 선거법과 개인정보보호법에 의한 법률적 제한에서 비롯되고 있는데 이 때문에 빅데이터 활용이 용이한 방향으로 무조건 법률을 개정해서도 안 될 것이다. 데이터가 한 사람의 일생을 보여줄 수 있을 만큼 기술이 발전한 시대에 개인정보를 보호하는 일은 앞으로 더 중요한 일이 될 것이며, 민주주의 사회에서는 선거에서의 편익과 효율성보다 개인의 자유 및 권리가 더 우선적으로 고려되어야 할 것이다. 빅데이터 선거를 위해 법 개정의 필요성을 주장하는 것은 매우 신중하게 접근해야 할 문제이다. 2018년 페이스북의 개인정보 유출사건과 같이 유권자들의 정보가 또 다시 노출될 수 있는 가능성은 결코 배제할 수 없다.

따라서 우리는 법률 개정과 개인정보 수집의 확대를 논하기 전에 한국적 현실에 맞게 빅데이터를 활용할 수 있는 방안을 모색하는 것이 더 바람직할 것이다. 2020년 민주연구원에서 개인정보 침해 없이 이동통신사의 정보를 맞춤형 선거 전략 및 캠페인에 적용해 한국형 빅데이터 활용 모델을 만든 것처럼 한국적 현실에 부합하는 빅데이터 활용 모델은 상상력과 기획력에 따라 충분히 다양하게 등장할 수 있을 것이다. 유튜브, AI, 챗GPT, 가짜

뉴스와 같은 새로운 기술과 공간이 또 다른 도전 과제들을 제시하고 있는 상황에서 혁신적인 고민과 대응을 하지 못한다면 선거에서 빅데이터의 영향력도 쇠퇴할 수밖에 없을 것이다.

참고문헌

박재연·유용민. 2018. "빅데이터 활용 선거 기사의 특성과 문제점: 주요 한국 언론의 19대 대선 보도분석을 중심으로." 『사이버커뮤니케이션학보』 35권 2호: 89-140.

한국정보화진흥원. 2012. "빅데이터 시대의 국민공감 선거전략 – 美 대선사례를 중심으로." 『IT&Future Strategy』 제12호: 1-32.

Halinski, Ronald S., and Leonard S. Feldt. 1970. "The Selection of Variables in Multiple Regression Analysis." *Journal of Educational Measurement* 7(3): 151-157.

Miller, Douglas E., and Joseph T. Kunce. 1973. "Prediction and Statistical Overkill Revisited." *Measurement and Evaluation in Guidance* 6(3): 157-163.

강희경. 2017. "선관위 빅데이터, 선거 여론조사로 오인 말아야." 『YTN』 (4월 19일).

김동호. 2018. "언론진흥재단 6.13 지방선거 뉴스 분석 서비스 후보자 발언 한 눈에 볼 수 있어." 『서울경제』 (4월 23일).

김덕한·정시행. 2018. "페북 쇼크…정치공작·여론조작 민낯 드러났다." 『조선일보』 (3월 21일).

김미희. 2017. "내가 뽑고 싶은 대통령 AI·빅데이터로 찾아볼까." 『파이낸셜뉴스』 (4월 30일).

김민성·박진우. 2019. "[뉴스래빗] 국회의원 '알고' 뽑자… '국회 알고' 인터랙티브 공개." 『한국경제』 (8월 12일).

김선영. 2017. "불 꺼진 여론조사 … '빅데이터'가 대신하나." 『세계일보』 (5월 2일).

김 원. 2020. "[총선 빅데이터] '허경영 당' 예비후보 전과자 221명 최다…살인·강간도 있다." 『중앙일보』 (2월 13일)

심윤희. 2017. "〈대신 D-21〉'빅데이터 분석 보도' 규제 강화." 『문화일보』 (4월 18일).

김지선. 2012. "미래선거는 빅데이터가 당락 좌우." 『디지털타임스』 (12월 11일).

김태경. 2023. "빅데이터 모으고, 골목여론 듣고…여야 총선모드 'ON'." 『국제신문』 (7월 17일).

김택환. 2020. "[시론] 21대 총선 또 하나의 승자, 빅데이터 분석." 『국민일보』 (4월 27일).

김현수. 2012. "美대선 '빅데이터' 활용한 선거운동 펼친다." 『한국일보』 (10월 23일).

문채석. "국민 관심 1위, '아파트'." 『아시아경제』 (2020-02-19)

박성진·유근형. 2018. "6·13선거 공약, 승부처는 '교육'… 지자체 이슈 4년 빅데이터 분석." 『동아일보』 (4월 24일).

박소영. 2011. "'빅데이터' 소셜분석, 여론조사 대체할까." 『한국일보』(11월 24일).

박영준. 2014. "SNS '빅데이터' 선거판 흔든다." 『세계일보』(8월 8일).

박정웅. 2011. "'소셜 빅데이터 및 여론분석 전략 컨퍼런스' 개최." 『머니투데이』(11월 23일).

성기호. 2017. "빅데이터, 선거 여론조사가 아닙니다." 『아시아경제』(4월 19일).

소윤서. 2019. "美 넷플릭스 성공요인, 시청자 선호도 간파하는 '빅데이터'로 밝혀져." 『AI타임스』(4월 8일).

신혜권. 2014. "한국형 선거 빅데이터 분석으로 '매니페스토' 실현한다." 『전자신문』(4월 4일).

안동환·이재연·최지숙. 2012. "野性의 중년男 'SNS총선' 이끈다." 『서울신문』(3월 29일).

안호천. 2012. "넷앱, 빅데이터로 본 '2012 미 대선' 인포그래픽 공개." 『전자신문』(11월 5일).

양소영. 2016. "20대 총선 결과, 빅데이터로 미리 본다." 『전자신문』(4월 9일).

양홍주. 2012. "민주당 떠나는 트위터 민심." 『한국일보』(3월 4일).

윤창수. 2020. "빅데이터로 유세 동선 짠 민주당…음모론에 휘둘린 야당." 『서울신문』(4월 18일).

이근홍. 2021. "빅데이터는 오세훈 손 들어줬다는데? 검색 결과로 선거 유불리 판단은 무리." 『서울신문』(3월 1일).

이상규. 2018. "중앙선관위, 지방선거 앞두고 '우리동네 공약지도' 서비스 시작." 『매일경제』(4월 23일).

이세영. 2017. "2008년 오바마 당선에 '빅데이터' 큰몫." 『한겨레』(4월 29일).

이승배. 2019. "선관위·권익위, 빅데이터로 정책공약 개발." 『YTN』(11월 14일).

이한빛. 2022. "예상 밖 초박빙 승부… 빅데이터에선 조짐 보였다." 『중부일보』(3월 10일).

이해완·이후민. 2023. "국힘, 세계최초 'AI 공천'." 『문화일보』(9월 1일).

이형근. 2014. "지방선거 판세 '빅데이터'로 본다." 『디지털타임스』(5월 26일).

_____. 2015. "내년 총선 예측? 빅데이터는 알고 있다." 『디지털타임스』(12월 8일).

임상수. 2012. "美대선 '빅데이터' 이용한 정밀 선거운동 눈길." 『연합뉴스』(10월 22일).

임지선. 2020. "김종인, AI 전문가에게 여의도연구원장 제안." 『경향신문』(6월 10일).

전웅빈·김판·임주언·박세원. 2020. "민주, 부정 평가 늘어나고… 통합, 막말에 흔들리고." 『국민일보』(4월 13일).

정용인. 2016. "'한국형 빅데이터 선거예측' 왜 2016년엔 실종했을까." 『경향신문』(4월 2일).

정혜민. 2023. "챗지피티 자신 있는 오답···AI 가짜뉴스에 내년 총선도 우려." 『한겨레』(6
　　월 14일).

조은아. 2015. "0과 1의 빅데이터로 민심 톺아보기." 『머니투데이』(12월 13일).

조정형. 2020. "손학규 바른미래당 대표, 21대 총선 국민공천 하겠다." 『전자신문』(1월 9
　　일).

최광숙. 2023. "빅데이터·여론조사 종합한 공략··· 내년 총선서 與 필승 견인할 것." 『서울
　　신문』(6월 12일).

홍장원. 2014. "오바마 再選은 빅데이터의 승리." 『매일경제』(6월 2일).

제4장

보건의료 빅데이터 정책과 정치 갈등: 한국의 의료보험 사례*

박일현(중앙대학교)

나는 환자가 알려준 모든 내정의 비밀을 지키겠노라

— 히포크라테스 선서 중

1. 서론

한국은 지난 20여 년간 정부 중심으로 디지털 정보사회로의 전환을 주도
하였으며, 디지털 정보 활용을 통해 국가의 역량을 확장하였다. 또한 보건
의료산업은 국가 발전을 주도할 수 있는 국가 핵심 역량 산업으로 육성되
었으며, 특히 보건의료 빅데이터 사업은 디지털 강국의 면모를 바탕으로
학계, 산업계 등의 요구를 수용하여 정부 중심으로 비약적으로 발전하였

---

* 이 글은 『국가와 정치』 제30집 1호에 게재된 논문을 수정·보완한 것입니다.

다. 2011년부터 대통령직속 의료산업선진화위원회를 구성하여 e-Health 산업 육성을 위한 논의를 시작하였으며, 바이오헬스 육성, 보건산업 종합 발전 전략, 융복합 신의료서비스 창출 등 보건의료 빅데이터 활용 전략을 추진해왔다(강희정 2016, 65). 특히 문재인 정부는 보건의료 플랫폼 사업을 적극 추진하였고, 2020년 8월에는 데이터3법[1]이 시행되었다. 2021년 10월에는 국회에서 데이터 산업진흥 및 이용촉진에 관한 기본법이 통과되는 등 21대 국회에서도 빅데이터 활용과 보호에 대한 법적 기준을 만들기 위한 법률안들이 논의되고 있다.[2]

　윤석열 정부는 '모든 데이터가 연결되는 세계 최고의 디지털플랫폼정부 구현'을 국정과제로 포함하는 등 정부기관의 데이터 활용을 중시하는 정책을 추진하였다. 또한 2023년 2월에는 정보주체인 각 개인이 자료 전송을 요구할 수 있는 전송요구권이 규정된 개인정보 보호법이 개정되어 마이데이터를 적용하고 활용할 수 있는 근거가 마련되었다. 이처럼 기본적인 법적 근거를 바탕으로 보건의료 분야에서도 개인의 건강정보 데이터를 활용하는 다양한 정책이 추진되었다. 비단 한국의 상황과 특성을 강조하지 않더라도 보건의료 데이터는 제약산업, 의료용품산업, 의료공급자, 비용지불자, 환자 등 다양한 구성원들의 데이터 연결을 위해 빅데이터 기술이 활용될 가장 가치있는 자원으로 평가되고 있으며(Mckinsey Global Institute 2011, 37). 이런 평가를 바탕으로 의료시스템은 빠르게 빅데이터 산업화되는 등 보건의료 빅데이터 사업이 전 세계적으로 각광받는 분야로 성장하였다.[3]

1　데이터 이용 활성화를 위해 개정된 개인정보 보호법, 정보통신망 이용촉진 및 정보보호 등에 관한 법률, 신용정보의 이용 및 보호에 관한 법률을 통칭해서 일컫는 용어이다.

2　국회 의안정보시스템 http://likms.assembly.go.kr/bill/billDetail.do?billId=PRC_V2A1O0V9W1R4J0I9W5T6B3N2E3H3U7 (검색일: 2023년 10월 21일)

3　미국의 경우 1996년에 제정되고 2000년부터 시행된 '건강보험 양도 및 책임에 관한 법(Health

그러나 보건의료 빅데이터 정책은 추진과정에서 개인의 보건의료 빅데이터, 즉 진료기록, 인체정보 등 의료정보의 활용과 보호라는 상반되는 관점에서 발생하는 쟁점을 중심으로 다양한 법적, 정책적, 학문적 이슈를 유발하였다. 즉 보건의료 빅데이터 활용을 통한 환자 치료, 의학지식 자원 검색 및 임상지원, 공중보건 감시, 올바른 의료정책 결정 등의 긍정적인 측면(Paul et al 2023, 585; Perez 2015)과 빅데이터 사용 미숙, 환자안전의 위협, 의료비용 증가, 보건의료 데이터의 품질 문제, 개인정보호 문제, 빅데이터 오류 등 부작용을 강조하는 논란이 있다(Househ et al 2017, 39; Leon 2019).

따라서 이 글에서는 기존의 다양한 보건의료 빅데이터 보호와 활용과 관련된 기본적인 쟁점을 우선 제시할 것이다. 나아가 보건의료 빅데이터에 대한 입법과정 및 행위자 갈등 사례를 통해 정치학적 이해를 높이고자 한다.

2. 보건의료 빅데이터 이해와 현황

1) 개념 및 특성

보건의료 빅데이터에 대한 개념은 명확하지 않다(Baro et al 2015). 보건의료 관련 법률에서도 보건의료 빅데이터를 명확하게 규정하고 있지 않다(김지혜 2022, 3; 선종수 2021, 147). 우선 보건의료와 빅데이터를 혼합한 개념으로 유추해 보자. 보건의료에 대한 법적 기준을 제시하고 있는 보건의료기

Insurance Portability and Accountability Act)'에 따라 모든 건강 데이터 거래를 허용하고 있다(애덤 터너 2019, 57).

본법에서 보건의료란 '국민의 건강을 보호, 증진하기 위하여 국가, 지방자치단체, 보건의료기관 또는 보건의료인 등이 행하는 모든 활동을 말한다(제3조 제1호)'고 규정하고 있다. 빅데이터에 대한 개념도 다양하게 정의되고 있지만 미국의 시장 조사기관인 가트너(Gartner)의 정의를 일반적으로 더 나은 의사결정, 시사점 발견, 및 프로세스 최적화를 위해 사용되는 새로운 형태의 정보처리가 필요한 대용량(Volume), 초고속(Velocity) 및 다양성(Variety)의 특성을 가진 정보자산으로 정의할 수 있다(박대웅 외 2016, 318). 또 다른 개념으로 일정시간에 데이터를 처리, 저장, 관리할 때 쓰이는 소프트웨어의 허용범위를 넘어서는 데이터 덩어리(한정수 2014, 342)로 규정되기도 한다. 이를 기준으로 보건의료 빅데이터는 국민의 건강을 보호하고, 증진하기 위해 행해지는 활동으로 인해 생산되는 정보자산의 덩어리라고 조작적으로 정의할 수 있다.

그렇다면 보건의료 데이터[4]가 무엇인지를 규정하면 일차적으로 보건의료 빅데이터 개념을 규정할 수 있다. 보건의료기본법에서 정의하고 있는 보건의료정보는 '보건의료와 관련한 지식 또는 부호, 숫자, 문자, 음성, 음향, 영상 등으로 표현된 모든 종류의 자료를 말한다(제3조 제6호)'고 규정하고 있다. 따라서 보건의료정보는 보건정보, 의료정보, 진료정보, 건강정보, 헬스케어정보 등 다양한 용어와 개념을 포함하고 있다(박민영·최민경 2016, 503). 즉 보건의료정보는 진료정보, 진료정보를 통해 얻은 정보를 바탕으로 평가한 의료정보,[5] 의료정보를 비롯한 개인의 신체적, 정신적, 기능적 상태

---

4 이하에서는 보건의료 데이터와 보건의료정보를 동일한 개념으로 사용한다.

5 의료정보는 의료행위 과정에서 얻게 되는 환자와 관련된 정보로 성명, 연령, 주소 등 인적정보를 비롯하여, 진료기록, 처방기록, 수술기록 등 기록정보, 진단서 등 진료정보교환정보, 각종 동의정보, 진료 및 입원정보, 사망기록정보 등이 해당된다(백윤철 2005, 417).

를 평가한 개인건강정보 등의 범주로 구분, 정의할 수 있다(최중명 외 2012. 8). 따라서 보건의료 빅데이터는 국민의 건강을 보호하고, 증진하기 위해 생성된 건강정보, 의료정보, 진료정보 등의 보건의료정보를 대용량, 초고속 및 다양성 특성을 가진 새로운 형태의 정보자산으로 활용할 수 있는 보건의료정보의 덩어리로 규정할 수 있다.[6]

한편 제21대 국회에 발의되어 있는 법률에서 규정하고 있는 보건의료데이터에 대한 정의도 참고할 수 있다. 2022년 10월 7일에 강기윤 의원이 대표발의한 '디지털 헬스케어 진흥 및 보건의료데이터 활용 촉진에 관한 법률 제정안' 제2조 제5호에 따르면 보건의료데이터를 보건의료기본법 제3조 제6호에 따른 보건의료정보로서 광(光) 또는 전자적 방식으로 처리(개인정보 보호법 제2조 제2호에 따른 처리를 말한다)될 수 있는 것을 말한다고 규정하고 있다.[7] 또한 2023년 9월 7일에 신현영 의원이 대표발의한 '디지털 헬스케어 및 보건의료데이터 활용에 관한 법률안'에서도 보건의료데이터를 보건의료기본법 제3조 제6호에 따른 보건의료정보 중 광(光) 또는 전자적 방식으로 처리된 것으로 동일하게 규정하고 있다.[8] 국회 보건복지위원회에 계류 중인 법률안으로 향후 국회에서 심사가 진행될 경우 보건의료데이터에 대한 개념이 법률로 규정될 가능성이 높아 보인다.

보건의료 빅데이터에 대한 다양한 개념이 논의되고 있는 것처럼 보건의

---

6 선종수(2021)도 김근령·이대희(2018)의 연구를 참조하여 보건의료와 빅데이터를 구분하여 정의하고, 이들의 합성어로 보건의료 빅데이터를 개념화하고 있으며, 의료 빅데이터와 보건의료 빅데이터를 구분하여 정의하고 있다. 이외에도 보건의료 빅데이터의 개념에 대해서는 김기환 (2011), 백경희·김자영(2021)의 연구를 참조하길 바란다.

7 국회 의안정보시스템 http://likms.assembly.go.kr/bill/billDetail.do?billId=PRC_ F2L2F0H8M1R1I1X7D2A2D1J2V6Q0Y2 (검색일: 2023년 10월 21일)

8 국회 의안정보시스템 http://likms.assembly.go.kr/bill/billDetail.do?billId=PRC_ P2N3O0W9U0V4T1U1S3T9B5Z0Z2Y7Z4 (검색일: 2023년 10월 21일)

료 빅데이터의 특성도 다양하다. 보건의료 빅데이터의 특수성에서 기인하는 것으로 여러 정보 중에서도 가장 민감한 데이터이기 때문에 다른 데이터와는 다른 특성을 보인다. 그러므로 개인의 진료정보와 의료정보, 인체 정보 등 보건의료 빅데이터는 기본적으로 정보주체의 사전동의(informed consent)를 바탕으로 생성되고, 정보를 생성하는 기관에는 정보주체의 사전동의 없이[9] 정보를 활용할 수 없도록 비밀유지의 의무를 부여하고 있다. 이같은 보건의료 빅데이터의 특수성은 연방차원의 개인정보보호 관련 법률이 존재하지 않는 미국에서 '건강보험 이동성 및 책임법(Health Insurance Portability and Accountability Act of 1996)'을 제정하여 보건의료 데이터에 대해서는 별도로 보호와 활용의 조화를 추구하고 있다는 사실이 이를 뒷받침한다(윤혜선 2021, 31).

한국에서 보건의료서비스, 특히 의료서비스는 의료 재정적 측면에서 국민건강보험이라는 국가 단일재정체계로 운영되는 공공재적 성격이 강한 서비스로 '건강보험 당연지정제'라는 공적 건강보험시스템에서 의료비용이 지불되는 체계이다(박일현 2021, 69-70). 이같은 의료제도적 특징으로 보건의료 데이터는 개인의 질병, 유전자 등 매우 민감한 개인정보(박대웅·류화신 2017, 2)일 뿐 아니라 대부분의 보건의료 빅데이터를 공적인 성격으로 생산하고 보관하고 있으며, 치료 효과 및 품질 제고, 질병 예방, 약물부자용 감시 및 환자 안전 개선, 만성질환 예측 및 전염병 감시, 임상 지식 보급, 비용억제(European Commission 2016, 11) 등 공공정보의 특성을 보유하고 있다(박대웅 외 2016, 320). 보건의료 빅데이터의 개념에서도 언급했듯이 빅데

---

9   보건의료정보의 익명화, 비식별화 등의 방식으로 정보주체의 사전동의 없이 데이터를 활용할 수 있도록 법이 개정되는 등 정책환경이 변화하고 있지만, 정보주체의 사전동의 및 비밀유지 이슈는 여전히 법률 간 상충 등 쟁점이슈이다.

이터는 기본적으로 방대성, 높은 다양성, 초고속이라는 특성을 가지고 있다(McCall 2015; Sun et al 2013; Watson 2014). 이에 더해 보건의료 빅데이터는 민감한 개인정보로 공공성이 높은 정보라는 기본적인 특성을 보이는 것으로, 이에 기반해 보건의료의 시대적 변화에 따라 정확성(Veracity), 타당성(Validity), 가변성(Variability)의 특성도 언급되고 있다(Olaronke·Oluwaseun 2016).[10]

구체적으로 보건의료 빅데이터의 방대성(Volume)은 보건의료산업 관계자가 생성한 데이터의 양을 의미하는 것으로 그 자체로 생성되고 축적되는 보건의료 데이터의 양이 엄청나다는 것을 나타내고 있으며, 축적되는 정보의 양은 지속적으로 증가할 것이다. 임상 기록, 실험 데이터와 결과, 개인 의료기록, 보험 청구 데이터, 의료기기 데이터, 인간 유전학, 인구데이터, 유전체학, 영상자료 등 정보의 종류도 방대하다(Raghupathi 2014). 또한 의료기술과 의료기기의 발달 및 광범위한 사용으로 인해 보건의료 데이터가 실시간으로 생성되고 축적되고 있다. 따라서 생성, 저장, 분석된 자료를 치료, 예방 등을 위해 효과적이고 효율적으로 원활한 사용을 위해 정보교환이 필요하다. 또한 다양한 지역에서 신속한 의사결정을 위해서는 정보에 실시간으로 접속할 수 있어야 하고(Iroju et al 2013), 이를 위해 초고속(Velocity)적 속도로 즉각적인 조치가 필요한 것이다. 한편 보건의료 데이터는 다양한 원천에서 생성되므로 다양한 형태와 형식으로 제공된다. 다양성(Variety)을 보이는 보건의료 빅데이터를 유기적으로 호환하기 위해서는 다양한 시스템의 개발도 필요할 것이다(Crapo 2017). 다양한 보건의료 빅데이

---

10 Pramanik et al(2019, 73–75)는 보건의료 빅데이터의 특성을 Volume, Velocity, Variety, Veracity, Validity, Viability, Volatility, Vulnerability, Visualization, Value 등의 10V로 설명하고 있다.

〈표 1〉 보건의료 빅데이터 주요 특성

주요 특성(5V)	의미
방대성(Volume)	보건의료체계 다양한 이해관계자에 의해 생성된 데이터의 양
초고속(Velocity)	생성, 저장, 분석된 보건의료 데이터가 의료서비스 제공자간 수집, 공유되는 속도
다양성(Variety)	보건의료 데이터의 다양한 원천
정확성(Veracity)	생성된 보건의료 데이터의 품질
타당성(Validity)	보건의료 데이터 생성과정의 합리성

* 출처: Bresnick(2017), Iroju et al(2013), Olaronke·Oluwaseun(2016)의 자료를 참고하여 재구성

터의 신뢰를 확보하기 위해서는 정확성(Veracity)도 필요하다. 다양한 보건의료 데이터에서 정확성과 신뢰를 유지하는 것은 가장 중요한 특성일 수 있다. 그리고 정확성의 특성과 연계되어 보건의료 데이터가 얼마나 과학적인 체계와 방법으로 생성되고, 최신자료인지를 나타내는 타당성(Validity)도 보건의료 빅데이터의 중요한 특성으로 제시되고 있다.

2) 한국의 보건의료 빅데이터 관련 법률

한국의 개인정보 보호와 정보통신기술 활용을 규율하는 법은 다양하고 비체계적이다(신우빈 2015; 최경진 2015). 개인정보 보호법, 신용정보의 이용 및 보호에 관한 법, 정보통신산업 진흥법, 정보통신 진흥 및 융합 활성화 등에 관한 특별법 등 개인정보 보호 및 활용과 빅데이터의 활용은 각각의 법률에 산재되어 규정되어 있다. 보건의료 데이터의 보호와 활용은 보건의료기본법을 기준으로 의료법, 생명윤리 및 안전에 관한 법, 감염병의 예방 및 관리에 관한 법, 보건의료기술진흥법, 의료기기법, 국민건강보험법 등을 적용받고 있다. 이처럼 일반법으로 개인정보 보호법에서 개인정보 보호를

규정하지만 의료정보 등 의료법에서 별도 규정으로 정의하고 있으면 해당 법률을 적용하도록 예외적으로 규정하고 있다(이한주 2014, 189). 또한 아직까지 한국에서 보건의료 빅데이터에 대한 개념을 법률로 규정하고 있지 않다. 즉 보건의료 빅데이터에 대한 전체적인 체계를 규정하고 있는 법률이 존재하지 않다는 의미로, 보건의료 데이터의 활용 및 보호 등에 대해서는 개별법의 규정을 적용하고 있다. 이처럼 빅데이터 활용과 보호는 다양한 법률에서 규정하고 있지만 이 연구의 목적에 맞게 보건의료 빅데이터 활용과 보호에 대한 내용을 적용할 수 있는 법률 중심으로 살펴보자.

개인정보 보호법은 인터넷의 발달로 개인정보 생산의 폭발적 증가에 따라 발생하는 개인정보 유출 및 침해 사건 문제로 인해 개인정보처리원칙 규정을 목적으로 2011년 3월 처음 제정되었다(임효진·박형준 2022, 31). 개인정보 보호법의 기본적인 원칙[11]은 개인정보를 보호하기 위한 것이다. 개인정보 보호법에서 개인정보는 개인에 관한 정보로서 성명, 주민등록번호 및 영상 등을 통하여 개인을 알아볼 수 있는 정보와 해당 정보만으로는 특정 개인을 알아볼 수 없더라도 다른 정보와 쉽게 결합하여 알아볼 수 있는 가명정보로 규정하고 있다(개인정보 보호법 제2조). 또한 민감정보의 처리제한 규정에서 사상·신념, 노동조합·정당의 가입·탈퇴, 정치적 견해, 건강, 성생활 등에 관한 정보, 그 밖에 정보주체의 사생활을 현저히 침해할 우려

---

11 개인정보 보호법 제3조에서는 개인정보 보호 원칙을 8개항으로 규정하고 있으며, 이는 OECD 의 개인정보보호 8개 원칙(OECD Guidelines on the Protection of Privacy and Transborder Flows of Personal Data)이 반영된 것이다. 8개 원칙은 다음과 같다. ① 수집 제한의 원칙(Collection Limitation Principle), ② 정보 정확성의 원칙(Data Quality Principle), ③ 목적 명확성의 원칙(Purpose Specification Principle), ④ 이용 제한의 원칙(Use Limitation Principle), ⑤ 안전 보호의 원칙(Security Safeguards Principle), ⑥ 개인적 참여의 원칙(Individual Participation Principle), ⑦ 공개의 원칙(Openness Principle), ⑧ 책임의 원칙(Accountability Principle)
OECD, https://legalinstruments.oecd.org/en/instruments/OECD-LEGAL-0188(검색일: 2023년 10월 24일)

가 있는 개인정보로서 대통령령으로 정하는 정보를 민감정보로 규정하고 있다(개인정보 보호법 제23조). 즉 개인정보 보호법에서는 보건의료 데이터를 개인정보이자 민감정보로 규정하고 있으므로, 환자의 의료 관련 정보는 개인정보 보호법의 적용을 받는다고 규정할 수 있다.

한편, 개인정보 보호법에서는 개인정보를 수집할 수 있는 경우를 규정하고 있다. 정보주체의 동의를 받은 경우, 법률에 특별한 규정이 있거나 법령상 의무를 준수하기 위하여 불가피한 경우, 공공기관이 법령 등에서 정하는 소관 업무의 수행을 위하여 불가피하게 필요한 경우, 정보주체와의 계약의 체결 및 이행을 위하여 불가피하게 필요한 경우, 공중위생 등 공공의 안전과 안녕을 위하여 긴급히 필요한 경우이다(개인정보 보호법 제15조). 그러나 사전동의를 받지 않고 수집된 보건의료정보는 수집 목적의 범위에서 이용할 수 있다(개인정보 보호법 제15조 제1항). 또한 정보주체의 동의를 받은 경우, 수집한 목적 범위에서 개인정보를 제공하는 경우에 한해 정보주체의 개인정보를 제3자에게 제공할 수 있도록 규정하고 있으며(개인정보 보호법 제17조 제1항), 개인정보의 목적 외 범위를 초과하여 이용하거나 제3자에게 제공하는 것은 원칙적으로 허용하지 않고 있다(개인정보 보호법 제18조 제1항). 다만 예외적으로 개인정보를 목적 외의 용도로 이용하거나 제3자에게 제공할 수 있도록 규정하고 있는데, 학술연구 등의 목적으로 개인을 식별할 수 없는 형태로 제공해야 한다(개인정보 보호법 제18조 제2항). 특히 개인정보 보호법에서 보건의료정보의 보호와 활용을 위한 규정이 있지만 동법 제6조에서는 다른 법률과의 관계 규정을 통해 다른 법률에 규정이 있을 경우에는 해당 법률이 규율되도록 규정하고 있다. 즉 보건의료정보와 관련하여 의료법 등 타 법에 규정이 있을 경우 해당 법률이 우선 적용되는 것이다.[12]

이처럼 개인정보 보호법에서 규정하고 있는 주요 사항들은 개인정보 보

<표 2> 데이터 3법 중 개인정보 보호법 주요 개정 내용

개정사항	세부내용
개인정보 보호 관련 법률의 유사, 중복규정 정지 및 추진체계 효율화(제7조)	법률간 유사, 중복 규정을 정비하여 개인정보 보호법으로 일원화, 행정안전부, 방송통신위원회, 금융위원회의 개인정보보호 기능을 개인정보보호위원회로 일원화 및 위원회가 컨트롤타워 기능 수행
개인정보 개념체계 (제2조 제1의2호 등)	개인정보, 가명정보, 익명정보의 개념을 규정화하고, 개인정보 판단기준 명확화
가명정보의 활용 (제28조의2)	가명정보로 통계작성, 과학적 연구, 공익적 기록 보존 등을 위해 정보주체 동의없이 활용가능
개인정보 처리자의 책임 강화(제10장)	특정 개인을 알아보는 행위를 금지하고, 가명정보 처리나 데이터 결합 시 안전조치 의무 부과, 위반 시 형사처벌, 과징금 등 벌칙 부과

출처: 김영국(2020a, 86), 문유정·강지민(2020, 1)의 자료를 참조하고, 국가법령정보센터 개인정보 보호법을 참고하여 재구성.

호를 원칙으로 규정하고, 예외적으로 활용을 규정하고 있다. 이런 상황에서 인공지능(Artificial Intelligence, AI) 등 데이터 산업의 발전으로 빅데이터 활용에 대한 관심이 증대되면서 개인정보 보호법이 장애물로 인식되었고 (주승희 2021, 269), 보호위주의 개인정보 보호법에 대한 개정 요구가 증대되었다. 특히 보건의료정보를 민감정보로 규정하여 보건의료 산업의 발전을 저해하고, 의료서비스 접근 형평성을 낮추어 국민 편익 증진에 한계가 있다는 문제(이한주·엄주희 2022)도 제기되었다. 또한 개인정보에 대한 법률간 중첩과 모호성, 개인보호 강화 필요성 대두 등의 이유로 2020년 1월 개인정보 보호법이 개정되어 2020년 8월 시행되었다. 일명 '데이터 3법'의 개정을 통해 개인의 자신의 정보에 대한 통제권을 행사할 수 있도록 보장하여 개인정보 보호 문제를 해결하고, 정보 이용에 관한 규제 혁신을 마련하여 정보의 활용이 가능하도록 하였다(천지영·노건태 2021; 최경진 2021). 즉 〈표

---

12 타 법과의 관계 부분은 이후 제시될 보건의료기본법, 의료법, 감염병관리법 등의 내용에서 살펴볼 것이다.

2)에서 보듯이 개인정보보호위원회를 개인정보 보호 컨트롤 타워로 일원화하였고, 가명정보 규정 도입을 통해 정보 이용을 활성화할 수 있는 근거가 마련되었다. 개인정보의 보호와 활용의 이원적 관점(김영국 2020a, 86)에서 법률을 개정한 것이다.

한편, 법 개정 이후 가명정보 사용 후 삭제규제 미비, 가명정보의 취약한 보안 문제, 기업의 무분별한 활용에 따른 보안 누출 문제, 코로나바이러스 감염증(COVID-19)[13] 방역과정에서 광범위한 개인정보의 수집 및 공개 등의 다양한 문제가 제기되었다. 따라서 정보주체의 개인정보에 대한 통제권 강화를 목적으로 정보주체 본인의 전송 요구 및 거부권, 설명 요구권 등에 대한 법적 근거를 마련하여 개인정보 보호 수준을 높이고자 2023년 2월 개인정보 보호법이 재개정되었다(박지원·이유리 2023, 118). 개인정보 전송요구권은 개인정보의 전송 요구 조항에 근거하여 정보주체는 개인정보 처리 능력 등을 고려하여 대통령령으로 정하는 기준에 해당하는 개인정보처리자에 대하여 개인정보를 자신에게로 전송할 것을 요구할 수 있다(개인정보 보호법 제35조의2제1항). 또한 대통령령으로 정하는 기준에 해당하는 개인정보처리자에 대해 제3의 기관에 전송할 것을 요구할 수 있도록 개정하였다. 전송 요구의 대상이 되는 정보의 범위, 전송 요구의 방법, 전송의 기한 및 방빕, 전송 요구 철회의 방법, 전송 요구의 거절 및 전송 중단의 방법 등 필요한 사항은 대통령령에 따르도록 규정하고 있다(개인정보 보호법 제35조의2제2항부터 8항). 개인정보 보호법의 전면 재개정에도 불구하고 의료법과의 상충, 개인정보 동의 문제 등 보건의료 데이터 활용과 보호에 대해서는 다양한 쟁점이 제기되고 있다.[14]

---

13 이하 코로나로 명칭한다.
14 보건의료정보의 민감성 및 활용과 보호 균형 문제, 제3자의 이용 문제, 보건의료정보의 상업화

헌법 제36조 제3항에서 "모든 국민은 보건에 관하여 국가의 보호를 받는다"고 규정하고, 모든 국민은 개개인의 건강을 영위하기 위해 국가에 필요한 권리를 주장할 수 있는 보건권을 명시하고 있다(박대웅 외 2016, 324). 이를 실현하기 위해 보건의료기본법에서는 보건의료에 관한 법률을 제정하거나 개정할 때에는 이 법에 부합되도록 해야 한다고 규정(보건의료기본법 제9조)함으로써 보건의료의 모든 사항을 규율하는 일반법으로 기능하고 있다. 보건의료기본법에는 보건의료정보의 활용과 보호에 관해 보건의료발전계획 수립 시 보건의료의 제공 및 이용체계 등 보건의료의 효율화에 관한 시책과 보건의료 통계 및 그 정보의 관리 방안을 포함해야 하는 것만을 규정(보건의료기본법 제15조)하고 있으며, 보건의료에 관한 통계와 정보를 수집, 관리하여 보건의료정책에 활용할 수 있도록 필요한 시책을 수립, 시행해야 한다고 규정(보건의료기본법 제53조)하고 있다. 즉 보건의료기본법은 보건의료정보의 민감성과 공익성을 반영하듯 보건의료정보의 활용이나 보호에 대해 자세하게 규정하고 있지 않다. 따라서 개인의 건강 및 의료정보와 전염병 정보를 위한 규정이 명시된 의료법과 감염병 예방 및 관리에 관한 법률에서 규정된 보건의료 빅데이터 활용과 보호에 관한 규정을 검토할 필요가 있다.

의료법은 국민의료에 필요한 사항을 규정함으로써 국민의 건강을 보호하고 증진하는 데 목적이 있다. 보건의료정보와 관련해 의료인은 기본적으로 환자 진료를 위해 환자 동의 없이 개인 의료정보의 수집이 가능하다. 의료법에는 진료기록부, 조산기록부, 간호기록부, 그 밖의 진료기록부 등을 갖추어 두고 환자의 주된 증상, 진단 및 치료 내용 등 보건복지부령으로 정

등 다양한 문제와 쟁점이 존재한다. 이에 대해서는 다음 장에서 구체적으로 정리한다.

하는 의료행위에 관한 사항과 의견을 상세히 기록하고 서명하여야 한다고 규정하고 있다(의료법 제22조). 이에 따라 진료기록부 등의 기재사항으로 주소, 성명, 연락처, 주민등록번호 등 개인 인적사항과 진료에 관한 정보를 수집, 관리할 수 있다(의료법시행규칙 제14조). 개인 보건의료정보는 전자의무기록으로 작성, 보관할 수 있으며, 전자의무기록을 안전하게 관리·보존해야 하는 의무를 부여하고, 전자의무기록에 저장된 개인정보를 탐지하거나 누출·변조 또는 훼손하는 것을 금지하고 있다(의료법 제23조). 특히 정보 누설 금지를 명문화하여 의료인이나 의료기관 종사자는 이 법이나 다른 법령에 특별히 규정된 경우 외에는 의료·조산 또는 간호업무(의료법 제19조)나 진단서·검안서·증명서 작성·교부 업무(의료법 제17조), 처방전 작성·교부 업무(의료법 제18조), 진료기록 열람·사본 교부 업무(의료법 제21조), 진료기록부등 보존 업무(의료법 제22조제2항) 및 전자의무기록 작성·보관·관리 업무(의료법 제23조)를 하면서 알게 된 다른 사람의 정보를 누설하거나 발표하지 못하도록 엄격히 규정하고 있다. 즉 의료법에서는 보건의료정보에 대한 보호의 관점이 더 중요한 사항으로 규정되어 있다.

다만, 의료법에서는 기록열람을 허용하는 내용을 규정하고 있는데, 원칙적으로 환자 본인만 가능하고, 환자가 아닌 다른 사람에게 환자에 관한 기록을 열람하게 하거나 그 사본을 내주는 등의 행위는 금지하고 있다(의료법 제21조). 제3자에게 기록을 열람하거나 사본을 내주는 행위는 해서는 안 되는 것이다. 다만 예외적으로 의료인, 의료기관의 장 및 의료기관 종사자는 의료법에서 열거하고 있는 사항에 대해서만 그 기록을 열람하게 하거나 그 사본을 교부하는 등 그 내용을 확인할 수 있도록 규정하고 있다(의료법 제21조). 이처럼 방대한 건강기록과 의료기록에 대한 사항을 규정하고 있는 의료법에는 보건의료정보의 활용을 위한 규정이 공적업무를 위한 기록 열람에 국한하고 있어 개인정보 보호법에서 규정하고 있는 보건의료 빅데이터의 활용 규정과 상충하거나 적용의 모호성이 존재하고 있다. 이로 인해 발생할 수 있는 쟁점은 다음 장에서 구체적으로 논의한다.

한편, 감염병의 예방 및 관리에 관한 법률[15]에서 규정된 보건의료정보 활용의 관점은 의료법과는 다른 양상을 보인다. 감염병예방법은 국민 건강에 위해(危害)가 되는 감염병의 발생과 유행을 방지하고, 그 예방 및 관리를 위해 필요한 사항을 규정하여 국민 건강의 증진 및 유지에 이바지함을 목적으로 하고 있다(감염병예방법 제1조). 감염병의 발생과 유행, 감염원 차단 등을 위해 보건의료정보에 대한 제공과 공개 등이 필요한 것으로 보건의료정보의 활용과 관련한 다양한 규정이 마련되어 있다. 우선 역학조사(疫學調査, epidemiological surveillance or disease surveillance)를 규정하고 있는데 역학조사란 감염병환자등이 발생한 경우 감염병의 차단과 확산 방지 등을 위하여 감염병환자 등의 발생 규모를 파악하고, 감염원(感染源)을 추적하는 등의 활동과 감염병 예방접종 후 이상반응 사례가 발생한 경우나 감염병 여부가 불분명하나 그 발병원인을 조사할 필요가 있는 사례가 발생한 경우 그 원인을 규명하기 위하여 하는 활동을 말한다(감염병예방법 제2조 제17호). 통계적 관찰을 바탕으로 집단 내의 건강현상 발생의 빈도 또는 유행에 관한 법칙성을 찾고(유욱 2013, 9), 감염증을 예측하거나 감염병 환자나 감염원, 접촉자를 찾아 격리를 위한 전단계의 조사를 의미한다(Cash · Narasimhan 2000, 1359-1360; Mariner · Creep 2007, 352). 감염병 출현 시 현지조사, 감염병의 검체(檢體) 채취, 분석, 감염자의 증상 발현(發現) 시기, 감염자의 동선 등을 알아내는 작업을 수행하는 것이다(백경희 · 김자영

---

15 이하 '감염병예방법'으로 약칭한다.

2021. 12).

이같은 역학조사는 개인의 보건의료정보뿐 아니라 일상의 정보까지 수집, 활용해야 한다. 그러므로 감염병예방법에서는 구체적으로 정보 제공을 요청하거나 정보를 확인할 수 있도록 규정하고 있다. 질병관리청장 또는 시·도지사는 감염병 예방·관리 및 감염 전파의 차단을 위하여 필요한 경우 관계 중앙행정기관의 장, 지방자치단체의 장, 공공기관, 의료기관 및 약국, 법인·단체·개인에 대하여 감염병환자, 감염병의심자 등에 관해 성명, 주민등록번호, 주소 및 전화번호 등의 인적사항과 의료법에 따른 진료기록부등, 진료이력, 투약정보, 상병내역 등 요양급여비용의 청구와 지급에 관한 정보, 출입국관리기록 등 보건의료정보 뿐 아니라 다양한 정보를 요청, 수집할 수 있다(감염병예방법 제76조의2). 특히 이동경로를 파악하기 위해 신용카드나 교통카드 등의 사용명세와 위치정보를 요청할 수도 있으며, 요청받은 기관은 정당한 사유가 없는 한 이를 따르도록 규정하고 있다. 이같은 정보들은 감염병 위기 시 환자의 이동경로, 이동수단, 진료의료기관, 접촉자 현황 등을 정보통신망에 게재하거나 보도자료 등으로 신속히 공개하고 있으며, 물론 공개할 필요가 없어진 때에는 지체 없이 공개된 정보를 삭제해야 한다고 규정하고 있다(감염병예방법 제34조의2). 한편 감염병관리통합정보시스템을 구축, 운영하여 자료를 수집, 관리, 보유, 처리할 수 있는 등 감염병과 관련한 모든 정보들이 보건의료 빅데이터로 구축, 운영되고 있다. 이처럼 보건의료 빅데이터와 관련하여 감염병예방법은 보건의료법 기본법이나 의료법과는 다르게 개인정보, 의료정보 뿐 아니라 위치정보 등 보건의료 빅데이터를 수집, 활용할 수 있는 기전을 마련하고 있다. 그러나 감염병 위기 시 수집되는 보건의료 빅데이터와 관련한 많은 문제[16]들이 발생하고 있는 것도 현실이다.

3) 보건의료 빅데이터 정책 현황

한국의 보건의료 빅데이터는 보건복지부, 질병관리청, 국민건강보험공단과 건강보험심사평가원, 개별 의료기관의 진료정보 등으로 산재되어 있고, 공공데이터 특성을 가지고 있다. 질병관리청의 경우 국가승인통계로 국민건강영양조사, 지역사회건강조사, 법정감염병발생보고, 결핵현황조사, 전국예방접종률조사 등 기초조사를 바탕으로 생성된 정보를 공개하고 있다. 건강통계로는 국가손상종합통계, 건강행태 및 만성질환통계, 청소년 건강행태조사통계 등 수집, 공개하고 있다.[17] 국민건강보험공단에는 국민건강정보데이터로 자격 및 보험료정보, 건강검진정보, 진료상세정보, 노인장기요양정보, 암 및 희귀난치성질환자 등록정보 등 1조3천억 건에 달하는 데이터가 있으며, 보건의료분야 연구의 활성화 및 국가 보건정책의 과학적 근거 생산의 기초자료로 활용하기 위해 약 100만 명의 표본코호트정보, 건강검진코호트정보, 노인코호트정보, 영유아검진코호트정보 등을 보유하고, 국민건강정보 자료제공 운영에 규정에 따라 정보를 제공하고 있다.[18] 건강보험심사평가원은 모든 국민의 진료정보뿐 아니라 의료기관, 제약회사 등 보건의료 관련 다양한 기관에서 수집한 정보를 공개하고 있다. 8만 7천여 의료기관 청구자료를 바탕으로 상병, 수술 및 처치, 의약품 처방, 조제데이터와 의약품 유통 정보, 의약품 안전정보, 마약류 데이터, 의료기관의 인력·시설 장비 등 의료자원 데이터 등을 보유하고 빅데이터 개방포털을

---

16 프라이버시 문제와 공익과의 충돌, 잘못된 정보 공개에 따른 선의의 피해자 발생 등의 문제가 제기된 바 있으며, 다음 장의 쟁점에서 사례를 통해 살펴볼 것이다.

17 질병관리청 https://www.kdca.go.kr/board/board.es?mid=a20601010100&bid=0024(검색일: 2023. 10. 25).

18 국민건강보험공단 https://nhiss.nhis.or.kr/bd/ab/bdaba016lv.do (검색일: 2023. 10. 25).

통해 자료를 공유하고 있다.[19]

이외에도 국립암센터, 국립보건연구원 등에서 해당 기관의 설립 목적과 법률에 근거하여 각종 보건의료정보를 생산하고 보유하고 있으며, 의료기관에서도 환자들의 직접적인 진료정보를 수집, 보유하고 있다. 이렇게 생성된 보건의료정보들은 통계청에서 제공하는 포털서비스[20]와 연계, 제공되거나 국가기관에 직접적인 제공을 통해 공유, 활용되고 있다. 특히 공공데이터의 제공 및 이용 활성화에 관한 법률에 근거하여 운영되고 있는 공공데이터포털[21]을 통해서도 정보가 공유, 활용되고 있다.

보건의료정보에 대한 공유와 활용을 위한 빅데이터에 대한 국가적 관심은 2011년 11월 대통령 소속 국가정보화전략위원회가 발표한 '빅데이터를 활용한 스마트 정부 구현'에서부터 시작되었고(강희정 2016, 63), 사회안전, 국민복지, 국가경제, 국가인프라, 산업지원, 과학기술의 6개 분야에서 대상과제 16개[22]를 제시하였다(백진경 외 2021. 9). 이같은 정책방향에 따라 국민의료건강정보와 소셜미디어 정보의 연계 분석을 통한 질병 주의 예보서비스가 국민건강보험공단과 다음소프트가 컨소시엄을 구성하여 시범사업을 진행하기도 하였다. 보건복지부는 2015년 '보건산업 발전방향 5대 전략'

---

19 건강보험심사평가원 https://opendata.hira.or.kr/op/opb/selectHelhMedDataView.do(검색일: 2023. 10. 25).

20 국가통계포털 https://kosis.kr/index/index.do (검색일: 2023. 10. 25).

21 공공데이터포털 https://www.data.go.kr/index.do (검색일: 2023. 10. 25).

22 2012년 10월 17일 제12회 국가정보화전략위원회에서 심의, 의결한 '스마트 국가 구현을 위한 빅데이터 마스터플랜' 보고자료에 따르면 16개 세부 추진과제 중 보건의료분야와 관련된 과제는 유전자·의료 데이터 분석을 통한 국민건강증진을 제시하고 있다. 구체적으로 국가차원의 DNA·의료 데이터 연계관리 체계를 구축하고, 진료기록, 질병정보 등을 융합 분석하여 건강정보 진단 및 질병 발생 가능성 예측, 암, 당뇨, 비만, 고혈압 등 100여 개 질환의 유전 위험도를 예측, 맞춤형 사전 예방 서비스를 제공하는 등 국민 건강 증진을 명시하고 있다(교육과학기술부 외 2012).

컨퍼런스를 개최하여 정책 비전을 제시하며, 보건의료 빅데이터 활용 방향을 공식적으로 제시하였고, 그중 보건의료정보 발전방향과 관련해서는 인프라 구축과제 일환으로 빅데이터 구축·연계방안을 발표하였다(보건복지부 2015). 보건의료 빅데이터는 2017년까지 개방형 플랫폼 구축을 목표로, 정보시스템간의 연계체계를 구축하고 개인정보 보호와 관리에 관한 법적 근거와 관리체계를 마련할 계획으로 국민건강보험공단, 건강보험심사평가원, 질병관리본부, 국립암센터의 빅데이터를 연계한다는 것이다.

2016년부터 보건복지부는 보건의료 빅데이터 적극적인 활용을 위한 정책방향을 제시하였다. 업무보고를 통해 ICT 기반 의료서비스 창출이라는 목적을 위해 원격의료 서비스 확산, 진료정보 교류 활성화 등의 정책을 통해 국민 편의 증대와 새로운 성장동력 산업으로 보건의료산업을 육성하겠다는 계획을 발표하였다. 이같은 계획은 2016년 7월 관계부처 합동으로 경제활력 제고와 일자리 창출을 위한 "서비스경제 발전전략" 발표로 구체화되었다(관계부처합동 2016). 산업간 융복합 촉진을 위해 개인정보 활용 시 사전동의나 통지의무를 완화[23]하고, 비식별화 가이드라인을 마련하여 정보활용을 촉진하겠다는 것이다. 특히 의료분야 빅데이터를 구축하고, 비식별 의료정보의 빅데이터 등의 활용 허용, 융복합 신의료서비스로 의사·환자 간 원격의료 허용, 진료정보의 의료기관 간 교류, 건강정보의 빅데이터 연계와 개방을 통한 신산업을 창출하겠다는 것이다. 공공성이 높은 한국의료의 특성상 공적성격의 방대한 보건의료정보를 민감정보로 분류하여 정보보호에 중점을 둔 보건복지부의 정책방향이 빅데이터 활성화 및 신산업 창출이라는 정부기조에 맞춰 보건의료 빅데이터의 수집 및 교류, 활성화 방

---

23 개인정보 수집시 사전동의를 '포괄적 사전동의' 또는 '사후거부제'로 개선하고, 제3자에게 개인정보 처리 위탁시에도 사전동의를 고지로 변경하는 내용이다.

향으로 정책 방향이 변화하기 시작한 것이다.

이런 흐름을 바탕으로 보건복지부는 2018년부터 '보건의료 빅데이터 플랫폼' 시범사업을 추진하였다. 데이터 기반 정책개선 및 연구 등을 위해 개별 공공기관에서 분절적으로 보유한 보건의료 데이터를 연계, 결합하여 제공하는 플랫폼을 만든다는 것이다(보건복지부 2019). 보건의료 빅데이터 3대 추진 원칙[24]과 분산연구 네트워크 3대 추진 목표[25]를 바탕으로 2021년까지 방대한 보건의료 빅데이터의 연계·결합 사례 실증을 위해 국민건강보험공단, 건강보험심사평가원, 국립암센터, 질병관리청 4개 공공기관을 대상으로 2021년까지 시범사업을 추진하였다. 2019년 9월에는 보건의료 분야 공공기관의 의료데이터를 정책연구 등 공공 목적으로 활용할 수 있도록 「보건의료 빅데이터 플랫폼(hcdl.mohw.go.kr)」을 공식적으로 개통하였다.[26] 2023년부터는 데이터를 제공하는 공공기관 5곳을 추가하여 총 9개소로 확대하고, 데이터 종류도 57종으로 확대, 운영하고 있다(보건복지부 2023a).

2022년 윤석열 정부 대통령직인수위원회는 디지털 헬스 활성화 일환으로 국민 개개인이 자신의 의료·건강정보를 손쉽게 활용할 수 있는 '건강정보 고속도로' 시스템을 구축하고, 맞춤형으로 제공하겠다고 발표하였다. 의료 마이데이터, 디지털 헬스케어 서비스에 대한 법·제도적 기반 마련하고, 보건의료 빅데이터 구축 및 개방, 바이오 디지털 활용 인공지능 개발 등 데

---

24 보건의료 빅데이터는 공공적 목적으로 활용, 시민참여·전문성에 기반한 논의구조 구축, 법령에 근거하여 정보주체의 권리를 철저히 보호를 3대 원칙으로 규정하고 있다.

25 1. 개인정보 유출 없이 분석결과 값의 제공만으로 보건의료 연구를 지원할 수 있는 공통데이터 모델 기반 분산연구 네트워크 구축 운영, 2. 보건의료 분산연구 네트워크의 효율적 운영을 위한 공공 보건의료 데이터 보유 및 제공기관 참여 거버넌스 구축, 3. 보건의료 분야 다른 분산연구 네트워크와의 연계를 통해 보건의료 데이터 활용성 극대화이다.

26 보건의료 빅데이터 플랫폼 사업에 대해서는 다음 장에서 구체적으로 살펴본다.

이터 기반 연구개발을 확대한다는 것이다(제20대 대통령직인수위원회 2022, 57). 이를 바탕으로 보건복지부는 2023년 1월 '2023년 주요 업무 추진계획'을 통해 디지털, 데이터 중심 의료 패러다임 전환을 대비하기 위해, 개인 의료 정보를 안전하게 관리·중계하여 맞춤형으로 활용할 수 있는 정보 연계·활용 기반 "건강정보 고속도로" 시스템 본격 개통(마이헬스웨이), 100만 명 임상·유전체 데이터뱅크 구축 및 암 등 주요 질환 극복을 위한 빅데이터 활용 활성화 정책 추진을 발표하였다.

마이 헬스웨이 사업[27]은 2019년 12월 4차산업혁명위원회와 관계부처가 논의를 통해 추진한 것으로 국민들이 여러 기관에 흩어진 자신의 건강정보를 모으기 위해 의료기관 등을 직접 방문하는 불편과 건강정보를 통합 조회하고 활용할 수 있는 수단이 없어서 건강관리 및 의료에 대한 능동적 참여(Engagement)가 곤란하다는 인식에서부터 출발하였다. 여러 곳에 흩어진 건강정보를 불편없이 효율적으로 찾을 수 있는 (가칭) '건강정보 고속도로' 구축을 추진한 것이다. 개인 주도로 자신의 건강정보, 즉 공공건강데이터, 병원의료데이터, 개인건강데이터를 한 곳에 모아서 원하는 대상에게 동의를 기반으로 데이터를 제공하고, 직접 활용할 수 있도록 지원하는 시스템이다. 2021년 2월 국민 건강증진 및 의료서비스 혁신을 위한 '마이 헬스웨이(의료분야 마이데이터) 도입방안'(대통령직속 4차 산업혁명위원회 2021)을 발표하면서 〈그림 1〉처럼 마이 헬스웨이 추진을 구체화하였고, 마이 헬스웨이 전체 플랫폼이 구축되기 전까지는 '나의 건강기록' 앱을 통해 공공건강데이터를 조회, 저장, 활용토록 하였다.

---

27 마이 헬스웨이 사업에 대한 전반적인 자료 작성은 보건복지부 보도자료를 참고하여 작성하였다.

* 출처: 관계부처합동 보도자료(2021, 4)

2022년 서울, 부산지역 240개 의료기관 대상으로 마이 헬스웨이 시스템을 시범 개통하였고, 2023년 9월 860개소의 의료기관의 진단내역, 약물처방내역, 진단·병리검사, 수술내역 등 12종 113개 항목의 개인의 상세한 보건의료정보를 확인할 수 있는 건강정보 고속도로 사업을 본격 가동하였다(보건복지부 2023b). 의료기관 등 여러 곳에 흩어져 있는 개인의 의료데이터를 본인의 동의히에 인증·식별체계를 통해 조회, 저장하고, 원하는 곳에 전송할 수 있게 된 것으로 보건의료 빅데이터를 수집, 보관, 활용하는 체계가 만들어진 것이다. 민감정보인 보건의료 빅데이터에 대한 보안 문제와 유출에 대한 문제에 대해 건강정보 고속도로는 개인의 의료정보를 저장하는 플랫폼이 아닌 중계플랫폼으로 보안유지를 위해 행정안전부 국가정보자원관리원에 시스템을 구축하고 있다고 강조하고 있다(보건복지부 2023, 3).

그러나, 정부에서도 마이 헬스 웨이 플랫폼을 구축, 운영하고, 이용의 효율성을 위해 법적 근거 필요하다고 제시하고 있듯이 고유식별처리 근거, 대리인의 조회, 활용 여부, 정보연계 근거 마련, 민감정보인 보건의료정보의 무분별한 제3자 전송요구권에 대한 개인정보보호 우려(이원복·배현아 2022), 개인의료정보의 상업적 이용 문제(목광수 2022, 11) 등 해결해야 할 과제가 산적해 있는 것이 현실이다.

3. 보건의료 빅데이터 정책의 쟁점

1) 보호와 활용 사이의 쟁점

대부분의 빅데이터가 활용 목적의 성격이 강하고, 활용의 전제조건으로 보호라는 성격이 강조되고 있다. 보건의료 빅데이터의 경우도 과거의 보호 측면보다는 활용의 측면이 더욱 강조되고 있는 추세이다. 그러나 보건의료정보를 수집하고 활용하는 과정에서 민감정보인 보건의료정보가 원하는 않는 방식으로 사용되거나 활용되는 문제와 유출되는 문제가 발생할 수 있다. 민감정보인 보건의료 빅데이터 사업이 정보보호라는 강력한 사회적 규제와 법적인 테두리 안에서 이루어지지 않을 경우 발생할 부작용은 매우 크다(이상윤 2019, 50).

보건의료 빅데이터의 부작용 중 가장 대표적인 것이 개인의 프라이버시 침해이다(Price et al 2019, 448). 민감성, 방대성 등의 특성을 가진 보건의료정보의 유출은 개인뿐 아니라, 국가적, 사회적으로 미치는 영향이 너무 크다. 유질환자(有疾患者)의 민간보험 가입 거부, 정신질환 치료 이력이 있는 환자의 사회적 차별, 유명인사의 질병 및 치료기록 유출 등 보건의료 빅데이터의 부작용은 개인의 프라이버시 침해 및 사회적 문제로 확대되며, 보건의료정보를 범죄에 활용하는 상황까지 이를 수 있다. 특히 한국에서 수집, 관리되는 보건의료 빅데이터의 많은 부분이 국민건강보험이라는 제도 하에 질병정보 뿐 아니라 개인의 소득, 가족정보 등 방대한 개인정보가 포함되어 있어 그 심각성은 더하다. 보건의료 빅데이터의 국민건강 증진기여와 활용에 대한 필요성은 점차 높아지고 있지만, 비례적으로 보건의료정보에 대한 보호 가치도 더욱 중요해 지는 이유이다.

보건의료 빅데이터의 보호와 활용이 충돌하는 한 건의 사례를 살펴보자.[28] 지난 2020년 코로나 확산 시 감염병 예방 및 관리에 관한 법률에 근거한 역학조사와 관련된 사례이다(연합뉴스 2020). 코로나에 확진된 인천 학원 강사가 역학조사 과정에서 개인의 카드 사용정보 및 이동정보 등 민감정보를 비롯한 성 정체성에 관한 정보가 공개되고, 학원 강사라는 직업을 영유하지 못하게 될 것을 두려워하여 자신의 신상정보 및 이동 동선 등에 대해 거짓 진술을 한 것이다. 이로 인해 약 80여 명의 코로나 추가 확진자가 발생했으며, 6차 이상의 감염까지 발생한 원인이 되었다. 법에 근거한 역학조사로 인해 이동경로와 장소, 개인정보 등을 모두 공개할 수 있지만, 성 소수자들이 방문하는 장소의 공개로 인해 개인의 성적 프라이버시가 보호되지 않았을 뿐 아니라, 인권침해라는 비판까지 제기되었다. 감염병으로부터 모든 사회 구성원을 보호하고, 감염병을 사전 차단하기 위해 역학조사를 통한 보건의료정보와 개인정보를 공개하는 것은 반드시 필요하다고 할지라도 개인의 프라이버시 보호를 더욱 강조했다면 감염병 예방을 위한 보건의

---

28 지방자치단체의 동선공개로 코로나 확진자 2명이 동일 호텔을 방문했다는 사실이 공개되어 불륜으로 오해 받은 사례 등도 있다(동아일보 2020).

료 빅데이터 활용과 개인의 프라이버시 보호라는 두 목적을 모두 달성할 수 있었을 것이다.[29] 공공의 이익을 위해 보건의료정보의 활용과 감염자 이동 경로 파악·공개 등을 통해 국가 방역체계를 구축하는 것이 국가의 책무지만, 입법 목적의 적절성, 수단의 적합성, 피해의 최소성, 법익 균형성 등을 고려(엄주희 2020. 8)해야 하는 것이다.

보건의료 빅데이터의 활용과 보호를 규정하고 있는 법률 규정들도 서로 상충하여 해석의 모호성과 적용의 혼란을 초래할 수 있다는 쟁점이 있다. 보건의료 빅데이터의 활용과 보호에 대한 규정은 개인정보 보호법, 보건의료기본법, 의료법, 감염병 예방 및 관리에 관한 법률, 국민건강보험법 등으로 산재되어, 각각의 개별법에서 해당 법률의 목적에 부합하도록 보건의료정보의 활용과 보호를 규정하고 있다. 개인정보의 기본법인 개인정보 보호법과 보건의료정보를 폭넓게 규정하고 있는 의료법 규정에 한정해 살펴보자.

개인정보 보호법에서는 개인정보 보호에 관해 다른 법률에 특별한 규정이 있는 경우에는 개인정보 보호법이 아닌 다른 법률을 적용하도록 규정하고 있다(개인정보 보호법 제6조). 즉 개별 의료기관이 보유하고 있는 환자의 진료기록 등 보건의료정보는 의료법 규정을 우선 적용하는 것이 타당하다.[30] 의료법 제21조와 제21조의2 규정에서는 기록열람과 진료기록의 송

---

29 역학정보 공개시 사생활침해 우려 때문에 정보공개를 피할 경우 오히려 방역적인 측면에서 부정적인 효과가 발생할 수 있다. 실제로 국가인권위원회 위원장은 "정부와 지방자치단체가 확진자의 이동경로를 알리는 과정에서 내밀한 사생활 정보가 필요 이상으로 과도하게 노출되는 사례가 발생하는 데 대해 우려를 표하고, 개인을 특정하지 않고 시간별로 방문 장소만 공개하는 방안을 고려해달라"고 발표할 정도로 사생활 노출이나 인권침해 사례가 발생하였다(경향신문 2020).

30 데이터 3법 개정에 따라 보건의료정보의 보호와 활용에 있어 개인정보 보호법령 등에서 규정하지 않은 가명처리, 가명정보의 처리 및 결합 활용 등에 있어 보건의료데이터의 특수성을 고려하여 현장 혼란을 최소화하고, 자료 오남용을 방지하기 위해 개인정보보호위원회와 보건복

부 내용을 규정하고 있다. 의료인과 의료기관의 장은 환자가 아닌 제3자에게 환자에 관한 기록을 열람하거나 사본을 교부할 수 있는 것을 법률에 명시된 사항만으로 한정하여 규정하고 있다. 즉 개인정보 보호법에서 제3자에게 정보를 제공하는 것이 허용되더라도 의료법에서 정하는 경우가 아니면 환자에 관한 기록과 관련한 정보를 제3자에게 전송하는 것은 금지된다. 반면 개정된 개인정보 보호법에 따르면 가명처리하여 환자식별이 어려운 진료기록이나 정보는 제3자에게 전송할 수 있으므로 가명처리 되고, 비식별화된 보건의료정보는 의료법을 적용하지 않고 개인정보 보호법을 적용한다. 그러나 가장 민감한 보건의료정보에 대해서 의료법에 규정되지 않은, 가명처리되었다는 이유만으로 개인정보 보호법을 적용하는 것이 타당한지에 대한 논란이 있는 것도 사실이다.[31] 동일한 보건의료정보지만 정보의 형식과 전송주체 등에 따라 규율되는 법률이 달라지는 것으로 법 규정 적용의 혼란으로 보건의료 빅데이터의 상업적 활용이나 유출 등 부작용 발생에 따른 책임소재, 회복 불가능성 등의 쟁점은 지속적으로 제기될 수밖에 없을 것이다.

지부에서 가이드라인을 제시한 내용이다(개인정보보호위원회·보건복지부. 2020. "보건의료 데이터 활용 가이드라인"). 법률의 해석과 적용의 모호성으로 인해 혼란 발생 가능성이 있음을 부정할 수 없다.

31 2023년 개인정보 보호법 개정 논의과정에서 개인정보의 제3자 전송요구권에 대해 의료계의 반대의견이 표명되었다. 특히 강기윤 의원이 대표발의, 보건복지위원회에 계류 중인 '디지털 헬스케어 진흥 및 보건의료데이터 활용 촉진에 관한 법률안' 검토보고서에 따르면 제3자 전송 요구권에 대해 개인 보건의료정보의 유출 및 불법 전송으로 인한 피해는 되돌릴 수 없는 위험성 있는 점을 고려하여 논의해야 한다고 의견을 제시하였다(보건복지위원회 2023, 42).

2) 개인정보 활용 동의 쟁점: 가명정보와 자기결정권

'데이터 3법' 개정으로 개인정보 보호법에 따라 '가명처리된 정보'인 경우 개인의 동의 없이 자유롭게 개인정보를 수집, 활용할 수 있도록 규정하였다. 개인정보의 일부를 삭제하거나 일부 또는 전부를 대체하는 등의 방법으로 추가 정보가 없이는 특정 개인을 알아볼 수 없도록 가명처리함으로써 원래의 상태로 복원하기 위한 추가 정보의 사용, 결합 없이는 특정 개인을 알아볼 수 없는 정보를 가명정보라고 규정하며, 가명정보의 처리에 관한 특례를 신설, 규정한 것이다(개인정보 보호법 제2조). 개인정보처리자는 정보주체의 동의없이 가명정보를 처리할 수 있으며, 가명정보를 제3자에게 제공할 수 있도록 한 것이다(개인정보 보호법 제28조의2). 한편 개인정보 보호법은 가명정보 처리시 금지의무 규정으로 가명처리를 하는 자는 특정 개인을 알아보기 위한 목적으로 가명정보를 처리할 수 없도록 하고, 개인을 알아볼 수 있는 정보가 생성된 경우에는 즉시 해당 정보의 처리를 중지하고, 회수, 파기하도록 규정하였다(개인정보 보호법 제28조의5). 이는 결국 가명처리된 정보임에도 불구하고, 개인을 알아볼 수 있는 정보로 처리될 수 있는 개연성이 있다는 것을 반증한다고 할 수 있다.

특히, 가명정보 처리 허용의 목적, 범위 등이 불분명하여 이에 대한 해석의 문제가 발생할 수 있다(김지혜 2022, 9). 정보주체의 동의 없이 가명정보를 사용할 수 있는 경우에 과학적 연구의 개념을 신설하였으나, 과학적 연구에 대한 구체적인 정의나 개념, 범주가 규정되어 있지 않다. 다만 보건의료 데이터 활용 가이드라인에서 과학적 연구의 범주에 대해 설명하고 있다. 보건의료 빅데이터를 활용하는 과학적 연구는 대량의 민감정보인 개인의료정보를 활용하는 것으로 가명처리 되었다고 해도 유출의 위험성과 피해정도는 다른 정보를 활용하는 과학적 연구와는 비교할 수 없을 정도로 크다. 즉 가명정보라고 할지라도 개인정보 유출의 가능성이 항상 존재하며, 민감정보인 보건의료정보의 경우 가명처리된 경우라도 유출과 오용의 경우 개인 사생활 침해는 물론 사회적 차별, 개인의 가치까지 침해되는 결과를 초래할 수 있는 것이다.

또한, 가명정보의 본인동의 여부도 쟁점이다. 공익적 목적으로 수집된 개인의 정보를 민간회사의 상업적 목적으로 활용된다고 할 경우 가명정보임에도 불구하고 정보주체가 동의할 경우는 많지 않을 것이다. 특히 가명정보의 경우에도 다른 개인정보와 결합이 될 경우 개인의 식별이 가능하다. 잠재적으로 식별가능한 가명정보를 정보 주체자의 동의 없이 상업적 목적으로 활용됨으로써 정보주체가 자신의 민감정보에 대한 통제권을 전혀 행사할 수 없다는 것은 정보주체의 자기결정권이 배제되는 결과를 초래한다. 개인정보의 자기결정권이 보장되어야 함에도 불구하고 가명정보라는 이유만으로 배제되는 결과를 초래하는 것은 법 규정이 상호 충돌하는 것으로 정보주체가 자신의 민감정보가 어떻게 활용되고 있는지 확인할 수 있는 방안도 필요하다. 즉 정보주체의 동의는 정보 주체가 자신의 개인정보를 통제하는 가장 중요한 수단 중의 하나이므로 개인의 동의를 얻는 절차와 그에 따른 보호조치를 명확하게 법률로 규정해야 하는 것도(박미정 2018, 180) 방법이다.

3) 보건의료정보의 재산권 및 이익귀속 쟁점

보건의료 빅데이터를 활용한 많은 연구가 경제적 수익을 창출하거나 특허권과 지식재산권을 확보하는 결과물로 도출된다. 물론 국민건강 증진을 위한 치료제 및 의료기기 개발 등 공익적 결과물로 도출되는 경우도 다수 존재한다. 공익적 결과물이라도 다수의 결과물은 의료정보를 제공하는 정보주체의 정보제공이 없을 경우는 결과물 산출이 불가능하다. 즉 제공된 개인정보로 인해 발생한 경제적 수익이 누구에게 귀속 되느냐는 보건의료 빅데이터 문제를 해결하고, 활용을 견인하는 측면에 있어 중요한 쟁점이다. 이 쟁점의 당사자는 정보를 제공하는 정보주체와 보건의료 정보를 가공·생산하는 의료인, 가공·생산된 정보를 빅데이터 형태로 재생산하는 연구자 또는 공공기관, 민간기업 등으로 구분할 수 있다. 1차적인 정보제공자와 제공된 정보로 진단, 처방 등의 과정을 거쳐 의료정보라는 2차 정보를 생산하는 과정이 있으며, 2차적인 의료정보를 빅데이터로 활용하는 3차 활용의 과정을 거치는 것은 다른 개인정보 활용방식과는 다른 보건의료 빅데이터의 특징이라고 할 수 있다. 이는 보건의료 빅데이터 활용으로 발생하는 특허권, 재산권 등 이익 분배와 귀속과정에 참여하는 행위자가 다양할 수 있다는 의미이다.

1976년 미국 캘리포니아에서 발생한 분쟁이 1차 정보제공자와 2차 의료정보 생산자인 의료인과의 이익귀속 쟁점을 보여주고 있다(Truog et al. 2012, 37-38). 희귀 백혈병을 앓고 있는 존 무어(John Moore)의 치료를 담당한 주치의는 환자로부터 채취한 혈액, 골수, 세포 등을 활용하여 무어의 세포주(cell line) 특허를 취득했고, 이를 바탕으로 민간기업과 계약을 통해 수익을 취득했다. 특허의 존재를 뒤늦게 확인한 환자가 잠재적 수익에 대한 배분을 위해 소송을 진행한 것이다. 그러나 환자의 1차 정보를 바탕으로 수익을 창출할 수 있다는 것을 고지할 의무를 위반한 것으로 일부분의 위자료만 인정하고, 정보제공자의 재산권은 인정하지 않았다. 재산권을 인정할 경우 연구에 필요한 자원에 대한 접근을 제한함으로써 중요한 의학연구를 수행할 경제적 인센티브를 저해하는 결과를 초래한다는 것이다. 2차 정보 활용자, 즉 의료인의 특허권과 연구목적의 의료정보 활용에 더욱 방점을 둔 판결이지만, 보건의료정보의 이익귀속 쟁점이 두드러진 사건인 것이다 (Annas 1988, 37-39).

정보주체자의 보건의료정보에 대한 특허권 등의 재산권을 행사하는 것에 있어 왈드(Wald 2005)는 무어 사례의 쟁점이 생명예속(bioslavery)이라고 하였다. 인체에 대한 소유권 혹은 특허를 부여하게 되면 살아있는 대상을 노예와 같이 취급하는 생명예속의 시작이 될 수 있다는 것이다. 생명예속이란 인간과 비인간의 생명을 정치의 대상으로 설정하는 생명정치적 맥락에서 볼 때 생명의 가치를 관리와 통제의 대상으로만 바라본다는 점에서 문제가 된다는 주장도 있다(차현재·김준혁 2022, 121). 이같은 주장을 인용하여 보건의료정보의 재산권을 기각하는 것을 수용한다면, 오히려 보건의료 빅데이터의 활용의 기준을 더욱 엄격하게 하고, 정보주체자의 동의와 통제권의 강화가 더욱 필요하다는 주장을 수용하는 것이 필요하다. 가명정보와 자기결정권 쟁점의 해결방안을 모색하는 것이 더욱 중요할 수 있다는 것이다.

즉, 개인의료 정보제공자의 재산권이 거부된 사례를 통해 유추할 수 있는 것은 가명성보나 알 수 없는 다수의 대용량 정보인 보건의료 빅데이터를 직접 또는 간접적으로 활용하여 영리활동을 통한 수익을 창출한 경우에 대해 개별 정보주체들의 재산권을 인정받기는 더욱 어렵다는 것이다. 이런 상황에서 가명정보라고 할지라도 개인의료정보의 동의없는 활용은 정보주체의 정보 통제권이 더욱 약해지는 문제가 발생할 것이며, 이익분배의 배제 문제가 정보주체자들에게는 부당한 피해로 제기될 수 있는 가능성은 지속될 것이다.

한편, 보건의료 빅데이터에서 2차 정보 생산자의 지식재산권 문제도 제기되고 있다. 의료행위는 법령 등에서 규정하고 있는 면허와 자격을 갖춘 의료인만이 할 수 있으며, 이 과정에서 생성되는 진료정보는 의료인의 전문 지식과 활동의 결과물이라는 것이다. 따라서 개인 의료데이터의 주체는 정보의 대상으로서의 개인뿐 아니라, 정보가 생성되는 과정에서 주도적으로 역할을 수행하고 있는 의료인도 의료정보의 주체로서 인정해야 한다는 주장이다. 빅데이터로 수집되는 개별 보건의료정보를 활용가치가 높은 양질의 의료정보로 생성하기 위해 의료인과 의료기관에서 생성되는 의료데이터에 대한 질적 수준을 높이고, 관리 및 전송체계를 효율화할 필요가 있다. 따라서 의료인과 의료기관의 의료정보 생성과정에 대한 유기적인 협조와 지원을 통해 보건의료 빅데이터에 대한 관리 및 활용체계를 갖출 필요가 있는 것이다. 보건의료 빅데이터 사업의 효율적인 확산을 위해 다양한 이해관계자가 포함된 거버넌스를 구축하고, 참여자들의 주체적인 역할과 권리에 대한 심도 깊은 논의가 필요한 이유이다.

4. 보건의료 빅데이터 정책과 정치 갈등: 실손의료보험 청구 전산화 관련 보험업법 개정

1) 배경

실손의료보험 청구 간소화와 관련 보험업법 개정안은 민감정보인 진료기록 등 의료정보를 민간회사인 보험회사에 전자적인 방식으로 송부하기 위한 근거를 마련하는 것이다. 민감정보인 보건의료정보의 정보주체 동의 범주를 넘어선 무분별한 활용과 유출의 문제, 의료정보 생산자인 의료기관의 지식재산권 문제, 보건의료정보 활용과 전송을 규제하고 있는 의료법과의 상충 문제 등 앞서 지적한 사항들이 구체적으로 드러나는 사례이다. 특히 찬성하는 행위자와 반대하는 행위자들의 갈등이 첨예한 사안으로 갈등이 해소되지 않은 채 입법이 된 사례이다. 향후 보건의료 빅데이터 쟁점과 유사한 내용의 법률안 입법과정에서 참고할 수 있는 중요한 선례인 것이다. 즉 민간보험과 관련된 대부분의 사항들은 보험업법을 통해 규율되고 있으며, 쟁점인 보험금 청구 전산화를 통한 보건의료 빅데이터 쟁점도 보험업법 개정을 통해 규정되는 것으로, 국회의 보험업법 개정사례는 보건의료 빅데이터 보호와 활용이라는 쟁점과 행위자 갈등을 명확하게 보여주고 있다.

지난 2009년 국민권익위원회는 국민들의 실손의료보험 청구 편리성을 증대하기 위해 실손의료보험 청구 전산화가 이뤄져야 한다고 제도개선을 권고하였다(연합뉴스 2023). 이후 국회에서 실손의료보험 청구 전산화를 위한 법률 개정안이 다수 발의되었지만 국회를 통과하지 못하였다.[32] 실손의료보험 청구 전산화를 찬성하는 보험업계와 반대하는 의료계,[33] 환자단체가 극단적으로 대립하였기 때문이다. 그러나 제21대 국회에서는 다수의 법안이 발의되었고, 특히 제20내 대통령선거에서 더불어민주딩 이재명 후보(더불어민주당 2022)와 국민의힘 윤석열 후보 모두 실손의료보험 청구 전산화를 위한 보험업법 개정을 대선 공약으로 제시하였다. 21대 대통령직인수

---

[32] 20대 국회에서 2018년 고용진 의원, 김종석 의원, 2019년 김정훈 의원, 전재수 의원 등이 실손의료보험 청구 전산화를 위한 보험업법 등의 개정안을 발의하였으나 임기만료로 폐기되었다. 세부적인 사항은 국회 의안정보시스템을 참고하기 바란다.

[33] 대한의사협회, 대한치과의사협회, 대한병원협회, 대한약사회, 대한한의사협회 등 모든 의료계가 반대하였다.

<표 3> 제21대 국회 실손의료보험 청구 전산화 관련 보험업법 개정안 주요 내용 비교

구분	전재수의원안	윤창현의원안	고용진의원안	김병욱의원안	정청래의원안	배진교의원안
대상기관	요양기관[34]	요양기관	요양기관	요양기관	요양기관	요양기관
비용부담	-	-	보험회사 (서류 전송)	보험회사 (시스템 구축·운영)	-	-
시스템구축	보험회사가 시스템 구축·운영	보험회사가 시스템 구축·운영	-	보험회사가 시스템 구축·운영	보험회사가 시스템 구축·운영	-
위탁기관	대통령령으로 정하는 중계기관	건강보험심사평가원	건강보험심사평가원	대통령령으로 정하는 중계기관	건강보험심사평가원	건강보험심사평가원
금지행위	-	전송 업무 외 사용 또는 보관 금지	전송 업무 외의 용도 사용 금지	전송 업무 외의 용도 사용 금지	전송 업무 외의 용도 사용 금지	정보주체 동의 후 용도 외 사용가능
		비밀 누설 금지	비밀 누설 금지	비밀 누설 금지	비밀 누설 금지	비밀 누설 금지
거버넌스	-	-	위원회 구성	위원회 구성	위원회 구성	-

* 출처: 정무위원회 법안심사제1소위원회 심사자료(2023)와 발의 법률안을 참고하여 재구성

위원회에서는 이 정책을 1호 규제개선 과제로 선정(제20대 대통령직인수위원회 2022)하는 등 보험업법 개정 가능성에 대한 정치적 분위기는 더욱 고조되었다.

〈표 3〉에 정리된 것처럼 실손의료보험 청구 전산화를 통한 요양기관의 보험금 청구 서류 전송 근거를 마련하기 위한 보험업법 개정안으로 발의된

---

[34] 국민건강보험법 제42조에 따른 요양기관에는 ① 의료법에 따라 개설된 의료기관, ② 약사법에 따라 등록된 약국, ③ 약사법 제91조에 따라 설립된 한국희귀·필수의약품센터, ④ 지역보건법에 따른 보건소·보건의료원 및 보건지소, ⑤ 농어촌 등 보건의료를 위한 특별조치법에 따라 설치된 보건진료소가 있다.

<표 4> 개정 보험업법 주요 내용

구 분	보험업법 주요내용
대상기관	국민건강보험법 제42조에 따른 요양기관
전송서류	진료비 계산서, 영수증, 진료비 세부산정내역 등 보험금 청구에 필요한 서류로 금융위원회가 고시하는 서류
시스템 구축	보험회사가 실손의료보험 보험금 청구를 위한 전산시스템 구축·운영
비용부담	보험회사가 시스템 구축·운영 비용 부담
위탁기관	보험회사 직접 수행 또는 대통령령으로 정하는 중계기관
금지행위	업무에 종사하거나 종사한 사람은 업무수행 과정에서 알게된 정보 또는 자료를 누설하거나 서류 전송 업무 외의 용도 사용 및 보관 금지
거버넌스	보험회사는 요양기관과 대통령령으로 정하는 바에 따라 위원회 구성, 운영

* 출처: 국회 의안정보시스템

모든 법률안이 요양기관이 환자의 요청을 받아 진료비 내역 등 보험 청구를 위한 서류를 중계기관 등을 통해 보험사에 전달할 수 있는 근거를 규정하고 있다. 또한 전산 청구를 위해 보험사가 전산시스템을 개발하도록 하고 있으며, 민감정보인 환자의 진료내역 등에 대한 보험사 활용을 막기 위해 보험 청구 자료에 대한 목적 외 활용을 금지하는 내용 등을 규정하고 있다. 그러나 보험업법 개정의 목적이 실손의료보험 청구를 위한 자료의 전산화에 두고 있어, 민감정보인 개인의료정보의 보호보다는 정보의 활용 측면에 치중하고 있다. 물론 자료 수집 목적 외 활용과 비밀 누설 금지 의무를 규정하고 있지만 보험회사와 중계기관에 집적된 개인의료정보의 유출 및 상업적 활용의 문제는 간과한 측면이 있는 것이다. 이같은 문제는 국회 정무위원회 논의과정에서도 동일하게 지적되고 있다.

보험업법 개정안은 2020년 12월부터 국회 정무위원회 법안심사제1소위원회에서 논의를 시작하였으며, 소위원회에서 여러 차례 상정 및 심사가 되었다. 2023년 5월 정무위원회 소위원회에서 일부 내용이 수정, 가결되었

고, 2023년 6월 15일 정무위원회에서 원안의결, 2023년 9월 21일 법제사법
위원회에서 일부 체계자구를 수정, 가결하였다. 해당 상임위원회인 정무위
원회를 통과한 후 〈표 4〉와 같이 2023년 10월 6일 제21대 국회 제410회 제
9차 본회의에서 원안 가결됨으로써 2009년 국민권익위원회에서 실손의료
보험 청구 전산화를 권고한 이후 14년 만에 국회에서 법률이 개정되었다.

2) 쟁점과 갈등

보험업법에 대한 논의를 시작한 2020년 12월 국회 정무위원회에서 제기
된 문제[35]는 개정안의 필요성과 관련하여 의료업계, 보험업계 등 이해관계
자의 갈등이 있으므로 충분한 논의가 필요하다는 입장과 많은 국민이 실손
의료보험에 가입하고 있는 만큼 실손의료보험 가입자의 편익을 고려할 필
요가 있다는 입장이 대립하였다. 정부부처 사이에도 보건복지부의 경우는
민감정보인 진료정보가 전송되는 것으로 의료계 등과 사회적 합의가 전제
되어야 한다는 입장이었고, 금융위원회의 경우 법 개정이 시급하다는 입장
으로 상반된 입장이 표출되었다. 특히 환자들이 보험회사와의 계약을 통해
진료비용에 대해 보험회사 청구를 위한 사인간의 거래에 대해 국가 또는
환자가 의료기관에 의무가 없는 행위에 대해 의무 부과를 통해 강제하는
것이 적절한지에 대한 문제도 제기되었다. 이에 대해 금융위원회는 환자가
의료기관에서 청구 자료를 발급받아 보험회사와 전송하는 것과 의료기관
이 환자동의를 받아 중계기관에 직접 전송하는 것이 동일하다는 입장이라
고 주장하였다. 민감정보인 개인의료정보에 대한 제3자 활용 문제와 정보

---

[35] 국회 정무위원회 회의록을 참조하여 작성하였다.

의 자기결정권과 상반되는 입장을 정부기관에서 주장한 것이다.

또한 자료 전송을 위한 위탁기관과 관련해서 공공기관인 건강보험심사평가원을 민간보험이라는 사적기관의 영리를 위한 과정에 역할을 부여하는 것이 타당한가에 대한 문제도 제기되었다. 건강보험심사평가원을 실손의료보험 청구 중계기관으로 설정하고자 했던 정부는 환자의 민감정보 유출 우려와 관련해서 이미 건강보험심사평가원에 비밀누설 금지 그리고 정보 집적·활용 금지 조항 등이 있기 때문에 정보유출의 문제는 없다고 강조하며, 건강보험심사평가원을 중계기관으로 설정하고자 하였다. 특히 진단서, 진료기록부 등 민감정보인 개인의료정보를 규율하는 의료법에서는 제3자에게 의료정보를 유출하거나 확인하게 할 수 있는 사항을 예외적으로 규율하고 있는데, 보험업법에서 의료법 배제를 규정하는 것만으로 개인의료정보를 의료기관이 제3자인 보험회사에 전송할 수 있는지에 대한 문제도 쟁점으로 제기되었다. 이 쟁점 또한 법제처와 금융위원회의 입장에 차이가 있는 사항으로 논의 초기 법제처는 의료법에도 동시에 규정되는 것이 필요하다는 입장을 제시하였다.

한편, 실손의료보험 계약자인 환자의 동의를 바탕으로 요양기관에서 실손의료보험 청구를 위한 의료정보를 보험회사가 위탁한 전송대행기관에 송부하도록 의무를 부여하고, 전송대행기관은 실손의료보험 청구 의외 목적으로 의료정보를 활용할 수 없도록 규정하고 있기 때문에 의료정보의 유출이나 무분별한 활용은 예방할 수 있다고 금융위원회는 주장하였다. 그러나 아무리 법적으로 보험회사나 중계기관에 의료정보를 유출하거나 활용하지 못하도록 의무를 부과했다고 할지라도 사고 또는 의도적으로 유출할 개연성이 있기 때문에 민감정보인 의료정보를 의료기관에서 보험회사로 직접 전송할 수 있는 방식도 마련해야 한다는 문제가 제기되었다. 이런 이유로 논의과정에서 보험회사가 직접 자료를 전송받을 수 있는 시스템을 만들 수 있도록 논의되었으나, 금융위원회의 주장대로 직접 자료를 전송받는 시스템에 대해 보험회사가 방식을 선택할 수 있도록 규정되어 논의결과가 제대로 반영되지 않았다는 논란도 있었다.

이처럼 국회 보험업법 개정안 논의과정에서 발생한 국회와 정부의 갈등, 정부 부처 간 갈등 등 많은 논란과 쟁점은 최종 개정 법률안에 반영되지 못하고, 다양한 정치 행위자들의 갈등으로 그대로 표출되었다. 국회 논의과정에서의 나타난 쟁점을 바탕으로 갈등구조를 구체적으로 살펴보자.

첫째, 가장 중요한 쟁점과 갈등은 민감정보인 개인의료정보 수집과 수집된 보건의료 빅데이터를 실손의료보험 청구 목적 이외의 자료로 활용할 수 있다는 쟁점이다. 실손의료보험회사에서 진료에 대한 세부 내용을 요청하면 의료기관은 민감한 개인의 진료 기록을 제공해야 하는데, 이는 가입자의 진료정보 축적을 통해 향후 보험료 지급 및 갱신을 거절하기 위한 수단으로 이용될 개연성이 매우 높다. 민간보험회사는 실손의료보험 상품을 통해 수익을 창출하고 이익을 극대화해야 하기 때문이다. 그러므로 보험회사는 상품에 가입한 국민들에게 최대한 보험금 지급을 보류하기 위해 보건의료 빅데이터를 활용할 가능성이 큰 것이다. 정보주체이자 보험계약자인 환자들의 수집된 청구 정보를 통해 질병이력이나 보험청구 이력, 다른 보험사의 가입내역, 건강정보 등을 활용하여 보험급 지급 거절 또는 보험상품 가입 거절 등의 방식으로 수익 창출 기전을 높이는 것이다. 국회 논의과정에서도 문제가 제기된 것으로 보험업계가 실손의료보험 위험손해율이 높아지고 있다고 발표하는 상황에서 실손의료보험금 청구 전산화를 통해 소액의 의료비 지급율을 높이겠다고 주장하는 것은 이율배반적이라는 것이다. 즉 전산화된 청구자료를 통해 손해율을 낮춤으로써 영리를 추구한다는 것이다. 다시 말하면 보험업계가 요구하는 청구전송 서식 세부내역서를 통해 환자의 모든 정보가 프로파일링(profiling)되어 정보 집적이 된다면 보험 가입자를 취사선택(cream skimming)하고, 집적된 자료를 바탕으로 이익을 극대화하도록 상품을 설계하거나, 중증질환자에 대한 보험가입 및 지급 거절 등 보험가입 대상을 제한하는 등의 기전이 형성될 수 있게 되는 것이다.

개인의료정보를 수집하고, 집적하여 실손의료보험 청구 이외의 목적으로 사용될 수 있다는 우려는 찬성하는 보험업계와 반대하는 의료계 및 환자단체가 가장 첨예하게 대립하는 쟁점이다. 생명보험협회나 손해보험협회 등 보험업계는 실손의료보험 청구 전산화를 통해 보험회사가 받는 증명서류 등의 범위가 최소화됨에 따라 기존에 종이서류로 제출하는 과정에서 불필요하게 제출되었던 정보가 오히려 감소할 것이라고 주장하고 있다. 반면 대한의사협회, 대한병원협회, 대한치과의사협회, 대한한의사협회, 대한약사회 등 보건의료단체는 민간보험회사가 축적한 개인의료정보를 근거로 보험금 지급거절, 보험가입 및 갱신 거절, 갱신 시 보험료 인상의 자료로 사용할 것임이 분명하다고 주장하고 있다(대한의사협회 외 2021). 즉 개인의료정보를 민간보험사에 전자적 방식으로 전송하는 것은 결국 개인의 의료정보를 전산화함으로써 방대한 정보를 손쉽게 축적 및 활용할 수 있게 될 뿐만 아니라 건강보험 빅데이터와 연계하여 보험회사의 이익을 극대화하기 위한 방편으로 활용하는 등 목적 외 사용할 것이 자명하다는 것이다. 실손의료보험 청구를 위한 자료를 전산으로 청구하여 집적할 것이 아니라 일정 금액 이하 보험금 청구시 영수증만 제출하는 방식 등이 훨씬 효율적이라고 대안을 제시하고 있다. 환자단체 또한 실손의료보험 청구 전산화를 통해 가입자의 편의를 도모한다는 것은 허울이며, 가입자의 편익보다는 고액 보험금을 거절할 수 있는 정보를 수집하고자 함이며, 이를 통해 보험회사의 이익만을 극대화할 것이라고 주장한다(뉴시스 2023). 특히 보험회사가 개인 의료정보를 다양한 방법으로 수집하고, 분석, 재가공하면 개인을 특정화하는 것은 어렵지 않으며, 실손의료보험회사들이 환자 정보를 수집, 축적해 환자의 보험금 청구 삭감의 근거를 마련하고, 갱신과 보험금 거절, 상품개발 등의 목적으로 사용할 것이라며 강한 반대입장을 제시했다.

이처럼 국회 논의과정에서 민감정보인 의료정보의 수집 및 집적에 따른 활용의 문제가 제기되었음에도 불구하고, 개정 법률의 핵심 당사자인 보험업계와 의료계, 환자단체의 갈등 쟁점이 해소되지 않은 채 입법되었다. 실손의료보험 청구 목적 외 수집된 자료를 활용할 수 없다는 규정이 명시되긴 했지만, 보험업계에서 주장하는 제출정보의 간소화는 구체적으로 법률에 명시되지 않고 하위법령으로 규정하도록 하여 갈등 상황에 있는 행위자들의 문제제기가 해소되지 않은 것이다. 특히 수집된 자료에 대한 보관기간도 법률에 구체적으로 명시되지 않아 보험회사에서 보험금 청구와 심사를 위한 목적으로 장기간 보관하고 있어도 제재할 규정이 없다. 또한 수집, 축적된 청구자료를 목적 외로 사용하거나 비밀을 누설할 경우 처벌 대상을 해당 업무 종사자나 종사한 자로 규정하여 보험회사나 전송 대행기관을 처벌할 수 있는 근거가 없다는 문제도 있다.

둘째, 의료기관에서 진료기록 등 개인의료정보를 실손의료보험 청구를 위해 전송 대행기관인 제3자에게 제공할 수 있는지에 대한 쟁점이다. 개정된 보험업법 제102조의6 실손의료보험 계약의 보험금 청구를 위한 서류 전송 규정에서 의료법 제21조 및 약사법 제30조에도 불구하고 정당한 사유가 없으면 요양기관은 이를 따라야 한다는 의무를 규정하고 있다. 앞서 쟁점에서도 개인의료정보의 제3자 전송과 관련하여 개인정보 보호법과 의료법 규정이 충돌할 수 있다고 지적한 바 있다. 논의과정에서도 법률 간 규율사

항이 달라 법 적용의 혼란이 초래될 수 있다는 많은 문제가 제기되었으나, 개정된 보험업법도 이같은 문제가 해소되지 않은 채 입법된 것이다.

　구체적으로 살펴보면, 의료법과 약사법에서는 환자 본인 이외에 환자의 기록에 관한 열람 및 사본의 발급 등 내용을 확인할 수 있는 경우는 환자의 동의를 전제하고 있으며, 환자의 사망 등 동의가 불가능할 경우에는 가족관계 등을 확인할 수 있는 구체적인 증명서를 제출하도록 규정되어 있다. 또한 국민건강보험법, 산업재해보상보험법, 자동차손해배상보험법 등의 관련 규정에서 자료를 요청하는 경우 환자의 동의 없이 제출할 수 있도록 해당 법률과 규정을 의료법의 경우에는 18개 조항, 약사법의 경우에는 8개 조항으로 구체적으로 열거하여 허용하고 있다. 그럼에도 불구하고 보험업법에서는 개인의료정보에 대해 의료법과 약사법 관련 규정을 예외로 한다고만 규정하고 있다. 의료법과 약사법으로 운영방식이 규율되는 의료기관과 약국의 경우에는 의료법과 약사법에 규정되지 않은 보험업법의 개인의료정보 제3자 전송의 규정을 준수해야 하는지 혼란이 초래될 수밖에 없다.

　한편, 환자 본인이 아닌 경우의 실손의료보험 청구 자료의 전송 요청권에 대한 문제도 있다. 개정된 보험업법 규정만으로는 환자 본인이 아니더라도 보험계약자, 피보험자, 보험금을 취득할 자 또는 그 대리인이 환자 동의나 환자와의 관계를 증명할 어떠한 서류 제출이나 과정없이 요양기관에 보험금 청구에 필요한 서류를 보험사에 전자적 형태로 전송하여 줄 것을 요청할 수 있다. 물론 요청 방법과 절차, 전송방식 등 필요한 세부사항은 대통령령으로 정할 수 있도록 규정되어 하위법령으로 제출 서류와 동의 절차 등을 규정할 것이다. 그러나 의료법과 약사법에서는 환자 본인 이외의 배우자, 직계 존속·비속, 형제·자매, 대리인 등이 환자기록 열람을 요청할 경우 환자 본인의 동의서와 친족관계나 대리권을 나타내는 증명서 등을 첨부하도록 법률에 구체적으로 명시하고 있다. 특히 사망이나 의식이 없는 등 환자의 동의를 받을 수 없는 경우에도 친족관계임을 확인하는 증명서를 첨부해서 요청하도록 법률에 명시하고 있다. 실손의료보험 청구는 재산권과 연계되는 과정일 뿐 아니라 환자의 개인의료정보를 취득할 수 있는 과정이며, 청구 자료를 전송 중계기관이라는 제3자에게 송부하는 법률적 과정이다. 그럼에도 불구하고 환자의 개인의료정보 전송 동의 절차를 보험업법이 아닌 하위법령으로 규정한다는 것은 환자의 민감한 의료정보의 보호에 대한 논란이 발생할 수밖에 없다. 또한 의료법에서는 법률 규정으로 환자 본인 이외의 자료 열람권을 규정하고 있는 반면, 보험업법에서는 환자 본인 이외의 실손의료보험 청구 방식을 하위법령으로 위임하고 있으므로 상위법을 준수하는 것이 타당하다.

보험업법의 개인의료정보 제3자 전송과 관련하여 각 행위자들의 입장[36]은 첨예하게 대립된다. 의료정보 제3자 전송의 정부주체인 보건복지부의 경우 국민이 자신의 의료데이터를 직접 보고 확인하고 관리하는 측면에서 의료 마이데이터 사업 등을 적극 추진하고 있으며, 환자가 원하는 대상에게 본인의 진료기록을 제공하여 자신의 건강관리에 활용할 수 있도록 하는 것이므로 제3자 전송에 대해 찬성하는 입장이다. 초기의 유보적인 입장에서 정책방향이 변화된 부분이다. 보험업계를 비롯한 산업계는 개인의료데이터를 가명처리하여 신규 서비스 개발 목적 등을 수행하는 경우에 기관생명윤리위원회 심의 과정을 생략하는 것과 의료법에 의해 금지된 '제3자 민간기관'에 전송하는 것도 허용해야 한다는 입장이다. 환자단체는 제3자 전송

---

36 개인의료정보 제3자 전송과 관련한 행위자들의 입장은 국회 보건복지위원회에 계류 중인 "디지털 헬스케어 진흥 및 보건의료데이터 활용 촉진에 관한 법률안 검토보고서"에 제출된 자료를 기초로 작성하였다.

이력 확인 및 전송 중단·파기를 요구할 수 있는 시스템 구축이 필요하고, 의료기관이 전송요구를 거부할 수 있는 예외적 정보의 범위를 최소화할 필요가 있음을 강조하고 있다. 또한 환자정보의 상업화에 대한 우려를 표출하며, 제3자 제공의 수집 목적·활용방법·적용대상 등을 소비자들이 충분히 인식할 수 있게 알리는 것과 동시에 정보 전송 동의와 관련된 내용을 소비자가 충분히 인지할 수 있도록 해야 함을 강조하였다(황정빈 2023). 의료단체는 제3자에게 진료기록을 제공할 경우 민감한 개인의료정보 관리감독의 사각지대 발생 가능성, 정보 유출 및 상업적 거래 가능성, 법적 분쟁의 발생 가능성이 있다고 비판하였다. 전송 요구권의 도입은 의료정보보호를 추구해야 하는 의료법 취지에 어긋나며, 진료기록 보관 및 관리 의무에 대한 책임의 문제 등이 발생할 수 있다는 점을 제시하며 반대하고 있다. 특히 '제3자' 가 개입하는 것은 민감한 진료 및 개인정보를 보호한다는 개인정보보호법의 취지를 훼손한다고 비판하며, 제3자의 범위와 접근 조건에 대한 제한을 바탕으로 개인정보 주권 보호를 통해 의료정보의 안전성과 개인의 권리 보호를 우선시할 것을 요구하고 있다.

마지막으로, 실손의료보험 청구 전송자료의 자기결정권 문제이다. 개정된 보험업법에서는 환자 및 가족, 대리인이 요양기관에 보험회사로 전자적 형태로 요정할 수 있는 서류를 법률 규정에 구체적으로 열거하지 않고 금융위원회가 고시하는 서류로 규정하고 있다. 즉 금융위원회 고시를 통해 보험금 청구에 필요한 많은 서류들이 열거적으로 규정될 것이며, 진단서, 진료기록부 등 환자의 민감정보 자료가 금융위원회 고시에 포함될 가능성이 매우 높다. 이같은 민감정보 중에서 질병 종류에 따라 보험금 청구 서류를 구분하거나, 실손의료보험 상품이나 가입금액 등에 따라 청구 서류를 구분해서 전자적으로 제출하도록 규정하기는 현실적으로 어렵다. 다수의 국민이 실손의료보험에 가입해 있을 뿐 아니라, 질병의 종류도 다양하며, 보험회사와 보험상품이 다양하기 때문이다. 즉 보험가입자가 현재 서류발급 형태로 제출하는 방식도 보험회사와 보험상품마다 보험금 청구를 위해 필요한 서류나 양식이 통일되어 있지 않다는 것이 이를 보여준다.

이런 상황에서 개정된 보험업법에 따라 실손의료보험 청구 자료 제출이 환자의 직접 제출이 아닌 요양기관에서 전송 대행기관을 통해 보험회사로 전송되는 제3자 전송일 경우 환자가 보험회사에 제출하는 서류 및 양식은 환자의 포괄적 동의 방식으로 진행될 가능성이 아주 높다. 즉 금융위원회 고시에 열거되어 있는 범주의 자료라면 실손의료보험 청구라는 명목으로 환자의 개별서류에 대한 동의와 자기결정에 의해서가 아니라 보험회사의 결정에 의해 제출자료의 범주가 결정되고, 많은 민감정보의 제출을 요청할 가능성이 크다. 보험회사들은 실손의료보험 청구 전산화를 위한 보험업법 개정으로 보험회사가 받는 증명서류 등의 범위가 최소화됨에 따라 기존에 종이서류로 제출하는 과정에서 불필요하게 제출되었던 정보가 오히려 감소할 것이라고 주장하였다. 그러나 환자의 포괄적 동의에 따라 전산화된 방식으로 자료를 수집할 경우 편리해진 방식으로 인해 제출 서류의 범주를 넓힐 것이고, 민감정보를 요청하고 데이터화할 가능성은 더욱 커질 수 있다.

개정된 보험업법 규정만으로는 환자가 요양기관에 제3자 자료전송을 요청한 것이 보험회사로의 자료전송을 동의한 것으로 간주할 수는 없다. 기존의 개인정보 보호법과 보험업법, 의료법 규정의 해석이 상이할 수 있으며, 서로 충돌할 수 있기 때문이다. 또한 자료전송 요청이 금융위원회 고시에 열거된 개별 자료의 전송에 동의한 것이라고 볼 수 없다. 자료전송의 포괄적 동의는 보험회사와의 계약 약관에 간략히 명시될 가능성이 크다. 이 경우 환자의 구체적 동의나 자기결정권이 배제될 가능성이 매우 높다.

3) 시사점

실손의료보험 청구 전산화를 통해 환자들이 보험금 청구를 편리하게 하고, 청구방식의 불편함으로 인해 청구되지 않는 소액 보험금의 지급을 활성화하기 위한다는 명목으로 보험업법이 개정되었다. 그러나 환자단체는 환자들 입장에선 단기적으로는 소액청구가 쉬워 약간의 이득을 볼지 몰라도 결과적으로 정보를 축적한 보험사들이 손해율이 높다는 눈가림으로 보험료를 쉽게 올리고 고액 보험금 지급은 거절할 것이라면서 강력한 반대입장을 표출하고 있다(의료민영화 저지와 무상의료 실현을 위한 운동본부 외 2023). 보험회사들이 연간 수천억이라는 낙전수익(落箭收益)을 스스로 포기하고 환자를 위해 보험업법 개정을 바란다는 것은 거짓이며, 오직 보험회사만을 위한 법이라는 것이다. 실손의료보험 청구자료 전송 의무가 있는 보건의료단체는 보험업법 개정안이 결국 국민의 편의성 확보라는 탈을 쓰고, 축적된 의료 정보를 근거로 보험사가 지급 거절, 가입 거부 등의 명분으로 작용할 수 있으며, 오히려 국민 건강에 지대한 영향을 끼칠 수 있는 문제 법안이라고 강조하고 있다(대한의사협회 외 2023). 실손의료보험 청구 전산화에 대한 핵심 당사자인 요양기관, 환자, 보험회사가 첨예하게 대립하고 있는 상황에서 조정이나 중재없이 보험업법이 개정되었다. 보험회사라는 한 측면의 입장이 강하게 반영된 내용으로 법률이 개정되면서 갈등은 더욱 증폭되었다.

실손의료보험 청구 전산화를 위한 보험업법은 공포 후 바로 시행이 아니라 요양기관 중 의원급 의료기관과 약국의 경우 2년이 경과한 후 시행이고,

병원급 이상 의료기관은 1년 후 시행이다. 즉 앞서 제시된 여러 쟁점들에 대해 심도있는 논의를 통해 갈등을 완화시킬 수 있는 구조를 만드는 것이 필요하다. 의료법과 보험업법의 체계 정합성도 해결해야 할 과제이다. 특히 보건의료 빅데이터 정책에 있어 민감한 개인의료정보의 전송과 집적을 위해서는 정보주체의 동의와 자기결정권은 가장 중요하게 고려해야할 변수이다. 더불어 전송 대행기관의 민감 의료정보 집적이나 유출, 활용을 예방하기 위한 방법을 모색하는 것도 중요한 과제이다.

5. 결론

보건의료 빅데이터는 국민건강 보호 및 증진을 위해 다양한 분야에서 활용가치가 높아지고 있다. 그러나 일반적인 빅데이터와는 다르게 정보유출 및 오남용에 따라 보건의료 빅데이터의 개인의료정보 보호와 정보주체 동의 문제 등은 여전히 중요한 쟁점으로 지적되고 있다. 즉 보건의료 빅데이터는 방대성, 초고속성, 다양성이라는 빅데이터의 기본적인 특성에 더해 정확성, 타당성 등이 요구되는 민감한 의료정보라는 특성에 의해 보호와 활용이라는 측면에서 보건의료정보 보호의 문제, 개인의료정보 활용 동의 문제, 재산권 등 다양한 쟁점이 발생하고 있는 것이다.

그럼에도 불구하고 보건의료 빅데이터에 대한 개념이나 활용 및 보호 등에 대한 법적 기준이 모호할 뿐 아니라 규율되고 있는 법률 규정도 개별법에 따라 다르게 규정되어 있어 혼란이 가중되고 있다. 개인정보 보호와 활용을 규정하고 있는 개인정보 보호법과 의료정보의 보호와 활용을 규정하고 있는 의료법 사이의 체계 부정합성과 해석의 모호성으로 인해 보건의료 빅데이터의 활용 과정에서 지나친 상업적 활용과 유출의 문제 등 부작용 발생 가능성이 높아지고 있으며, 이에 따른 책임소재 문제나 회복 불가능성 문제가 지속적으로 제기되고 있다. 또한 보건의료 빅데이터의 가명정보 처리와 활용 과정에 있어 정보주체의 동의와 자기결정권, 재산권 등의 쟁점도 해결되지 않고, 각각의 법률에서 개별적 목적을 위해서만 규정됨으로써 민감한 보건의료정보의 보호라는 측면이 간과되고 있다는 문제도 지적되고 있다.

이처럼 보건의료 빅데이터 보호와 활용이라는 측면에서 해결되지 못한 다양한 쟁점과 갈등을 실손의료보험 청구 전산화를 위한 보험업법 개정 사례를 통해 구체적으로 확인해 보았다. 실손의료보험 청구를 위해 수집된 개인의료정보를 목적 이외로 집적, 활용할 수 있는 문제와 민간보험회사의 전송대행기관이라는 제3자의 의료정보 수집과정에서 정보주체의 동의 및 자기결정권 문제, 실손의료보험 청구 전산화를 규정하고 있는 보험업법과 보건의료정보 수집과 보호를 규정하고 있는 의료법과의 상충 및 체계 정합성 문제 등 지금까지 제기된 문제들이 보험업법 개정과정에서도 동일하게 제기되고 있다.

보건의료 빅데이터 정책갈등을 최소화하고 쟁점을 해소하기 위해서는 보건의료정보의 주체인 환자 중심의 정책방향 설정 및 국회의 바람직한 정치적 역할 정립 필요하다. 국회 법률 제·개정 과정에서 갈등 및 쟁점이 유발될 수 있는 법률에 대해서는 상임위원회간 상호교차 논의 및 정치 행위자 상호 협의를 진행할 수 있는 국회 내 거버넌스 구조를 마련하는 것을 고려할만 하다. 또한 민감정보인 보건의료 빅데이터 정책 관련 쟁점을 해소하기 위해서는 개인의료정보 보호를 위한 대책 마련이 우선적인 과제이다. 보건의료 빅데이터의 활용을 통해 사회적 가치가 증대된다고 할 지라도 대량 의료정보의 잘못된 활용과 유출에 따른 부작용은 회복이 불가능하다는 것을 고려하여 보건의료 빅데이터의 보호 측면을 간과해서는 안 될 것이다. 한편 보건의료 빅데이터 활용과 보호라는 큰 틀에서 제기되는 다양한 쟁점과 문제를 분석하고 대안을 제시함에 있어 보험업법이라는 한 가지 정치과정 사례만으로 일반화하기에는 한계가 있다. 다양한 사례에 대한 분석이 필요한 이유이다.

참고문헌

논문 및 서적

강희정. 2016. "보건의료 빅데이터의 정책 현황과 과제." 『보건복지포럼』 238호: 55-71.

개인정보보호위원회·보건복지부. 2020. "보건의료 데이터 활용 가이드라인."

국회 보건복지위원회. 2023. "디지털 헬스케어 진흥 및 보건의료데이터 활용 촉진에 관한 법률안 검토보고서."

김근령·이대희. 2018. "보건의료 빅데이터 활용에 관한 법적 검토-개인정보호를 중심으로." 『과학기술법연구』 24권 3호: 57-90.

김영국. 2020a. "개인의료정보와 빅데이터 활용의 법적 쟁점." 『법제논단』 691권: 61-115.

김지혜. 2022. "개인정보 보호 관점에서 본 보건의료 빅데이터의 안전한 활용방안." 『생명윤리정책연구』 16권 1호: 1-19.

대통령직속 4차 산업혁명위원회, 관계부처 합동. 2021. 2. 「마이 헬스웨이(의료분야 마이데이터)」 도입방안."

더불어민주당. 2022. 『제20대 대통령선거 더불어민주당 정책공약집-앞으로 제대로 나를 위한 맞춤공약』.

목광수. 2022. "보건의료 빅데이터의 윤리적 활용을 위한 방안모색: 동의가 아닌 합의 모델로의 전환." 『한국의료윤리학회지』 22권 1호: 1-19.

박대웅·정현학·정명진·류화신. 2016. "보건의료 빅데이터의 연구목적 사용에 대한 법제 개선방안." 『의료법학』 17권 2호: 315-346.

박대웅·류화신. 2017. "보건의료 빅데이터 법제의 쟁점과 개선방향-시민참여형 모델구축의 탐색을 중심으로." 『법학논총』 34권 4호: 1-22.

박미정. 2018. "보건의료 빅데이터 활용에 관한 법·정책적 개선방안 연구." 『한국의료법학회지』 26권 1호: 163-192.

박민영·최민경. 2016. "의료정보의 관리와 비식별화에 관한 법적 과제." 『유럽헌법연구』 제21권: 495-534.

박일현. 2021. 「의료민영화법률 입법교착 원인과 양상: 노무현, 이명박, 박근혜 정부 의료법개정안 비교 분석」. 중앙대학교 박사학위 논문.

박지원, 이유리. 2023. "개인정보 전송 요구권 도입에 따른 마이헬스웨이 사업과 디지털 헬스케어 활성화." 『한국의료법학회지』 31권 1호: 111-135.

백진경 외 20인. 2021. 『보건의료 빅데이터의 안전한 연계·활용 개선방안 연구』. 보건복지부·한국보건의료연구원.

빅데이터와 정치

백윤철. 2005. "우리나라에서의 의료정보와 개인정보보호." 『헌법학연구』 11권 1호: 395-442.

선종수. 2021. "코로나 팬데믹 사태에서 의료 빅데이터 수집과 활용에 따른 법적 문제." 『비교형사법연구』 22권 4호: 145-173.

애덤 터너. 2019. 『보건의료 빅데이터로 영리를 추구하는 기업들』. 서울: 따비

엄주희. 2020. "코로나 팬데믹 사태에서 빅데이터 거버넌스에 관한 공법적 고찰." 『국가법연구』 16집 2호: 1-23.

유욱. 2013. 『역학조사법 제정방안 연구』. 질병관리청 연구보고서.

윤혜선. 2021. "보건의료데이터의 안전한 활용을 위한 법제도 연구: 핀란드의 보건복지데이터의 이차 이용에 관한 법률 입법사례를 중심으로." 『경제규제와 법』 14권 2호: 30-59.

이상윤. 2019. "보건의료 빅데이터와 개인정보 보호, 주체의 자율성." 『생명, 윤리와 정책』 3권 2호: 47-58.

이원복·배현아. "의료 정보 전송요구권 도입 가능성에 대한 연구." 『의생명과학과 법』 27권: 55-89.

이한주. 2014. "개인의료정보보호법 제정의 필요성과 입법방향." 『한국의료법학회지』 22권 1호: 177-208.

이한주·엄주희. 2022. "포스트 코로나19 시대에 디지털 헬스케어 발전의 법적 과제: 비대면 의료를 중심으로." 『한국의료법학회지』 30권 2호: 79-102.

임효진·박형준. 2022. "개인정보 보호와 활용에 관한 정책 변동 연구: 옹호연합모형을 활용한 '데이터 3법' 개정법안 통과과정 분석." 『한국지역정보화학회지』, 25권 4호: 29-59.

정무위원회 법안심사제1소위원회. 2023. 4. "보험업법 일부개정법률안 심사보고서."

제20대 대통령직인수위원회. 2022a. "윤석열정부 110대 국정과제."

제20대 대통령직인수위원회. 2022b. "제20대 대통령직인수위원회 백서-겸손하게 국민의 뜻을 받들겠습니다."

주승희. 2021. "데이터 3법의 주요 개정 내용 및 형사법적 의의에 관한 소고." 『법학논총』 49권: 267-296.

차현재·김준혁. 2022. "건강데이터 기증 및 공유의 윤리적 접근: 인체유래물 기증 절차를 참조하여." 『생명, 윤리와 정책』 6권 2호: 101-137.

천지영·노건태. 2021. "데이터 3법 시대의 익명화된 데이터 활용에 대한 제언." 『정보보호학회논문집』 30권 3호: 503-512.

최경진. 2015. "미래 ICT 법제체계 개편방향."『정보법학』17권 1호: 207-234.

최경진. 2021. "제2차 개인정보 보호법 전면 개정의 의의와 향후 과제."『행정포커스』153
호: 18-23.

최중명·오인환·오창모. 2012.『의료정보의 보호와 관리방안』. 서울: 의료정책연구소.

한정수. 2014. "클라우드 환경에서 의료 빅데이터 활용 및 전망."『디지털융복합연구』제
12권 제6호: 341-347.

황정빈. 2023. 3. 31. "의료 마이데이터, 환자 보호가 최우선-전송 시스템 구축 등 선결과
제." ZDNET Korea.

C. J. McCall, 2015. "Big data in healthcare: Hype or hope." A White Paper by Carol J
McCall.

Crapo, J. 2017. *Big Data in Healthcare: Separating The Hype From The Reality*. Retrieved
July 27, 2017, from https://www.healthcatalyst.com/healthcare-big-data-reali-
ties.

Emilie Baro, Samuel Degoul, Régis Beuscart, and Emmanuel Chazard. 2015. "Toward
a Literature-Driven Definition of Big Data in Healthcare." *BioMed Research In-
ternational* 2015. 1-9. Hindawi Publishing Corporation.

European Commission. 2016. *Study on Big Data in Public Health, Telemedicine and
Healthcare*.

G. J. Annas. 1988. "At Law Whose waste is it anyway? The case of John Moore." *Hast-
ings Center Report* 18: 5: 37-39.

H. J. Watson, 2014. "Tutorial: Big data analytics: concepts, technologies, and applica-
tions." *Communications of the Association for Information Systems* 34: 1-24.

Iroju Olaronke, Ojerinde Oluwaseun. 2016. *Big Data in Healthcare: Prospects, Chal-
lenges and Resolutions*. Future Technologies Conference.

Javier Andrieu-Perez, Carmen C. Y. Poon, Robert D. Merrifield, Stephen T. C. Wong,
and Guang-Zhong Yang. 2015. "Big Data for Health." *IEEE Journal of Biomedi-
cal and Health Informatics* 19: 4: 1193-1208.

J. Sun, and C.K. Reddy, 2013. "Big data analytics for healthcare." *Tutorial presentation
at the SIAM International Conference on Data Mining*. Austin, Texas.

Mckinsey Global Institute. 2011. *Big data: The next frontier for innovation, competition,
and productivity*. McKinsey&Company.

Metty Paul, Leandros Maglaras, Mohamed Amine Ferrag and Iman Almomani. 2023.
"Digitization of healthcare sector: A study on privacy and security concerns."

ICT Express 9: 4: 571-588.

Mowafa S. Househ, Bakheet Aldosari, Abdullah Alanazi, Andre W. Kushniruk, and Elizabeth M. Boricki. 2017. "Big Data, Big Problems: A Healthcare Perspective." *Informatics Empowers Healthcare Transformation*. IOS Press.

OECD. https://legalinstruments.oecd.org/en/instruments/OECD-LEGAL-0188(검색일: 2023년 10월 24일).

O. Iroju, A. Soriyan, I. Gambo, and J. Olaleke, 2013. "Interoperability in healthcare: benefits, challenges and resolutions." *International Journal of Innovation and Applied Studies* 3: 262-270.

Pijush Kanti Dutta Pramanik, Saurabh Pal, and Moutan Mukhopadhyay. 2019. "Healthcare Big Data: A Comprehensive Overview." *IGI Global*: 72-100.

Pilar Leon. 2019. "Key Points for an Ethical Evaluation of Healthcare Big Data." *Processes* 7(8): 493: 1-12.

P. Wald. 2005. "What's in a cell?: John Moore's spleen and the language of bioslavery." *New Literary History* 36:2: 205-225.

Raghupathi, W., and Raghupathi, V. 2014. "Big data analytics in healthcare: promise and potential." *Health Information Science and Systems*, 2(3): 1-10.

R. D. Truog, A. S. Kesselheim, S. Joffe. 2012. "Paying patients for their tissue: The legacy of Henrietta Lacks." *Science* 337: 6090: 37-38.

Richard A. Cash, Vasant Narasimhan. 2000. "Impediments to global surveillance of infectious diseases: consequences of open reporting in a global economy." *Bulletin of the World Health Organization* 78(11): 1359-1360. World Health Organization.

Wendy K. Mariner, Mission Creep. 2007. "Public Health Surveillance and Medical Privacy." *Boston University Law Review* 87: 347-395.

W. Nicholson Price, Margot E. Kaminski, Timo Minssen and Kayte Spector Bagdady. 2019. "Shadow Health Records Meet New Data Privacy Laws." *Science* 363: 6426: 448-450.

홈페이지, 보도자료, 1차자료 등

건강보험심사평가원. https://opendata.hira.or.kr/op/opb/selectHelhMedDataView.do(검색일: 2023. 10. 25).

경향신문. 2020. 5. 7. "코로나19 동선공개로 '아웃팅' 우려―동선공개 지침 변경해야"(https://www.khan.co.kr/national/national-general/article/2020

05071732001. 검색일: 2023. 10. 29).

공공데이터포털 https://www.data.go.kr/index.do(검색일: 2023. 10. 25).

관계부처합동 보도자료. 2021. 2. 24. "마이 헬스웨이(가칭, 건강정보 고속도로) 구축 시작."

국가법령정보센터 https://www.law.go.kr(검색일: 2023. 10. 21).

국가통계포털 https://kosis.kr/index/index.do(검색일: 2023. 10. 25).

국민건강보험공단 https://nhiss.nhis.or.kr/bd/ab/bdaba016lv.do(검색일: 2023. 10. 25).

교육과학기술부·행정안전부·지식경제부·방송통신위원회·국가과학기술위원회. 2012. 11. 28. "스마트 국가 구현을 위한 빅데이터 마스터플랜." 행정안전부 대통령기록관 http://17cis.pa.go.kr/ipckor_web/active/item_view.jsp?num=9610(검색일: 2023. 10. 26).

뉴시스. 2023. 5. 15. "환자단체, 실손의료보험 청구 간소화 법안 반발, 무슨 이유?. (https://www.newsis.com/view/?id=NISX20230515_0002303280&cID=10201 &pID=10200, 검색일: 2023. 11. 2).

대한의사협회·대한병원협회·대한치과의사협회·대한한의사협회·대한약사회. 2021. 6. 16. "실손의료보험 청구 간소화 보험업법 개정안 폐기 촉구 관련 보건의약 5개 단체 공동기자회견문."

대한의사협회·대한병원협회·대한치과의사협회·대한약사회 기자회견문. 2023. 10. 6. "실손보험 청구 간소화 법안 통과, 오직 보험사의 이익만을 대변할 뿐─실손보험 청구 간소화는 보험사의 보험 지급 거절, 거부로 이어져 국민 건강을 위협할 것."

동아일보. 2020. 8. 29. "같은 시간 같은 숙소 머물렀다고─어느날 불륜커플이 됐다."

보건복지부 보도자료. 2015. 4. 7. "보건복지부, 보건산업의 미래 청사진 밝혀"

보건복지부 보도자료. 2016. 7. 5. "경제활력 제고와 일자리 창출을 위한 「서비스경제 발전 전략」. 관계부처합동.

보건복지부 보도자료. 2019. 9. 16. "공공기관 보건의료 빅데이터 한데 모아 국민건강 지킨다."

보건복지부 보도자료a. 2023. 2. 14. "「보건의료 빅데이터 플랫폼」 확대 운영."

보건복지부 보도자료b. 2023. 9. 21. "평생을 함께할 의료정보 플랫폼 '건강정보 고속도로' 본격 가동."

연합뉴스. 2020. 5. 13. "이태원발 감염후 무직 거짓말─인천 학원강사 비판여론 확산" (https://www.yna.co.kr/view/AKR20200513124200065?input=1179m, 검색일: 2023. 10. 29).

연합뉴스. 2023. 10. 6. "실손의료보험 청구 간편해진다-보험업법 개정안 국회 통과" (https://www.yna.co.kr/view/AKR20230921172451001?input=1179m, 검색일: 2023. 11. 4).

의료민영화 저지와 무상의료 실현을 위한 운동본부·한국암환자권익협의회·한국루게릭연맹회·한국폐섬유화환우회·한국다발골수종환우회. 2023. 9. 12. "개인 의료정보 전자전송법 국회 처리 반대 기자회견문-민간 보험사의 환자 정보 약탈을 위한 실손보험청구 간소화법 국회 처리 중단하라."

제382회 국회 정무위원회 법안심사제1소위원회 제3차회의록(2020. 12. 2).

제391회 국회 정무위원회 법안심사제1소위원회 제1차회의록(2021. 9. 28).

제405회 국회 정무위원회 법안심사제1소위원회 제1차회의록(2023. 4. 25).

제406회 국회 정무위원회 법안심사제1소위원회 제1차회의록(2023. 5. 16).

제407회 국회 정무위원회 제1차회의록(2023. 6. 15).

질병관리청 https://www.kdca.go.kr/board/board.es?mid=a20601010100&bid=0024(검색일: 2023. 10. 25).

파이낸셜뉴스. 2023. 10. 6. "보험업계 숙원 14년 만에 풀렸다-실손보험 청구 간소화법 국회 본회의 통과"(https://www.fnnews.com/news/202310061730561798. 검색일: 2023. 11. 21).

헌법재판소 2004. 11. 25.자 2002헌바66 결정.

제5장

중국의 빅데이터 환경과 국가전략

임진희(한신대학교)

1. 서론

현재 인류는 기술 발달과 제4차 산업혁명 도래로 새로운 시대를 맞이하고 있다. 제1차 산업혁명은 1784년 이후의 증기기관과 기계화 혁명이었고, 제2차 산업혁명은 1870년 이후의 전기를 활용한 대량생산 혁명이었다. 제3차 산업혁명은 1969년 이후의 인터넷이 견인한 컴퓨터 정보화 및 자동화 시스템이 주도한 혁명이었고, 제4차 산업혁명은 로봇이나 인공지능을 통해 실제와 가상이 통합돼 사물을 자동적, 지능적으로 제어할 수 있는 가상물리 시스템의 구축이 기대되는 혁명이다(임진희 2023). 제4차 산업혁명에는 흔히 인공지능(AI), 사물인터넷(IoT), 클라우드 컴퓨팅, 빅데이터, 모바일 등이 핵심기술로서 언급되는데, 본 논문에서는 이중 빅데이터에 집중하여 논의를 진행하고자 한다.

기술경제학자들의 주장에 따르면 새로운 기술 패러다임이 등장하면 후발국은 '기회의 창'을 활용하여 선도국을 추격하고 나아가 역전까지 가능하다. 잘 알려진 것처럼 중국은 지난 세 차례 산업혁명 과정에서 소외되어 상대적으로 뒤떨어져 있었다. 그러나 1970년대 후반부터 시행된 '개혁개방' 정책으로 놀라운 경제적 발전을 거듭하여 현재는 냉전 종식 이후 자타공인 세계 유일 초강대국 미국까지 추격해 글로벌 주도권을 다투는 수준까지 성장하였다. 이러한 상황에서 중국은 새로이 다가오는 '기회의 창', 즉 제4차 산업혁명 시대를 맞이하며 관련한 주요 영역을 선점하고 우위를 쟁취하여 타국을 압도하는 명실상부한 세계적인 강대국으로 거듭나려 도전하는 중이다.

한편으로 2018년 시작된 미중간 통상분쟁 본질은 글로벌 주도권을 다투는 강대국의 첨단기술 경쟁이라는 주장이 등장하였다. 16세기 항해술, 18세기 산업혁명, 20세기 정보화 혁명을 주도한 이들이 글로벌 패권을 장악했다는 설명이었다(최필수 외 2020). 현재 중국은 군사, 경제, 외교 등의 다수 영역에서 미국에 뒤처진다. 그러나 상술한 맥락에서 제4차 산업혁명 분야에의 집중적 투자와 연구개발 등으로 미국을 넘어 세계를 선도하는 국가로 성장할 가능성이 있다. 실제 중국은 수년 전부터 관련 목표와 장기 계획을 수립하고, 각급 정부, 기업, 학계 등이 협력하여 전폭적인 인적, 물적 투자를 진행하고 있다. 그리고 이러한 행보는 중국 국내, 개별 국가 간의 경쟁뿐 아니라 세계질서 향방까지 영향을 미칠 가능성이 크다.

첨단기술 경쟁의 대표적인 분야 중 하나가 '빅데이터'이다. 빅데이터 혁명과 환경은 우리 삶에 다양한 변화를 가져왔다. 최근까지 익숙한 정치, 행정, 외교, 경제, 경영, 의료, 교통 등의 다양한 분야에 활용되어 행동 방식과 과정, 결과의 질을 새로이 바꾸어 놓는 상황이다. 나아가 상술한 제4차 산업혁명 주력 분야로서 자주 언급되는 인공지능, 사물인터넷, 로봇기술, 자율주행차, 가상현실(VR) 등에는 빅데이터 활용이 전제되는 경우가 다수이다. 그러한 배경에 과학기술 선도국과 국제사회 주도권을 노리는 국가들은 앞다퉈 빅데이터 분야의 연구개발, 이어지는 활용까지 막대한 자원을 투자하는 상황이다(기정훈 2017).

본 연구는 이러한 현실과 문제의 인식에 기초해 국제사회, 나아가 우리에게 중요한 인접국인 중국의 빅데이터 환경과 국가전략 현황을 살펴보고 이것이 미중경쟁 상황의 중국이나 관련한 국제정세 향방에 미치는 영향을 고찰하려 한다. 그리고 이를 위해 다음과 같은 순서로 글을 진행하고자 한다. 첫째, 본 연구의 배경과 목적을 밝힌다. 둘째, 빅데이터 환경의 출현과 정치권력, 국제질서 변화에의 영향을 살펴본다. 셋째, 빅데이터 분야에 대한 중국의 인식과 국가전략 내용을 고찰한다. 넷째, 중국의 빅데이터 전략과 이어지는 행보가 국내외에 미치는 영향을 살펴본다. 다섯째, 상술한 내용을 요약하고 정리하려 한다.

2. 빅데이터 환경과 정치권력

1) 빅데이터 환경의 도래와 발전

'빅데이터(Big Data)'라는 용어는 2010년 영국의 『이코노미스트』지가 처음 언급한 것으로 알려져 있다(김상배 2015). 그리고 그 개념은 더그 래니(Doug Laney)가 제시한 규모(Volume), 속도(Velocity), 다양성(Variety)이라는 '3Vs' 모형을 통해서 과거의 데이터 체계와 비교하면 보다 쉽고 정확하게 파악이 가능하다. '3Vs' 모형에 따르면 빅데이터는 과거와 비교해 상대적으로 대용량인 데이터(High-volume), 데이터 수집과 전달에 빨라진 속도 (High-velocity), 데이터 형태와 원천에서 높아진 다양성(High-variety)을 주요 특징으로 하는 정보 자산이다. 최근에는 경제가치 추출이나 분석에 관련한 기술을 포함한 포괄적 개념으로 진화하는 상황이다.

좀 더 자세하게 살펴보면, 우선 '규모(Volume)'의 경우에 데이터의 용량이 과거와 비교하여 급격히 증가하였다. 둘째, '속도(Velocity)'의 경우는 과거에 데이터의 생성, 유통과 활용에 비교적 긴 시간이 걸렸고 또 그것이 당연했다면, 현재는 개인에서 글로벌 차원까지 다수의 요청에 따라서 실시간 데이터 수집과 활용이 가능해졌다. 셋째, 다양성(Variety)의 경우에 과거에는 특정한 범위에서 특정한 목적으로 정형(structured)의 데이터를 수집하고 분석했다면 이제는 다양한 목적과 경로를 통해서 텍스트, 이미지, 오디오, 비디오, 검색 결과 등 비정형(unstructured)의 다양한 데이터 수집과 분석이 가능해졌다.[1]

한편으로 이러한 변화에 기인하여 양적인 축적이 진행되면 데이터 질에도 변화가 발생한다. 용량이 달라지며 유형이 드러나는 일종의 '양질전화 (量質轉化)' 현상이 일어난다. 과거에는 막대한 용량의 데이터를 분석하기 위해서 표본을 추출하는 통계학의 기법이 흔하게 활용되었다. 그러나 이제는 새로운 기술과 기법의 개발로 대용량 전수조사 처리가 가능해져 데이터를 처리하고 분석하여 활용하는 방식에 혁명적인 변화가 일어났다. 막대한

---

[1] 근래에는 구체화 시도로 '9Vs' 모형이 등장하고, 중국은 기존의 '3Vs'에 '가치(Value)'를 추가한 '4Vs'를 많이 활용한다. '9Vs'에는 '3Vs'에 데이터의 '신뢰성(Veracity)', 빅데이터 기술에 투자하는 조직이 얻는 이익을 의미하는 '가치(Value)', 여러 데이터 소스로 인한 빅데이터의 불일치를 의미하는 '가변성(Variability)', 빅데이터 정밀도와 정확도를 말하는 '유효성(Validity)', '시각화(Visualization)'의 어려움, 유용성이 짧은 '휘발성(Volatility)'이 포함된다. 이진면·박가영·김화섭·이준엽·이연. "중국의 빅데이터산업 육성과 정부의 역할." 『KIET 산업연구원 정책자료 2018-322』 20쪽 재인용.

데이터에 수학을 활용하여 확률을 추론한다. 이를 바탕으로 하면, 원인의 규명은 어렵지만 결과의 예측은 가능하다. 사실상 인과역전(因果逆戰) 현상이 발생하고 있지만, 그럼에도 결과의 예측이란 의미와 효용만은 분명한 사실이다.

상술한 '양질전화'와 '인과역전'이 드러내는 빅데이터 특성을 개념이라는 측면에서 들여다보면 기술에서 정보로 그리고 정보에서 지식으로 개념이 달라진다. 실재하는 것에서 데이터를 거르고, 데이터에서 정보를 거르며, 다시 정보에서 지식을 거르고, 나아가 지식에서 지혜를 거르는 필터를 모은 기술–정보–지식 넥서스(Nexus)에 '메타지식(meta-knowledge)' 변환이 발생하는 과정에서 빅데이터의 개념적 의미를 살펴보아야 한다(김상배 2010). 다르게 말하자면 빅데이터 혁명은 데이터–정보–지식의 양적 증가를 감당, 걸러내는 메타지식 발달로 인해서 데이터–정보–지식 간의 유형을 읽어내는 메커니즘이 획기적으로 발달한 데에 그 기원이 있다(김상배 2015).

다음으로 빅데이터 발전의 과정을 살펴보면 '초기 발전단계', '산업사슬 완성단계', '빅데이터 솔루션 활성화'의 세 단계로 구분이 가능하다(이진면 외 2018). 우선, 초기 발전단계는 빅데이터 저장과 처리 기술의 연구 개발과 이를 통한 활용과 솔루션 모색으로 관련한 사업모델 개발과 현실 적용을 시도하는 단계이다. 둘째, 산업사슬 완성단계는 빅데이터 저장과 처리, 활용의 전반적인 환경 구축과 활용 증가로 관련한 인식이 제고되고, 빅데이터 기반의 혁신산업 등장으로 빅데이터 가치가 상승하는 단계이다. 셋째, 솔루션 활성화 단계는 사회의 전반에 빅데이터 활용이 확산되고 정착되어 빅데이터 기반의 정보사회 지능화 정도가 심화되는 보편화와 고도화의 단계이다.

이러한 진화를 빅데이터 혁명이라 부르고 있는데, 이에는 새로운 데이터 수집과 처리, 저장과 분석 기술이 전제이다. 실제 데이터를 찾고 수집하며, 비교 대조하는 디지털 코드, 프로그램 알고리즘 발명을 의미한다. 빅데이터는 비정형 데이터로서 가공이 필수적이다. 때문에 유의미한 결론을 위해서는 비정형 데이터를 찾아내 분석하고 유형을 파악하는 기술이 필요하다. 대표적 사례가 구글의 GFS(Google File System)^2 및 맵리듀스(MapReduce) 기반 자동검색 알고리즘, 하둡(Hadoop)의 HDFS(Hadoop Distributed File System)^3 및 맵리듀스 기반 오픈소스 데이터 관리 기술이다. 이러한 기술의 진보로 인간이 실재를 인식하여 데이터를 추출하고 유용한 정보로 가공하는 능력이 증대되었다.

그리고 상술한 빅데이터 활용의 과정에 하드웨어, 소프트웨어, 관련한 서비스로 가치를 창출하는 분야를 빅데이터 산업이라고 규정하여 부른다. 특히 중국에서 이를 빅데이터 핵심 산업으로 구분하여 정의한다. 이에서 나아가 빅데이터 기술을 통해서 생산의 효율을 높이고, 정책 결정의 질적 향상을 통해 데이터 드라이브 방식을 지원하며 경제 발전을 촉진하는 일련의 간접적인 가치사슬을 넓은 의미에서 빅데이터 산업에 포함하기도 한다. 이

---

2 구글 파일 시스템(Google File System)은 급속히 늘어나는 구글의 데이터 처리 양을 해결하기 위해서 설계되었다. GFS의 특징인 성능, 확장성, 안정성, 유용성 등은 기존의 분산 파일 시스템과 유사하다고 볼 수 있다. 다만, 기존 시스템과의 결정적인 차이는 현재 그리고 예측 가능한 미래의 애플리케이션 부하와 기술 환경에 대한 관측을 통해서 전통적인 방식들을 재검토하고 설계에 대해서 근본적으로 다른 시점으로 설계했다는 점에 있다.

3 하둡(Hadoop)은 대표적인 빅데이터 기술로써 대용량 데이터 분석 처리를 위한 오픈소스 프레임워크이다. 이는 2003년, 2004년에 발표되었던 구글의 구글 분산 파일 시스템(GFS)과 맵리듀스(MapReduce)를 구현한 것으로, 그 설계와 아이디어가 많은 부분에서 구글의 것과 유사하다. 하둡은 대용량 데이터를 분산시키고 저장하고 관리하는 하둡 분산 파일 시스템(HDFS)과 대용량 데이터의 분석을 수행하는 맵리듀스로 구성된다.

러한 경우는 빅데이터 핵심 산업에다 관련 산업[4]과 융합 산업[5]을 포함하는 포괄적인 의미로 이해해야 한다. 그렇지만 일반적으로 빅데이터 산업이라면 좀 더 직접적인 의미, 즉 전자의 빅데이터 핵심 산업을 의미한다.

2) 빅데이터와 권력의 상관관계

학문으로서 정치학과 국제정치학 영역에서 빅데이터 혁명과 그 영향이 주목받는 이유는 빅데이터 생성, 수집, 처리, 활용의 과정에서 정치의 핵심 주제인 '권력'이 작용하고 그 의미가 매우 크기 때문이다. 일단, 가장 눈에 띄고 많이 언급되는 권력은 데이터 자원과 지식을 확보하고 장악하는 유형이다. 그런데 이처럼 빅데이터 자원과 이를 가공해 활용하는 기술적 능력인 '자원 권력' 외에 이면에 존재하는 다른 형태의 권력을 포착하고 유의해야 한다. 사실상 유의미한 빅데이터 권력은 기술의 구조인 알고리즘 설계와 활용에 작용하는 '보이지 않는 정보의 구조', 다시 말하면 정보 패턴을 읽고 사실상 더욱 교묘한 형태의 감시와 규율을 가하는 지식 권력의 정교화를 의미한다. 구조적인 권력이다.

자세히 보자면 우선, 빅테이터를 수집하고 분석하는 알고리즘의 개발과 설계가 가능한 이들과 조직이 권력을 장악한다. 일반적인 기술과 정보의 구조를 설계하는 권력과 유사한 것이다. 실제로 정보화 시대에 권력은 하드웨어 제작자에서 코드나 기술 표준과 같은 소프트웨어 제작자로 이동

---

4 빅데이터의 운영 및 처리 과정에 있는 데이터 제공 기초설비, 처리 도구 및 관련 기술 등으로 인터넷, 소프트웨어산업, 전자제조, 클라우드 컴퓨팅, 사물인터넷, 이동통신 등을 포함한다.
5 빅데이터와 기타 업종 영역의 융합 생산된 새로운 업태로서, 스마트제조, 스마트농업, 지능형 자동차, 스마트주택, 스마트 의료, 지능형 물류, 스마트교통, 로봇, 첨단 건설업 등을 포함한다.

해왔다. 이러한 맥락을 고려해 본다면 오늘날 그리고 향후의 첨단기술 분야에서 빅데이터 관련하여 권력을 장악할 행위자는 거시적 파급력의 프로그램, 알고리즘 생산자로 현재는 절대적인 다수가 미국에 기반을 둔 다국적 정보통신 인터넷 기업이다. 대표적 사례가 구글(Google), IBM, 오라클(Oracle) 같은 기업이며, 이들은 실제로 이미 막대한 권력을 형성하여 장악하고 있다.

빅데이터 권력과 관련하여 대부분 알고리즘 생산이 미국에서 이뤄져 확산한다. 그리고 빅데이터 환경은 클라우드 컴퓨팅과 밀접한 관련이 있는데 관련하는 기술과 플랫폼은 미국의 기업들이 사실상 주도한다. 나아가 빅데이터 산업의 사슬까지 미국에 집중되어 있기에 빅데이터 확산과 활용으로 미국이 패권국이 되었고, 최대의 수혜자라 불리는 실정이다. 이로써 부정적인 측면과 관련되는 비판적 시선까지 미국에 쏟아진다. 대표적 사례로 구글은 인터넷 진입에 독보적 통로가 되었기 때문에 필요가 있다면 적당한 이유를 들어서 특정한 영역을 검색에 배제해 결과를 왜곡하거나 주변화하는 조작이 가능한 것이다. 그리고 이러한 권력은 현실화 가능성만으로 행위자, 그들의 행위에 영향을 미친다.

다음으로 데이터 유형을 해석하는 권력이 있는데, 빅데이터 시대에는 정보를 분석할 수 있는 이들과 없는 이들의 권력 차이가 점차 현격해지고 있다. 데이터를 최대한 확보하고 적절히 해석하여 경쟁에 활용하는 능력이 권력이다. 이러한 권력은 막대한 정보의 해석과 관계를 읽어내는 과정에 형성된다. 이러한 맥락에서 빅데이터 시대는 권력이 데이터와 정보의 생산자나 소유자로부터 데이터와 정보를 인식하여 감춰진 유형과 관계를 읽거나 나아가 만들어내는 이들로 이동하는 중이다. 근래에는 빅데이터 분석과 추론에서 새로운 시장을 포착하여 개척하는 데이터 재사용자, 즉 정보 브로커(information broker) 기업도 부상하고 있다. 데이터와 빅데이터 활용이 다양한 영역으로 확산되면서 벌어지는 자연스러운 현상이다.

그리고 이러한 과정에 새로이 떠오르는 이들이 빅데이터 분석의 전문가다. 과거에는 제한된 정보의 안에서 전문가가 본인의 직관과 축적된 경험에 기반한 능력을 발휘하고 분석을 진행하였다. 그런데 이러한 직관과 경험은 선천적 능력이거나 축적이 어려워 그들의 존재와 역할은 결정적이다. 그러나 빅데이터 시대는 달라졌다. 알고리즘 전문가가 빅데이터 분석과 예측, 데이터의 출처 선별, 알고리즘과 모델을 포함하는 분석 및 예측 수단 선택, 결과의 해석을 담당한다. 빅데이터 시대에는 영역별 전문가로 과학적 인과성을 밝히는 것보다는 관계에서 패턴을 읽어내고 미래를 예측하는 능력이 인정받는 것이다. 이러한 이유로 일각에서는 앞으로 영역별 전문가 영향력이 상당히 줄어들 것으로 전망하였다.

마지막으로 빅데이터 정보를 활용하여 대상을 감시하고 나아가 통제하는 권력이 존재한다. 이러한 권력은 근래에 들어서 개인정보 보호와 침해의 문제로 쟁점이 되었다. 복합하고 어렵지만 정보와 데이터 사이의 단서를 모으면 개인정보 파악이 가능하고, 익명의 개인정보 역시도 충분히 축적되면 숨겨진 정보들이 밝혀져 일정한 패턴이 드러나기 때문이다. 근래에는 일반적 PC에서 태블릿 PC, 휴대전화 등으로 개인별 활용 기기의 숫자가 증가하고, 메일과 동영상 서비스, 검색엔진, SNS 등에서 서비스가 통합되며 개인의 온라인 행위와 디지털 흔적이 복잡하게 연계되고 이로써 디지털 추적이 쉬워졌다. 디지털 흔적의 양과 속도, 다양성이 증가했지만 동시에 추적하고 패턴을 읽어내는 기술도 발달하였다.

이러한 맥락에서 보자면 빅데이터 권력은 정보와 데이터를 읽어내 활용하고 경제적 가치를 추구하는 범위를 넘어서 감시와 통제의 권력이 작용할

빅데이터와 정치

가능성이 존재한다. 미셸 푸코(Michel Foucault)의 권력 논의에 등장하는 정보 권력, 감시 권력, 규율 권력, 지배 권력 내재화로 이어지는 일련의 과정에는 사실상 빅데이터 매개가 작용한다. 예를 들면 인터넷의 검색 흔적으로 관계성, 확률을 파악하고 사용자 개인의 성향을 읽어내며 향후의 행보를 예측하는 비즈니스 모델은 사실상 개인정보 유출과 사생활 침해의 가능성을 높였다. 상술한 정보 브로커 기업 경우도 빅데이터 시대의 규율 권력 작용의 사례이다. 이러한 이유로 혹자는 빅데이터 시대의 '빅브라더' 현신을 예고한 바이다.

3. 중국의 빅데이터 인식과 국가전략

1) 중국의 빅데이터 인식과 전략목표

중국은 1978년 개혁개방 시행의 이후로 금융위기 전까지 연평균 10%대라는 놀라운 경제규모 성장을 이루어냈다. 그러나 이러한 성장은 금융위기 이후로 수치가 하락하기 시작해 '미중무역갈등'과 '코로나19'로 침체를 겪으며 다시는 돌아가기 어려운 상황이 되었다. 실제로 정부도 지속적인 10%대 성장을 기대하지 못하고 일찌감치 중저속 성장인 '신창타이(新常态, New Normal)' 개념을 제시하며 이후를 대비하는 상황에 이르렀다. 2023년 시작의 즈음에 중국은 5% 성장을 목표로 잡았고, 지금의 상황을 보자면 가까운 수치를 기록할 것으로 보인다. 그리고 현재 글로벌 돌발 사태와 각종 이슈를 보면 중국을 둘러싼 국내외 환경이 극적으로 개선될 가능성은 작기에 이러한 흐름은 향후에도 계속될 것으로 보인다.

그러나 한편으로 1978년 개혁개방 덕분에 중국의 경제력과 상응한 전반적인 국력이 극적으로 상승한 것도 사실이다. 중국의 경제 규모가 세계 2위를 기록하며 제2차 대전 이후의 전통적인 초강대국 미국과 경제를 포함한 종합국력에서 글로벌 선두의 자리를 다투게 되었다. 잘 알려진 것처럼 중국은 국내외 문제와 복잡한 갈등에 얽히며 지난 세 차례의 산업혁명 과정에서 소외되어 상대적으로 뒤떨어져 있었다. 그러나 다가오는 제4차 산업혁명 시대에는 상승한 국력을 바탕으로 기술적 분야에서 우위를 선점하고 이것을 바탕으로 명실상부한 세계적인 강대국으로 거듭나려 도전하는 중이다. 중국에게 있어서 경제적 이유든 전략적 이유든 확실한 변화와 도약의 계기가 필요한 상황이다.

중국의 빅데이터 및 관련 산업에 대한 인식과 전략 목표는 상술한 중국의 상황과 깊이 관련되어 있다. 우선, 중국은 성장의 한계에 다다른 전통산업 위주의 경제적 구조를 개선하며 질적인 전환을 도모하려 하였다. 이러한 맥락에서 정부는《공업빅데이터백서(工业大数据白皮书)》,《빅데이터표준화백서(大数据标准化白皮书)》등을 발표하여 제조업 분야의 빅데이터 역할과 표준화 체계의 확립을 목표하였다. 전통적인 제조업 생산에 빅데이터 요소를 더하여 산업구조 개선을 도모한 행보였다. 이외에 빅데이터 분야는 인공지능, 핀테크, 건강의료, 환경산입 등의 다양한 미래형 산업에 기초와 전제가 되기에 국가적 차원의 중장기 계획에 주요한 키워드로 부상한다.

최종적으로는 빅데이터 산업이 촉발하는 다양한 첨단산업 발전을 통하여 한계에 다다른 전통제조업과 노동집약적인 중국의 경제산업 구조를 지식기반, 서비스산업으로 전환하려는 목적이다. 빅데이터 산업을 포함한 제4차 산업혁명 기술발전 기반으로 금융, 에너지, 통신 등의 전통산업 업무 프로세스를 최적화하고, 작업 시스템을 혁신하며, 생산방식과 조직형식의 혁신을 도모하려는 복합적인 의도이다. 나아가 이를 통하여 전통산업의 디지털화, 네트워크화, 지능화 산업으로의 구조적 전환을 촉진하려는 것이다. 그리고 이로써 구조적 정체와 하강의 시기에 들어선 중국의 국내경제 문제를 다소간 완화하고 나아가 개선하여 다시금 도약하려는 복합적 의도인 것이다.

관련하여 보자면 빅데이터 자원과 관련한 산업을 통해서 전통산업 구조를 개선하는 동시에 다가오는 미래에 빅데이터 강국이자 제4차 산업혁명 선도자로 도약하려는 국가적 중장기 전략이자 방향이다. 상술한 것처럼 중국은 지난 세 차례 산업혁명에 소외되어 있었기에 후발주자와 추격자라는 수동적, 약자의 처지에 처했었다. 그러나 이제는 상승한 국력과 막대한 자원을 바탕으로 빅데이터 강국으로 도약하고 빅데이터, 인공지능, 로봇공학 등의 새로운 신흥전략 기술과 산업이 선도하는, 중국이 후발주자와 추격자라는 약점이 사라진 제4차 산업혁명의 시대를 준비하려는 것이다. 이것이 빅데이터 산업을 육성하는 중국의 기본이자 궁극적 목표라고 판단된다.

이외에 공공부문 사회관리 효율성 제고라는 필요성도 꼽힌다. 중국 정부는 근래에 민생 위주로 정부 서비스를 개선하고, 중국 경제와 사회에 대한 정부의 관리 감독 능력을 강화하기 위해서 공공부문 빅데이터 응용의 범위와 수준을 제고하려 하였다. 2017년 5월 열린 '중국국제빅데이터산업박람회(中国国际大数据产业博览会)'에서 중국 IT업계 거두 알리바바 마윈(马云)은 빅데이터 발전을 통해서 시장의 '보이지 않는 손'을 보완하는 새로운 경제운영 메커니즘이 가능하다고 밝혔다. '빅데이터가 계획경제를 새로이 정의할 수 있으며, 누구도 이러한 흐름을 막을 수 없다'는 사기업 창업자 마윈의 주장은 빅데이터를 활용한 경제사회 '관리'라는 가능성을 더욱 분명하게 드러낸다.

물론 실제로 빅데이터 산업의 발전을 통해서 전자정부, 스마트시티 건설과 같은 중국의 미래비전을 실현할 수 있으며 이로써 중국의 민생 서비스 수준을 높일 수 있다. 전자정부를 통해 행정 서비스와 교통, 교육, 사회보장 같은 서비스의 질을 제고할 수 있으며, 동시에 민생에 관련한 부분에 대해서 대중의 대정부 감시와 견제가 어느 정도 가능해질 것이라는 주장이다. 치안, 환경오염 감시, 마약 등의 위험 약품 관리, 실종자의 수색, 상표도용 감시 같은 사회경제 업무에 관리감독 수준과 효율이 높아질 것이라는 기대이다. 하지만 이러한 긍정적 효과와 전망에도 상술한 정부의 빅데이터 활용에 따라오는 부작용, 즉 '빅브라더' 출현을 우려하고 경계하는 목소리도 상당하다. 이는 중국이 권위주의 체제 국가이며 근래에 중앙의 정치 권력이 더욱 집중, 강화되는 상황이기 때문에 자연스레 나오는 우려이다.

2) 중국의 빅데이터 전략과 정책

중국의 빅데이터 전략과 관련되는 정책은 약 10여 년 전부터 꾸준하게 수립, 이행되고 있다. 미국이 시작했지만 중국도 뒤따랐으며 꾸준히 발전시켰다. 2012년 3월, 미국 정부가 "빅데이터 연구와 개발 이니셔티브(Big Data Research and Development Initiative)를 발표한 후에, 중국 정부도 빅데이터 산업의 육성과 발전에 관한 구체적인 목표와 전략을 제시하였다. 2012년 5월, 국무원은 《12.5국가전략성신흥산업발전규획(十二五国家战略性新兴产业发展规划)》을 발표하였다. 이에는 차세대 이동 통신망 및 인터넷 핵심 장비와 스마트 장비 연구개발 산업화, 사물인터넷과 클라우드 컴퓨팅 응용기술 같은 빅데이터 관련 발전전략이 포함되어 있다. 이어 2012년 6월, 중국 공업정보화부(工业和信息化部)가 발표한 《통신산업12.5발전규획

(通信业十二五发展规划)》에서는 대규모 데이터의 저장을 위한 클라우드 컴퓨팅, 인터넷 데이터센터 건립 등 초기 형태의 빅데이터 관련 정책 방향을 제시하였다.

중앙정부의 이러한 지침과 지도에 따라 2013년부터는 각급 지방정부에서 빅데이터 관련 정책을 수립, 시행하였다. 실례로 충칭시(重庆市)는 2013년 《충칭시빅데이터행동계획(重庆市大数据行动计划)》, 베이징시(北京市)는 2014년 《빅데이터산업클러스터육성촉진을통한산업구조개선추진에관한의견(关于加快培育大数据产业集群推动产业转型升级的意见)》, 구이저우성(贵州省)은 2014년 《빅데이터산업발전응용촉진정책에관한의견(关于加快大数据产业发展应用若干政策的意见)》과 《구이저우성빅데이터산업응용규획강요, 2014-2020년(贵州省大数据产业应用规划纲要, 2014-2020年)》를 발표하면서, 해당 지역의 빅데이터 산업 육성과 건설 방안을 제시하였다.

2014년부터는 중국의 최고위 지도자들이 빅데이터 산업과 그 중요성을 언급할 정도로 빅데이터에 대한 중국 정부의 관심과 관련 행보가 두드러졌다. 2014년 리커창(李克强) 국무원 총리는 《정부업무보고(政府工作报告)》에서 신흥산업 창업과 혁신 플랫폼 건설사업, 빅데이터를 포함한 미래산업 발전을 강조하였다. 그리고 2015년 시진핑(习近平) 중국공산당 총서기는 중국공산당 제18기 중앙위원회 제5차 전체회의에서 향후 《제13차 5개년(2016-2020)규획강요(第十三个五年(2016-2020年)规划纲要)》(이하 '13.5 규획강요')에 국가 차원의 빅데이터 전략 시행을 포함할 것이라 발표하였고, 2016년 예고한 바대로 '13.5 규획강요'에 '빅데이터 국가전략 실시'가 제안되었다.

나아가 2015년에 국무원이 발표한 《빅데이터발전촉진행동강요발표에관한통지(关于印发促进大数据发展行动纲要的通知)》(이하 '행동강요')는 중국 정부의 본격적인 빅데이터 산업발전 추진계획 시작을 의미한다. 상술한 '행동 강요'에서 데이터가 중국의 기초 전략 자원으로 규정되면서 '국가중점계획 안'에 포함되었고, 빅데이터에 관한 산업에 연계 발전이 강조되었다. 즉, 인공지능, 클라우드 컴퓨팅, 사물인터넷, 모바일 인터넷 같은 첨단과학기술과의 융합발전 목표와 필요성을 강조하였고, 이로써 빅데이터와 신흥산업의 공동 발전을 위한 새로운 비즈니스 모델을 모색하자는 취지가 분명해졌다.

2017년 중국의 공업정보화부는 《빅데이터산업발전계획(2016~2020년)(大数据产业发展规划(2016~2020年))》(이하 '발전계획')을 통해 13.5 기간 빅데이터 산업의 구체적인 정책방향을 제시하면서 제4차 산업혁명을 촉진하고자 하였다. 상술한 '발전계획' 내용은 빅데이터 관련 기술과 상품의 혁신, 응용능력 제고, 산업 생태계 발전, 지원 및 보장 체계 마련이라는 5대 핵심 정책과 7대 정책 임무로 구성되었다. 사물인터넷, 인공지능, 클라우드 컴퓨팅과 같은 첨단 분야에 빅데이터 기술을 융합하여 정보통신 기술을 전반적으로 혁신하는 동시에 산업발전구조, 제품형태, 비즈니스 모델에서도 혁신을 도모하려는 복합적 의도이다.

이후에도 2019년 중국공산당 제19기 중앙위원회 제4차 전체회의에서 데이터를 생산 요소로 활용해야 한다는 논의가 진행되었으며, 2020년 4월 중국 국무원은 《보다개선된요소시장화배분체제기제구축에관한의견(关于构建更加完善的要素市场化配置体制机制的意见)》을 제안하였다. 2021년 3월 발표된 《제14차5개년규획및2035년비전목표강령(第十四个五年规划和2035年远景目标纲要)》에서는 데이터가 경제사회 발전의 원동력이라 명시하였고, 데이터 기반 시장의 문제 해결을 위한 제도 강화와 인프라 구축을 강조하였다. 이러한 중앙의 지침과 지도에 따라서 지방정부는 관련 업무를 담당할 '빅데이터관리국'을 설립하였으며, 현재 총 18개소[6]가 설립, 운영되고 있다.

나아가 2023년 중국은 제14기 전국인민대표대회 '국무원 기구 개편안'에서 데이터 기반 제도 수립을 책임지고, 데이터 자원의 공유, 개발, 이용을 총괄하는 국가데이터국(国家数据局)[7] 신설을 공식화하였다. 상술한 지방의 18개소 빅데이터관리국과 관련하여 그간에 꾸준히 제기되었던 소관 부처 간의 업무 충돌, 공백과 행정구역상 분절 및 파편화 같은 문제를 해결하기 위한 대책으로 판단된다. 국가데이터국 수립은 데이터 거버넌스에 중추적 역할을 수행하면서 중앙과 지방, 지방과 지방 사이의 데이터 흐름을 원활하게 만들려는 중국 정부의 전략적 의지이다(이상우 2023). 그러나 한편으로 이로써 개인과 중국 기업을 포함한 다수 조직의 국가안보법 위반 여부를 효율적으로 조사할 수 있게 되면서, 중국 사회에 대한 국가의 감시와 통제가 심화, 빅브라더 역할을 수행하지 않을까라는 우려도 분분한 상황이다(연합뉴스 23/03/07; 서울신문 23/11/20; 아시아경제 23/03/07 등).

---

6 현재 운영 중인 18개소 성(省)급 빅데이터관리국은 '베이징시 빅데이터센터(北京市大数据中心)', '상하이시 빅데이터센터(上海市大数据中心)', '톈진시 빅데이터관리센터(天津市大数据管理中心)', '충칭시 빅데이터응용발전관리국(重庆市大数据应用发展管理局)', '구이저우성 데이터발전관리국(贵州省大数据发展管理局)', '푸젠성 빅데이터관리국(福建省大数据管理局)', '산둥성 빅데이터국(山东省大数据局)', '저장성 데이터발전관리국(浙江省大数据发展管理局)', '광둥성 정무서비스데이터관리국(广东省政务服务数据管理局)', '광시장족자치구 빅데이터발전국(广西壮族自治区大数据发展局)', '지린성 정무서비스·디지털화건설관리국(吉林省政务服务和数字化建设管理局)', '허난성 빅데이터관리국(河南省大数据管理局)', '장시성 빅데이터센터(江西省大数据中心)', '장쑤성 빅데이터관리센터(江苏省大数据管理中心)', '헤이룽장성 정무빅데이터센터(黑龙江省政务大数据中心)', '안후이성 데이터자원관리국(安徽省数据资源管理局)', '하이난성 빅데이터관리국(海南省大数据管理局)', '쓰촨성 빅데이터센터(四川省大数据中心)'이다.

7 신화통신(新华社) 보도에 따르면, 중국의 국가데이터국은 국가발전개혁위원회 관리 아래 데이터 기반 시스템 구축을 위한 조정업무, 데이터 자원의 통합·공유 및 개발이용 총괄, 중국의 디지털 경제·사회 계획 수립·추진 등을 담당할 것으로 보인다.

4. 빅데이터 산업과 미중의 전략경쟁

1) 빅데이터 권력과 미중경쟁

흔히 알려진 것처럼 현재 미국과 중국은 글로벌 주도권을 다투는 상황이다. 미국은 제2차 세계대전 종전의 이래로 압도적인 국력을 자랑하는 전통의 강국이고, 중국은 1980년대 이래로 경제적인 성장을 거듭하며 명실상부한 글로벌 강국으로 거듭나는 중이다. 이러한 상황에 미국은 모종의 불안을 느꼈고 근래에 들어서 중국과 보이는 또는 보이지 않는 경쟁을 지속하는 상황이다. 그리고 일부의 학자들은 미중의 경쟁이 가장 치열해질, 나아가 향후 진정한 승패를 좌우할 영역이 첨단기술 분야라고 주장한다. 그리고 이러한 첨단기술 영역에 대표적 분야로 '빅데이터' 기술이 꼽힌다. 빅데이터 영역은 자체도 중요하고 나아가 제4차 산업혁명에 핵심적 분야인 인공지능, 사물인터넷, 자율주행 등의 기반이 되기 때문이다.

그러한 의미에서 아래는 빅데이터 권력을 둘러싸고 벌이는 국가간의 경쟁과 경쟁력을 간단히 살펴보려 하였다. 우선, 앞서서 빅데이터를 분석하고 수집하는 알고리즘을 개발, 설계하는 자가 권력을 행사할 수 있다고 설명하였다. 이러한 측면에서 보자면 현재까지 강자는 미국이다. 글로벌 소프트웨어, 알고리즘의 대표적 생산자는 잘 알려진 미국의 정보통신 및 인터넷 기업이다. 컴퓨터 운영체제 영역은 미국의 마이크로소프트사, 인텔의 연합체가 대표적 기업이다. 그리고 네트워크 시대에 들어서면 구글, 오라클, IBM 같은 미국에 기반하는 다국적 기업들이 시장을 지배한다. 빅데이터와 관련, 문제 되는 알고리즘에 클라우드 컴퓨팅의 대표자인 시스코나 오라클도, 하둡과 같은 분석 기술도 역시 미국의 영향이 막대하다.

물론 중국에도 빅데이터 수집, 구현에 관련되는 기업이 존재한다. 중국에서 막대한 데이터를 축적한 알리바바는 빅데이터와 인공지능을 결합한 다양한 비즈니스 모델을 창출하였다. AI 프로젝트, 클라우드 컴퓨팅 플랫폼과 AI 결합 서비스, 빅데이터 실시간 처리를 통한 도시 거버넌스 개선 등이 대표적이다. 텐센트는 위챗(WeChat)에 기반하여 게임, 금융, 영상 스트리밍 등을 망라하는 거대 기업으로 AI를 엔터, 의료, 금융, 보안 등에 적용하려 시도하였다. 이외에도 음성인식에 아이플라이텍(iFLYTEK), 안면인식에 센스타임(SenseTime) 등이 세계적 기술을 자랑한다(최필수 외 2020). 그럼에도 중국이 성장한 것에는 동의하나, 알고리즘 설계의 기반과 결과에서 여전히 미국과 격차가 있다는 의견이 다수이다.

다음으로 빅데이터 시대에는 빅데이터를 분석하여 새로운 정보를 도출해내는 분석력이 무엇보다 중요하다. 빅데이터 시대라면 데이터가 무한하게 제공되는 시대이다. 그렇기에 대규모 데이터 사이에 패턴을 읽어내어 이에서 유용한 가치를 창출하는 이들이 일종의 권력이 되었고, 기업이든 국가든 이러한 빅데이터 분석력을 갖추고 있는가에 따라서 경쟁력에 상당한 차이가 발생한다. 현재까지 이러한 부분에 우위를 누리는 국가는 미국이다. 빅데이터 시작과 성장의 무대가 미국이고 현재의 우위도 여전히 미국이다. 미국은 20세기 우위를 점하였고, 현재도 이러한 상황은 계속된다. 데이터 분석과 재활용 전문가, 즉 알로리즘 분석에는 미국과 미국에 기반한 다국적 기업의 독보적인 인프라, 경력을 따라잡기 어렵기 때문이다.

다만 근래에 중국이 막대한 인적, 물적 자원을 투자하여 미국과의 격차를 줄여가는 것도 사실이다. 상술한 것처럼 2012년 이래로 중국은 빅데이터 관련한 국가적 전략과 정책을 수립하고 각급의 정부, 기업, 학계가 연합하여 빅데이터 산업과 제반의 분야들을 육성한다. 그리고 국내의 각종 조직과 시설을 수립, 이들의 성장을 뒷받침하였다. 현재로는 중국이 빅데이터 패턴을 읽어내는 역량은 뒤지지만, 막대한 데이터의 규모와 중국만의 집중이 부족함을 다소간 보충해줄 것이다. 나아가 프로그램 자체가 알고리즘 개발을 학습하는 경우는 데이터의 축적이 중요하여 중국이 인구규모, 데이터의 확보에 유리하기 때문이다. 그리고 보다 막대한, 보다 집중된 데이터가 패턴 인식과 분석을 더욱 용이하게 만들기 때문이다.

  마지막은 빅데이터 디지털 감시권력 부분이다. 이러한 유형은 빅데이터 정보를 활용하여 특정한 대상을 감시하고 통제하는 권력이다. 사실 이는 오랜 기간 개인정보 침해와 보호 이슈로 문제가 되는 분야이다. 개인이 아무리 조심해도 특정한 목적을 가지고 데이터와 정보의 조각을 모으면 복잡하게 내재된 패턴을 읽을 수 있기 때문이다. 구글처럼 지배적인 플랫폼의 경우에는 메일, 동영상 스트리밍, 음악 같은 다양한 통로로 개인정보 확보가 가능해졌고, 이론적으로 특정한 대상을 검색에 배제하거나 주변화하는 행위가 가능해졌다. 이러한 상황에 회의적 시각과 비판이 나오는 경우가 많지만, 미국의 경우는 사회 전반에 개인정보 보호 의식이 높고 관련한 제도나 법적인 보상, 처벌이 분명하여 방지에 노력하는 중이다.

  반면에 정치체제 특성상 상대적으로 자유롭게 개인과 기업의 정보를 확보하고 활용하는 중국의 경우는 디지털 감시의 권력이 장점이다. 시민사회 견제가 활발하지 않으며 개인정보 침해에 분명하게 대응할 개인들이 없기에, 나아가 상대적으로 관련한 제도도 미비하기에 가능한 일이다. 중국은 빅데이터 권력과 관련하여 보자면 알고리즘 설계의 권력이나 패턴을 읽어내는 권력이 미국에는 뒤진다. 그러나 중국이 가지는 막대한 데이터 규모와 집중도, 그리고 정부나 기업이 자유롭게 데이터를 확보하여 활용하고 나아가 이로써 상대를 감시하며 향후를 예측할 수 있다는, 나아가 통제할 수 있다는 사실은 중국에게 막대한 이점을 제공한다. 중국만 가능한 문제는 아니나 현실로 실현할 권력과 환경이 갖춰진 경우는 드물다.

2) 빅데이터 산업과 데이터의 경쟁력

다른 한편, 매트 시한(Matt Sheehan)은 데이터의 경쟁력을 평가하는 기준으로 총 다섯 가지를 제시하였다. 이는 데이터의 양, 깊이, 질, 다양성, 접근성이다. 우선, 데이터의 양적인 측면을 비교하면 미국과 중국은 기타 국가에 비해 막대한 우위를 지니고 있다. 'Trial and Error' 과정에서 축적되는 심화학습(Deep Learning) 상황에는 데이터 총량이 관건이다. 인간이 알고리즘을 개발하고 문제를 해결하는 경우에 개발자의 경험과 인사이트 수준이 중요하며 미국이 우위이다. 그러나 프로그램 자체가 알고리즘 개발을 학습하는 경우는 데이터의 축적이 중요하고 중국이 인구규모 측면과 데이터의 확보에 용이하여 유리한 상황이다.

다음으로 데이터 깊이와 관련하여 보자면 중국이 유리하다. 중국은 가장 많은 인구가 일상의 다양한 활동에 애플리케이션을 활용하는 국가이다. 중국에서는 개인의 일상 모든 순간에, 다시 말하면 교통, 업무, 교육, 소통, 쇼핑, 의료, 결제 등의 다양한 삶의 영역에 막대한 데이터가 꾸준히 축적된다. 이러한 중국의 데이터 축적은 미국뿐 아니라 다른 어느 국가도 따라잡기 힘든 규모이다. 미국에도 구글, 아마존과 같은 다국적 기업이 있지만, 중국의 경우는 알리바바, 텐센트와 같은 소수의 대기업이 중국의 시장을 독과점한 상황이라 이러한 소수의 기업이, 그리고 이러한 기업을 임의로 활용할 수 있는 정부가 기타의 번거로운 규제나 간섭없이 막대한 규모의 데이터 확보가 가능하다.

셋째는 데이터 질이다. 데이터의 정확성과 구조화 수준에서 살펴보면 미국의 우위가 분명해 보인다. 미국은 제3차 산업혁명을 이끌며 기술의 발전을 선도했던 압도적 우위의 국가이다. 제4차 산업혁명 시대와 중국의 추격에 직면한 상황이나, 기술적 기반과 데이터 자체를 다루고 활용했던 경험과 노하우는 현재의 중국이 따라잡기 어려운 것이 현실이다. 그러나 일부는 미국이 민간에서 축적한 데이터는 상당한 정확성을 자랑하고 있지만, 정치체제 특성상 중국이 정부나 국유기업 차원에서 확보하고 활용하는 공공의 데이터는 단순한 비교가 어렵다는 의견을 제시한다. 나아가 프로그램 자체가 알고리즘 개발을 학습하는 경우는 데이터의 규모가 중요하고 이러한 측면에서 막대한 데이터의 축적이 정확성과 구조화 수준까지 높이며 중국에게 불리한 상황만은 아니라 주장하는 이들로 존재한다.

하지만 데이터의 다양성 측면을 살펴보면 미국이 확실히 유리하다. 중국의 기업과 정부는 중국이라는 영토의 내에서 그리고 세계적으로 중국어 사용자 내에서 데이터를 축적하고 활용할 수 있겠지만, 동시에 이로써 그들의 영역과 한계도 명확해진다. 중국이 데이터를 확보해 활용하는 분야나 목표가 중국과 중국어라는 경계를 벗어나지 않는다면 낫지만, 그 이외의 사람과 영역에 대한 정보, 지식과 지혜를 필요로 한다면 이는 확실하게 중국의 약점으로 작용한다. 그러나 미국은 다르다. 미국의 구글, 유튜브, 엑스(X: 옛 트위터), 아마존, 페이스북, 인스타그램 같은 기업은 세계적으로 다양한 배경의 유저를 끌어들이고, 그들로부터 막대한 그리고 그만큼 다양성이 보장된 데이터를 충분히 확보한다.

마지막으로 데이터 접근성은 중국이 유리하다는 판단이다. 잘 알려진 것처럼 중국은 권위주의 국가이다. 개인의 정보이든 혹은 공공의 정보이든, 일반적 정보이든 혹은 민감한 정보이든 중국의 정부는 비교적 손쉽게 확보와 활용이 가능하다. 동시에 중국은 여전히 개발도상국이기에 개인이든 기관이든 개인정보의 중요성과 민감성에 대한 사회적 인식이 대체적으로 높지 않은 편이며 이에 대한 보호와 침해 방지, 구제, 처벌 관련 제도도 여전히 미비한 편이다. 그러나 미국을 포함한 서구의 시각과 판단은 다르다. 개인정보 보호와 침해에 민감한 분위기가 개인과 사회의 전반에 확산되어 있기에 데이터 접근에는 여론의 수렴이 반드시 필요하다. 주체와 상황에 따라서 이러한 특징에는 긍정과 부정의 측면이 동시에 존재한다.

중국의 안면인식 기술이 독보적으로 발전한 상황을 생각해보면 이해가 편하다. 중국은 체제의 특성상 민감한 정보를 비교적 손쉽게 확보해 이용할 수 있었고, 이로써 안면인식 기술의 발달도 가능했다. 그리고 이후에도 비교적 손쉽게 현실에 활용하여 기술을 개선하고 나아가 축적된 기술과 데이터로 정부의 활동을 지원하는 것이다. 언론의 보도에 따르면 중국은 2015년 공안부 주도로 13억 인구의 안면인식 데이터베이스를 구축하였고, 이로써 누구든 3초 안에 90% 정확도로 식별 가능하다고 알려졌다. 실제로, 홍콩의 SCMP 2018년 보도에 따르면 중국의 경찰은 안면인식 기술을 활용하여 5만 명이 운집하는 대규모 콘서트장에서 콘서트가 시작한 지 얼마 지나지 않아 장기간 도피 중이던 경제사범을 체포하였다.

반면에 권위주의 국가가 어떻게 기술을 인식하고 민감한 데이터를 임의로 활용하는지 잘 보여주는 사례도 발행하였다. 봉황망(凤凰网) 2022년 보도에 따르면 중국에서 한 부실은행 예금주가 해당 은행과 은행 소재지인 허난성 금융당국을 방문하여 관련한 도움을 요청하려 했는데 바로 전날 건강코드(健康码)[8]가 빨간색으로 바뀌면서 이동이 어려워졌다. 그는 PCR 검

사의 음성 증명서를 소지했고 건강코드가 바뀔 이유가 없었지만 방역 당국에 의해 격리되었다. 이후의 보도에 따르면 피해 예금자 단체 대화방 안에 200여 명의 건강코드가 단체로 빨간색으로 바뀌었다. 허난성 당국이 건강코드 정보를 불법으로 활용하여 피해자 예금주의 이동과 정당한 대처를 막으려 했다는 의혹이 제기되었다. 당국이 정보를 악용한 것이다.

5. 결론

새로운 기술 패러다임이 등장하면 후발국은 '기회의 창'을 활용하여 선도국을 추격하고 나아가 역전까지 가능하다. 중국은 지난 세 차례 산업혁명 과정에서 소외되어 상대적으로 뒤떨어져 있었지만 1970년대 후반부터 이어진 '개혁개방' 정책으로 놀라운 경제적 발전을 거듭하고 현재는 초강대국 미국까지 추격해 글로벌 주도권을 다투는 수준까지 성장하였다. 중국은 다가오는 제4차 산업혁명 시대를 맞이하며 관련한 주요 영역을 선점, 우위를 쟁취하여 타국을 압도하는 명실상부한 세계적인 강대국으로 거듭나려 도전하는 중이다.

최근 수년간 진행된 미중 통상분쟁의 본질은 글로벌 주도권을 다투는 강대국의 첨단기술 경쟁이라는 주장이 등장하였다. 중국은 군사, 경제, 외교, 문화 등의 다수 영역에서 종합국력이 미국에 뒤처진다. 하지만 제4차 산업혁명 분야에의 집중적인 투자와 연구개발 등으로 미국을 넘어 세계를 선도

등의 정보가 담긴 스마트폰 애플리케이션으로, 건강코드가 없다면 공공장소, 대중교통, 식당 등의 출입이 제한되면서 정상적인 사회생활이 불가능했다. 중국은 코로나19 기간 약 14억 인구의 건강코드 정보를 확보하였고 대부분을 현재까지 파기하지 않았다고 전해진다.

빅데이터와 정치

하는 국가로 부상할 가능성이 있다. 중국은 수년 전부터 중장기 목표와 계획을 수립하고, 각급 정부, 기업, 학계 등이 협력하여 전폭적인 인적, 물적 투자를 진행하고 있다. 이러한 행보는 중국 국내, 개별 국가 간의 경쟁뿐 아니라 지역, 나아가 세계질서 향방까지 영향을 미칠 가능성이 있다.

빅데이터는 중국이 미국을 앞서고자 노력하는 대표적인 분야다. 그러나 최근의 노력에도 불구하고 구조적인 권력의 측면에서 보자면 빅데이터 핵심인 알고리즘 설계와 데이터의 사이에 유의미한 패턴을 읽어내는 능력은 현재까지 중국이 선도국인 미국의 인프라와 경험을 따라잡지 못하는 실정이다. 다만 2012년부터 이어지는 꾸준한 지원과 막대한 투자로 미국과 중국의 현격했던 격차는 갈수록 좁혀지는 상황이다. 관련한 전문가 판단에 따르면 중국의 연구개발, 인력양성, 배출까지 사실상 미국에 육박하는 수준까지 성장했다. 나아가 중국의 정치체제, 빅데이터 자체의 특성상 데이터 규모와 집중이 중국의 약점을 다소간 상쇄하는 것으로 보인다.

빅데이터 산업의 측면에서 보자면 데이터의 양적인 부분이나 확보의 용이함은 중국이 앞서있다. 상술한 것처럼 인구의 규모와 출처의 집중으로 중국은 미국에 비해서 데이터 확보가 용이하다. 나아가 개인과 기업을 막론하고, 정보의 민감함 여부를 막론하고 정부의 데이터 접근이 가능하다. 그러한 상황에서 데이터 깊이와 질에는 중국이 유리한 부분도 분명히 존재한다. 그러나 중국만의 한계도 분명하다. 중국은 자국의 국경과 언어의 한계를 넘기가 어렵지만, 미국의 경우는 다국적 기업과 영어의 보편적 지위에 한층 다양하고 보다 다채로운 데이터를 확보, 활용한다. 미국에게 있어서 세계가 데이터 확보와 활용의 영역이다.

미중 경쟁은 빅데이터 확보와 활용뿐 아니라 관련한 글로벌 규범과 질서의 형성에 작용하여 세계에 영향을 미친다. 현재는 미국이 앞서고 있지만 중국의 추격이 상당히 매섭다. 나아가 중국의 자체적 장점과 기술의 발달로 격차는 갈수록 좁혀질 것이다. 미국과 중국의 전략적 목표와 방향이, 강점과 약점이 분명한 상황에 경쟁은 치열해질 수밖에 없다는 판단이 나온다. 빅데이터 경쟁에 참여가 어려운 이들도 국경을 초월한 빅데이터 확보와 유통에 내지는 감시와 통제에 얽히면서 방관하기 어려운 상황으로 보인다. 그렇기에 미중의 경쟁적 행보와 더불어 국제적 동향에 관련한 꾸준한 관심과 민감한 대응이 필수이다.

빅데이터와 정치

참고문헌

기정훈. 2017. "빅데이터 기반의 국가전략이론에 관한 연구." 『정부행정』 13: 89-100.

김상배. 2015. "빅데이터의 국가전략: 21세기 신흥권력 경쟁의 개념적 성장." 『국가전략』 21(3): 5-35.

이상우. 2023. "중국 국가데이터국 신설 의의와 시사점." 『법조』 72(3): 273-303.

임진희. 2023. "디지털 기술 발전이 중국의 체제 안정에 미치는 영향." 『국가와정치』 29(1): 119-152.

최필수·이희옥·이현대. "데이터 플랫폼에서의 중국의 경쟁력과 미중 갈등." 『중국과 중국학』 39: 55-87.

안승섭. 2018. "5만 명 운집 콘서트장서 수배범 '콕 집어낸' 중국 안면인식 기술" 『연합뉴스』 https://www.yna.co.kr/view/AKR20180413088000074(검색일: 2023.10.23.).

윤창수. 2023. "중국, 美 AI 따라잡으려 데이터국 설립…목적은 시진핑에 권력 집중." 『서울신문』 https://www.seoul.co.kr/news/newsView.php?id=20231120500172&wlog_tag3=naver(검색일: 2023.11.30.).

이종섭. 2022. "마을은행 부실 덮으려 방역용 건강코드로 주민 이동 통제…중국 지방 간부들 문책." 『경향신문』 https://www.khan.co.kr/world/china/article/202206231325001(검색일: 2023.10.25.).

조준형. 2023. "中 "국가데이터국 신설"…디지털정보 총괄 '빅브라더' 되나." 『연합뉴스』 https://www.yna.co.kr/view/AKR20230307155400083(검색일: 2023.11.02.).

황서율. 2023 "中, 국가데이터국 신설…WSJ '최고 규제기관 될 것'." 『아시아경제』 https://view.asiae.co.kr/article/2023030720084563875(검색일: 2023.11.02.).

제3부

빅데이터와 국제정치

제6장

빅데이터와 외교*

김윤희(서울대학교 아시아연구소)

1. 서론

　세계적으로 유명한 미래학자 앨빈 토플러(Alvin Toffler)는 이미 1970년
대부터 그의 대표 저서인 *Future Shock*(1970), *Third Wave*(1980), *Power
Transfer*(1990), 그리고 *Future Wave*(1994)를 통해 지식 기반의 사회와 정
보화 시대의 도래를 예측했다. 그의 예측과 같이 데이터는 21세기 중요한
도구로 주목받고 있다. 4차 산업혁명과 함께 빅데이터(big data)의 출현은
산업 전반에 큰 혁명을 일으켰고 인간의 행동과 문화를 변화시켰다. 또한
빅데이터는 수천 년 동안 이어온 인간의 사고방식을 뒤흔들며 인간이 그
간 유지했던 소통방식에도 큰 변화를 주었다(Mayer-Schönberger and Cukier
2013).

---

* 이 글은 『국가와 정치』 제30집 1호에 게재된 논문을 수정·보완한 것입니다.

최근 스마트폰, 태블릿, 노트북 등 개인 디지털 기기의 사용 확대와 사물 인터넷(IoT) 기술 발달로 인해 생산되는 데이터의 양은 해마다 기하급수적으로 증가하고 있다. 이는 우리가 온라인 포털 사이트 검색, 소셜 미디어 사진 업로드 및 댓글 작성, 스마트폰에 저장된 사진과 동영상, 온라인 뉴스 구독 등의 일상생활 속에서 사용하며 남겨진 흔적들, 더 나아가 우리가 흔히 접하는 교통 및 길거리 CCTV를 통해 다양한 정보들이 데이터로 저장되고 있다. 향후 2025년엔 전 세계 기준 하루 데이터 생성량은 463엑사바이트로 초고화질 사진과 동영상이 클라우드에 끊임없이 저장될 것으로 예측한다 (Pitron and Jacobsohn 2023). 이처럼 엄청나게 방대한 양의 데이터를 우리는 빅데이터라 부르고 있다.

지난 2018년 엔디비아(NVIDIA)의 CEO 젠슨 황은 세계 최대 GPU 컨퍼런스 기조연설에서 "데이터는 새로운 소스 코드가 되고 있다(Data is the new source code)"고 강조하며 앞으로의 패러다임은 데이터 중심의 컴퓨터 기술로 전환될 것을 암시했다(Forbes 2018). 이러한 환경은 비단 비즈니스에 한정된 것이 아닌 외교 분야에도 활발히 적용되고 있다. 이코노미스트지가 언급한 것처럼 "세계에서 가장 가치 있는 자원은 더 이상 석유가 아니라 데이터(The world's most valuable resource is no longer oil, but data)"(Economist 2017)이기에, 빅데이터가 외교에 적용되기 시작하게 된 배경에는 첫째 급속한 디지털 기술의 발전으로 인해 외교에 필요한 대량의 정보를 수집하고 분석할 수 있게 되었고 둘째 이러한 분석 정보를 토대로 외교 전략을 수립함과 동시에 정보화할 수 있는 환경을 꼽을 수 있다.

사실 역사적으로 외교는 주로 전통적인 정보 수집과 제한된 데이터에 의존했다. 하지만 4차 산업혁명 시대의 기술 혁신과 데이터 분석이 주는 통찰력은 외교 활동을 다변화할 수 있게 했다. 데이터 분석은 협상 및 대응과 같은 주요 외교 활동을 지원하는 데 중요한 도구로 활용되고 있으며 동시에 외교정책 결정에 기여하고 있다. 예를 들면 사회 미디어 분석은 외국 국민의 여론과 감정을 파악하고 외교 메시지와 정책을 만드는 데 필요한 통찰력을 제공한다. 그리고 빅데이터의 위기관리 분석은 소셜 미디어 및 위성 이미지와 같은 다양한 출처의 실시간 데이터를 활용하여 외교관과 국제 기구가 자연재해나 정치적 격변과 같은 긴박한 상황에 맞춤 대응할 수 있도록 한다. 이처럼 빅데이터는 협상과 국제 관계에서 중요한 역할을 담당하고 있다. 데이터 기반 통찰력은 협상 결과를 예측하고 다양한 당사자들의 이해관계를 분석하며 전략을 수립하는 데 사용되고 있다. 이러한 접근 방식은 전통적인 방법과 달리 더욱 정보에 기반한 전략적 외교를 가능하게 한다.

따라서 본 장은 생소하게만 느껴졌던 빅데이터의 역할과 기능을 외교적 관점에서 분석하고자 한다. 즉, 빅데이터가 4차 산업혁명 이후 어떻게 외교의 중요한 도구가 되었는지 전반적인 이해를 돕기 위한 배경 설명과 국가의 외교 전략에 있어 왜 빅데이터의 역할이 점차 확대되고 있으며 어떠한 방법으로 현실에 적용되고 있는가를 사례 연구를 통해 조명해 본다. 이를 위해 본 장은 다음과 같이 구성되었다. 4차 산업혁명을 통한 빅데이터 시대의 도래 및 빅데이터를 이해하는 데 필요한 개념을 설명하고, 외교의 도구로서 빅데이터의 역할을 분야별로 살펴본다. 마지막으로는 국내 그리고 해외 사례를 통해 빅데이터 외교의 다양한 실례를 살펴봄과 동시에 빅데이터가 외교에 어떻게 적용되는지를 분석한다.

2. 4차 산업혁명과 빅데이터의 시대

1) 4차 산업혁명과 빅데이터의 출현

4차 산업혁명은 첨단기술을 통해 인간, 공간, 사물의 경계가 없는 초연결 (hyper-connected) 사회를 가능하게 했다. 제조업과 정보통신 기술의 융합이 경제뿐만이 아닌 사회 전반에 영향을 주고 있다. 2016년 다보스 세계경제포럼 회장인 클라우스 슈밥(Klaus Schwab)이 처음으로 소개했던 4차 산업혁명은 "3차 산업혁명을 바탕으로 바이오산업과 디지털 등의 경계를 융합하는 기술혁명"(슈밥 2016)으로 알려졌다. 이는 전 세계에 주목받으며 정치·경제·사회문화 분야에 본격적으로 적용되기 시작했다. 초기의 4차 산업혁명에 대한 논의는 독일의 인더스트리 4.0의 시작과 함께 제조업 혁신의 관점에서 정의되다가 현재는 이에 관한 연구가 더욱 세분되고 본격적으로 논의되고 있다.

정리하자면, 과거의 1차 산업혁명은 기계혁명으로 가내수공업에서 공장 생산으로의 변화를 가져왔으며 2차 산업혁명은 생산 혁명으로 전기와 석탄 및 석유의 연료를 이용하여 대량생산이라는 환경의 변화를 가져왔다. 3차 산업혁명은 디지털 기반의 기술을 통해 정보화를 가능하게 하였으며 더 나아가 지식서비스 산업의 물꼬를 텄다. 이후 4차 산업혁명은 빅데이터, 인공지능(AI), 사물인터넷(IoT) 등이 모든 산업에 큰 영향을 주고 있으며 현실과 가상현실(VR) 간의 구분이 모호해지고 있다(엄영배 2018). 다시 말해, 인류는 3차 산업혁명에서 발전한 인간의 지식과 통찰력이 컴퓨터와 연계되어 최첨단 지능 정보화된 사회에서 생활하고 있다.

이렇듯 4차 산업혁명으로 인한 기술 발전은 빅데이터 외교를 포함한 다양한 분야에 적용할 수 있는 근간을 마련했다. 즉, 이전보다 더 강력한 컴퓨터의 연산 능력과 데이터 처리능력에 큰 변화를 가져왔다. 고급 반도체 기술과 양자 컴퓨터 등의 개발로 인해 네트워크화된 장치와 시스템의 새로운 시대를 열었으며 지속해서 데이터를 생성하고 교환하는 디지털 생태계에 변화를 가져왔다. 또한 사물인터넷(IoT)의 기술은 구조화된 수치 데이터에서 비구조화된 텍스트 및 멀티미디어에 이르기까지 방대하면서 다양한 데이터 유형을 생성하고 확산할 수 있는 환경을 만들었다. 이렇게 모인 데이터들은 인공지능(AI)을 통해 인간의 분석 능력을 뛰어넘는 대규모 데이터 해석과 분석을 가능하게 하였다. 인공지능(AI)은 복잡한 알고리즘을 사용하여 빅데이터 내의 패턴을 파악하고 앞으로의 상황을 예측하는 등 그동안 공상과학 영화에서 봐왔던 세상이 실현화될 날이 머지않았다.

2) 빅데이터 의미 그리고 빅데이터 외교

국제 사회에서 빅데이터는 강력한 영향력을 갖고 있으며 사회 전반에 구조적인 영향을 미치고 있다(McNeely and Hahm 2014). 특히 1990년대 말 인터넷 보편화와 함께 엄청난 양의 데이터가 생성되며 정보화 시대라는 개념이 소개되었다. 이후 2000년대 중반에 들어와 정보통신 기술의 발달은 스마트폰 보급을 활성화하며 빅데이터 시대를 본격화하는 계기를 마련했다. 그러면 빅데이터를 어떻게 정의할 수 있을까? 가장 기본적인 수준에서의 빅데이터의 의미는 데이터 관리에 있어 한계를 넘어선 대량의 데이터를 의미한다. 빅데이터는 정보의 양, 구조화 및 비구조화된 다양한 데이터 소스 및 유형, 그리고 데이터의 생성, 저장 및 보급을 결정하는 속도를 의미하기도 한다(Einav and Levin 2014). 미국의 정보기술 연구 자문회사인 가트너

<표 1> 빅데이터 특징(5V)

특징	규모 (Volume)	속도 (Velocity)	다양성 (Variety)	진실성 (Veracity)	가치 (Value)
내용	생성 및 저장된 데이터의 양	데이터가 생성되고 처리되어 성장과 발전의 과정에 있는 요구와 과제를 충족하는 속도	데이터의 수집되는 다양한 유형 및 성격	데이터의 정확성	데이터의 가치

출처: 저자 작성

(Gartner)는 빅데이터를 "향상된 통찰력, 의사결정 및 프로세스 자동화를 가능하게 하는 비용, 효율적이고 혁신적인 형태의 정보 처리를 요구하는 대용량, 고속 또는 다양한 정보 자산"이라 설명한다(Garner n.d). 과거에는 단지 기업이 서비스 제공을 목적으로 컨텐츠 제작이나 업무를 위한 데이터들이 주를 이뤘다면 최근에는 이전과 비교하여 소셜네트워크를 기반으로 한 데이터가 더 중요해졌으며 그 양은 확연히 증가했다. 이를 통해 기업 또는 각국의 정부는 이전에는 관심이 없었던 비정형 데이터들을 분석하고 통계로 집계하여 의사결정과 핵심 가치를 지닌 정보로 활용하고 있다(정영기·석명건·김창재, 2014).

빅데이터의 특징과 관련하여 맥킨지(McKinsey)회사는 데이터 특성을 4가지(4V: 규모(volume), 속도(velocity), 다양성(variety), 정확성(veracity))로 정리했다(<표 1> 참조). 데이터의 규모는 지난 몇 년 동안 기하급수적으로 증가했다. 이 데이터는 정형화, 반정형화, 비정형화가 가능하며, 내용보다는 단순한 양의 데이터에 초점을 맞춘다. 둘째, 데이터는 빠르게 생성되고, 빅데이터의 속도가 현실 세계에서 수집되는 속도를 결정한다. 모든 사람이 정보화 시대에 들어와 빠른 속도로 데이터를 생산하며 데이터의 속도는 기하급수적으로 증가하고 있지만, 문제는 들어오는 데이터의 양을 감당할 수 없다는 것이다. 이를 해결하기 위해 데이터를 간소화하는 데이터 처리가 필요하게 되었다. 셋째, 데이터의 다양성은 볼륨 및 속도와 함께 빅데이터에 수집되는 많은 데이터의 유형과 성격에 의해 결정된다. 최근 다양하게 생성되는 데이터 소스들이 많아 다양한 방법으로 이를 활용하는 연구가 진행 중이다. 넷째, 빅데이터의 진정성 역시 중요하다. 부정확하거나 중복된 자료를 수집하는 것과 관련된 문제들이 많이 발생하며, 이를 해결하지 못하면 잘못된 데이터 해석으로 이어질 수 있다. 마지막으로 데이터의 가치다. 이는 맥킨지가 제시한 데이터 특성 4가지(4V) 이외 IBM이 추가로 제시한 특성이다. 앞서 다른 4개의 특성이 빅데이터에 영향을 미치는 외부 요인을 나타내지만, 가치는 비즈니스 전략 및 실행과 관련된 내부 요인을 나타낸다. 빅데이터로부터 최대의 가치를 추출하기 위해, 기업과 데이터 과학자들은 분석을 통해 무엇을 달성하고자 하는지에 대한 명확한 목표를 가질 필요가 있으며 이를 통해 어떤 정보를 수집해야 하고 어떻게 사용해야 하는지 결정할 수 있다.

4차 산업혁명은 빅데이터를 매개로 하여 인간, 시스템, 그리고 기계 간 연결을 증강하는 다차원 처리 시스템이라고도 할 수 있다(하원규 2017). 이는 초연결 네트워크를 통해 엄청난 규모의 빅데이터를 생성하고 이후 빅데이터가 모은 정보들을 인공지능(AI)이 딥러닝 기술을 이용하여 분석 및 물리 공간상의 상황을 예측한다(Kaplan and Haenlein 2019). 그리고 〈그림 1〉처럼 여러 과정을 통해 예측되는 의사결정들은 실제 물리 공간에 다시 영향을 주며 순환적 생태계를 생성한다(복경수·유재수 2017).

현재 산업 전반에 영향을 주고 있는 빅데이터 기술은 변화 예측형 빅데이터일 것이다. 다시 말해 빅데이터 기술이 정보 획득에서 변화 예측으로 변화되고 있다. 또한 현재 빅데이터는 인공지능(AI)을 통해 분석 기술뿐만이 아닌 여러 종류의 플랫폼을 통한 데이터 공유 등 우리 사회에서 필요한 방

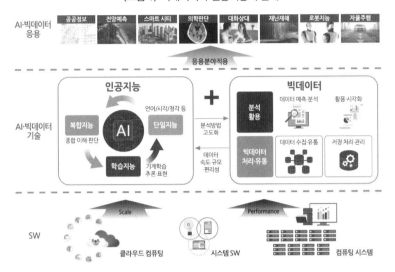

출처: 권순선 2020

향으로 발전하고 있다(김수현·도지훈·김보라 2018). 전언했듯이 빅데이터를 가장 많이 활용하는 분야는 비즈니스로 기업 마케팅 또는 고객관리다. 하지만 공공부분의 의사결정에 있어 빅데이터 역할 역시 점점 중요해지고 있다(Giest 2017). Williamson(2014)와 White and Breckenridge(2014) 학자들은 공공 부문에 있어 빅데이터의 활용은 많은 이점을 가져올 수 있다고 주상한다. 최근에는 행정 부분에서도 빅네이터가 공공정책 결정에 활용되어 심야버스 노선 또는 순찰 지역을 결정하는데 적용되고 있다. 또한 정치 분야에서도 웹 문서나 유권자들의 댓글을 파악하는 오피니언 마이닝 기법을 적용하여 유권자의 성향을 파악하는 사례도 빈번치 않게 볼 수 있다(김상배 2016).

국내에서도 빅데이터를 외교에 적극적으로 활용하고 있다. 최근 해외 국민과의 소통 및 국제 사회의 공감을 얻기 위해 데이터와 인공지능(AI)의 분석을 토대로 각 권역에 최적화된 외교 전략을 수립하는 중이다(김효정 2023). 외교부는 주요국의 법안, 규제 정부의 공유, 그리고 이에 관련된 선제 대응체계를 마련하기 위해 인공지능(AI) 기반 법안분석을 전문적으로 하는 피스컬노트(FascalNote) 기업과 업무협약을 체결했다(외교부 2023). 이러한 다양한 예시들은 빅데이터가 외교 전략에 주요한 도구로서 본격적으로 활용되고 있다는 간접증거이기도 하다. 이와 관련하여 더 자세한 내용은 아래 제3장에서 논의하겠다.

3. 외교의 도구로서의 빅데이터: 기능 및 역할

"데이터는 외교의 중요한 도구이다. 우리가 데이터를 가지고 있을 때, 이전보다 더 준비된 외교적 관계를 맺을 수 있고, 효과적으로 이를 관리할 수 있으며, 세계를 이끌 수 있다- 블링컨 미국 국무장관"(US Department of State n.d)

외교는 '국가 간의 대화'다. 그리고 외교의 목적은 국가의 이익 증진이며 이를 위해 다른 나라의 행동에 영향을 미치는 것이다. 이 때문에 외교는 분쟁을 해결하거나 예방하기 위한 국가 간 협상 또는 논의, 국가 간 비공개회의, 고위급 간 정상회담, 다자회담 등이 있다. 전통적인 외교와는 다르게 21세기에는 정부뿐만이 아니라 국민 역시 타 국가의 국민과 교류하며 국가의 대외 이미지를 향상하고 있다. 또한 자국을 외국 국민에게 이해시키고 신뢰를 증진해 국제 사회에서 자국의 영향력을 높이고 있다. 이러한 흐름을 이끈 원동력은 정보통신의 발달로 인해 전 세계인들이 인터넷을 통해 온라인에서 다양한 대화와 정보를 주고받을 수 있게 되면서 엄청난 양의 데이터가 모이게 되고 이는 곧바로 외교에 적극적으로 적용되었다.

4차 산업혁명과 함께 국제 관계에서 빅데이터는 없어서는 안 될 도구가 되었다. 따라서 주요 국가들은 빅데이터의 엄청난 잠재력에 주목하여 영국의 외무·연영방부(Foreign and Commonwealth Office)는 지난 정보·디지털 부서의 2021-2022 사업 계획 목표 중 디지털, 데이터 및 기술(Digital, Data and Technology)기관을 이용하여 외교 성과를 얻을 것이라는 점을 강조했다. 또한 아랍에미리트 정부는 2022년 '지속 가능한 개발을 위한 빅데이터'를 유엔에서 발표하며 빅데이터를 외교에 적극적으로 활용하는 데 앞장서고 있다. 21세기 외교는 빅데이터를 통해 국제 현안들을 여러 관점에서 더욱 폭넓게 분석할 수 있게 되었으며, 이를 바탕으로 이전과는 다른 다양한 외교정책 수립이 가능하다. 이러한 환경에서 우리가 고민해야 할 점은 빅데이터의 출현과 함께 외교가 전반적으로 어떻게 바뀌었나 라는 점이다. 외교는 국내외 사회 성격의 변화에 대응하여 지속해서 변하고 있다. 정부나 기업은 주로 투명한 거버넌스를 위해 개방형 데이터 정책의 하나로 정보를 공개하고 있으며 국제기구는 UN Global Plus 이니셔티브가 '개발을 위한 빅데이터'를 활용하고 있으며 세계경제포럼 역시 데이터 중심 개발을 연구하고 있는 등 자신들의 정당성을 강화하기 위해 빅데이터를 활용하고 있다(Hoking and Melissen 2017).

빅데이터가 외교를 지원하는 주요 방법 중 대표적인 방법은 빅데이터로 모인 정보를 분석하며 예측하는 것이다. 그러면 빅데이터를 외교 분야에서는 어떻게 활용할까? 외교 분야에서의 데이터 활용은 크게 데이터의 종류(정형 데이터와 비정형 데이터) 그리고 데이터의 위치(조직 내부와 조직 외부)로 정리할 수 있다. 여기서 빅데이터 외교의 경우는 주로 조직 외부의 비정형

　　　　　　　　　　　　　　　　　　　　　　　　　빅데이터와 정치

오픈 데이터를 외교에 적용하는 것으로 인터넷에 개설된 사이트 및 다양한 매체를 통해 생산되는 엄청난 양의 비정형 데이터를 분석하고 패턴을 읽어 다양한 외교 분야에 활용·반영하고 있다(김상배 2017). 대표적인 최근 예로는 미국 전 도널드 트럼프 대통령의 트위터 계정이다. 많은 연구자는 약 8,800만 명 이상의 팔로워를 보유한 그의 계정의 게시물이나 팔로워 반응을 분석한 예는 유명하다. 이처럼 최근 소셜 미디어, 뉴스 기사, 경제 지표와 같은 다양한 소스의 빅데이터 분석은 전 세계 외교관들이 동시대 이슈와 국제 관계에 대한 동향을 이해하는 데 중요한 도구로 활용하고 있다. 더 나아가 정책 입안자들이 잠재적 위기를 예상하고 기회의 영역을 식별하며 정보에 근거한 외교정책 결정을 내리는 데 도움이 될 수 있다.

최근 빅데이터는 개발, 기후 변화, 그리고 인도주의적인 문제와 같은 특정한 외교 분야에도 적극적으로 활용되고 있다. 하지만 빅데이터가 국제 관계 및 외교 분야에 인간을 대신할 수 있는 외교적 도구가 될 수 있냐는 질문의 답은 조금 더 지켜봐야 알 수 있다. 현재로서 빅데이터는 전통적인 데이터의 한계를 보완하며 그간 인간이 갖지 못했던 통찰력을 제공하고 있다는 사실은 부인하지 못할 것이다. 따라서 빅데이터가 외교의 실무적인 면에 어떻게 영향을 미치며 동시에 외교의 도구로서 어떠한 잠재적 영역을 가졌는지는 다음의 예를 통해 알아보겠다.

1) 공공외교

1918년 1월 8일 제1차 세계 대전이 끝날 무렵 우드로 윌슨 미국 대통령은 의회 연설에서 "외교는 항상 솔직하고 대중의 관점에서 진행되어야 한다"라고 강조했다. 윌슨이 강조한 외교의 형태는 21세기에 들어와 공공외교로 불리고 있다. 문화, 언어, 지식 등의 소프트파워를 이용하여 외국 대중에게 다가가 그들의 마음을 얻고 긍정적인 이미지를 만들어 국가의 외교 관계를 증진할 수 있는 외교 활동으로 많은 관심을 받고 있다. 좀 더 살펴보면 과거 전통 외교인 정부 간 소통과 협상 과정과 반대되는 개념인 공공외교에 대해 다양한 이해와 정의가 존재한다. 공공외교는 냉전 시절 미국이 상대방 국가의 정책에 영향을 주기 위한 정책으로 이용되었다. 1965년 미국의 전직 외교관이었던 에드먼드 걸리온(Edmund Gullion)이 '외국 대중의 마음을 얻고 지지를 확보하는 활동'이라 정의(Cowan and Cull 2008)하고 터프트대학교(Tufts University)에 에드워드 머로우 공공외교센터(Edward R. Murrow Center for Public Diplomacy)를 세우며 현재의 공공외교 용어 개념을 사용하기 시작했다. 냉전 종식과 함께 공공외교가 잊히는 듯하였으나 9.11 테러 이후 미국은 하드파워를 통한 외교정책에 한계를 느끼게 되었다. 이후 소프트파워를 이용하여 외국 국민과의 쌍방향 소통의 중요성이 강조되기 시작한 20세기형 공공외교가 재부상했다. 이러한 공공외교는 21세기에 들어와 급속한 세계화와 통신수단의 발달로 인해 비국가 행위자가 온라인을 통한 소셜네트워크 등에서 큰 영향력을 행사하게 되며 피플파워(people power)와 네크워크 파워(newtwork power) 등 새로운 형태의 21세기 신공공외교로 발전하며 전 세계는 새로운 외교 패러다임을 바탕으로 소통과 공감을 중시하는 개방형 외교의 형태로 탈바꿈되었다.

공공외교의 주된 목표는 국민과 타 국민 간 교류를 통해 해외에서 국가이익과 가치를 증진하는 것이다. 한국도 공공외교를 "국가가 직접 또는 지방자치 단체 및 민간부문과 협력하여 문화, 지식, 정책 등을 통해 대한민국에 대한 외국 국민의 이해와 신뢰를 증진하는 외교"로 정의하고 다양한 공공외교 프로그램들을 만들어 국내외 외국인들에게 한국을 알리고 소통하

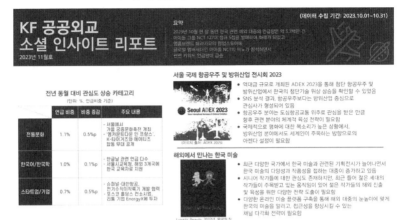

출처: 한국교류재단 2023

는 데 큰 노력을 들이고 있다(한국국제교류재단 n.d.). 이러한 공공외교는 오늘날 빅데이터의 출현으로 다양한 방법으로 공공외교의 효과를 기대할 수 있게 되었다. 빅데이터를 통한 공공외교의 특징을 자세히 살펴보면 다음과 같이 정리할 수 있다. 첫 번째로는 빅데이터를 통해 특정 청중에게 맞춤화된 메시지와 전략에 필요한 정보를 수집할 수 있다. 소셜 미디어, 뉴스 매체, 정부 보고서를 포함한 다양한 소스에서 대량의 데이터를 분석함으로써, 공공 외교관들은 전 세계 사람들의 태도, 신념, 행동에 대한 더 깊은 이해를 얻을 수 있다. 한국의 경우 한국교류재단(Korea Foundation)이 소셜 미디어 빅데이터 분석을 통해 국내외 대중의 한국 관련 동향을 분석하는 '공공외교 소셜 빅데이터 분석'을 정기적으로 시행하며 〈그림 2〉와 같이 '소셜 인사이트 리포트'를 발행하고 있다. 이 정보는 국가마다 다른 사회 및 문화 등을 고려한 맞춤형 프로그램으로 공공외교의 성공 확률을 높일 수 있다.

두 번째로는 세계에서 일어나는 사건 사고들을 실시간으로 모니터링하

〈그림 3〉 코로나 시기 빅데이터를 이용한 각 국가들의 대응 전략 분석

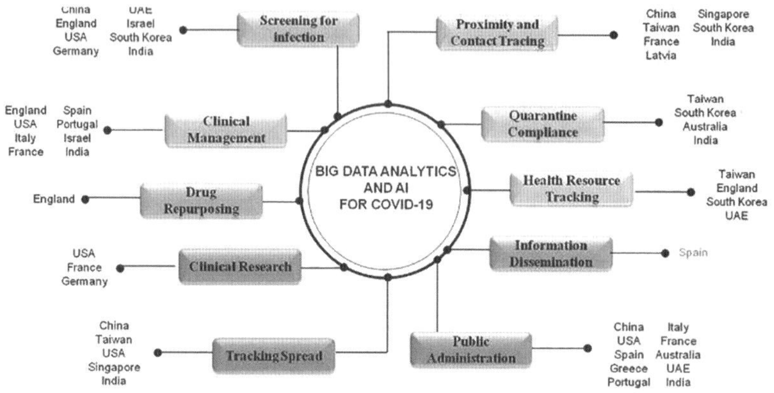

출처: Mehta and Sharvari 2021

고 분석할 수 있다. 이를 통해 국가가 국제 사회에서 갑작스럽게 발생한 자연재해, 정치적 혼란 등을 신속하게 파악하고 공공외교를 통해 관계를 공고히 할 수 있거나 개선할 기회를 제공한다. 예를 들면 〈그림 3〉은 COVID-19 팬데믹 동안 세계의 주요 국가들이 코로나에 어떻게 대응하고 이를 막기 위한 노력은 무엇인지를 빅데이터를 바탕으로 분석했다. 이러한 분석 자료를 통해 팬데믹 동안 각 국가의 외교정책을 수립하는 부서에서는 소셜미디어의 내용과 미디어 내용들을 한데 모아 각국이 위기에 어떻게 대응하고 있는지를 이해하고 그에 따라 자신들의 전략을 조정힐 수 있었다.

마지막으로 빅데이터를 통해 현재 국가 외교정책의 영향력 및 국민의 반응을 예측할 수 있다는 점이다. 과거 트럼프 재임 시절 미국 USA Today 언론사는 트럼프가 취임한 바로 직후 6개월(2017년 1월부터 7월) 동안 그가 트위터(Twitter)를 통해 가장 많이 언급한 주제를 정리하며 이를 통해 미국의 외교정책 방향을 예측한 예는 유명한 일화다(〈그림 4〉 참조). 이처럼 소셜 네트워킹 서비스(SNS)에서 제공하는 댓글, 좋아요, 공유, 그리고 웹사이트 트

〈그림 4〉 트럼프의 트위터 주제들

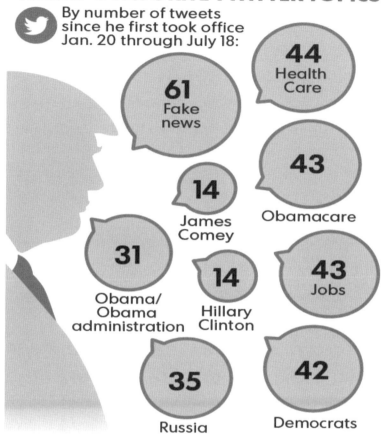

출처: USA Today 2017

래픽 등 참여 매트릭스 자료수집 및 분석은 효과적인 캠페인 및 프로그램
이 무엇인지를 결정하고 향후 전략을 발전시키는데 필요한 정보를 제공한
다. 또한, 빅데이터 분석은 공공외교 정책 및 프로그램을 만드는 자들의 메
시지가 공감을 얻지 못하는 영역을 식별하고 전반적인 영향을 향상하는 데

필요한 조정을 할 수 있게 돕는다.

결론적으로 오늘날 복잡하고 빠르게 변화하는 글로벌 환경에서 공공외교의 효과를 극대화하기 위해서는 빅데이터 분석이 필수적이다. 빅데이터를 활용함으로써 공공외교 행위자들은 특정 청중에게 맞춤화된 메시지와 전략을 구사하고 국제 문제들을 상황에 맞게 해결할 수 있게 되었다. 변화하고 발전하는 시대에 발맞춰 공공외교 역시 빅데이터를 활용한 더욱 폭넓고 다양한 프로그램을 수립할 수 있게 되었으며 이를 통해 더욱 활발해진 외교관계와 국익 증진이라는 긍정적인 영향을 가져다주었다.

2) 외교 안보

외교 안보 분야에서의 빅데이터가 적용될 수 있었던 배경은 단편적인 정보를 바탕으로 외교정책을 결정하는 데 불안감을 느끼기 시작했던 20세기 후반부터다(강선주 2017). 이는 국제 정치도 4차 산업혁명으로 인해 국가 안보 환경이 변화했기 때문이다. 과거 2차 산업혁명과는 다르게 4차 산업혁명 시대에는 빅데이터, 인공지능(AI) 등을 통해 국가 군사력과 경제력이 고정적이지 않다. 그리고 국가 간 우열을 쉽게 가릴 수 없다. 대표적인 예로는 중국의 디지털 실크로드다. 중국은 단순히 데이터와 디지털 관련 인프라 건설뿐만이 아닌 기술 표준, 기술, 그리고 플랫폼 서비스 이용 관련 규범 구축까지 중국 주도의 국제 질서 수립을 위해 다양한 전략을 펼치고 있다. 이처럼 과학기술 발전으로 인해 국가들은 자국의 피해를 최소화하며 전쟁을 통하지 않고도 상대국을 혼란에 빠뜨릴 수 있게 되었으며, 이전보다도 비국가 행위자가 빅데이터를 수집하고, 인공지능 사용 및 네트워크 암호화 등이 가능해졌기에 과거에 비해 이들을 대리자로 이용하는 비전투 행위와

빅데이터와 정치

같은 혼합전쟁을 수행할 가능성이 높아졌다(강선주 2018). 이러한 이유로 국제 사회에서의 외교 안보는 디지털 시스템을 활용한 과학적 예측이 필요해졌으며 특히 안보 정책을 수립하고 실행하는 데 있어 효율성을 높이기 위해 빅데이터 플랫폼을 구축하고 이를 적용하는 빅데이터 외교에 관한 연구가 본격화되었다.

안보 분야에서 빅데이터가 어떠한 응용프로그램을 통해 어떻게 그리고 어느 정도까지 발전했는지에 대한 분석은 사실 각 국가와 기관들의 보안 정책 운용으로 인해 비밀에 싸여져 있는 경우가 많기에 다른 분야처럼 쉽게 파악할 수 있지는 않다(Broeders et al. 2017). 대신 외교 안보 분야에서 빅데이터 활용의 장점들을 정리하자면 다음과 같다. 첫째, 위험 인식 및 정보 분석이다. 외교관 그리고 안보를 담당하는 기관들은 테러, 스파이 활동, 사이버 공격의 잠재적 위협을 사전 파악하고 예측하기 위해 빅데이터에 의존하고 있다. 예를 들면 중앙정보국 내 디지털 혁신국(Directorate of Digital Innovation)의 경우 오바마 집권 당시 중앙정보부(CIA) 국장이었던 존 브레넌이 미국의 디지털 및 사이버 역량의 통합을 위해 새롭게 만든 부서다(CIA n.d.). 빠르게 발전하는 정보기술 환경에 적응하기 위해 신설된 디지털 혁신국은 디지털 및 사이버 보안 기능을 중앙정보부(CIA)의 간첩 및 방첩 활동, 오픈 소스 정보를 수집 및 분석하여 안보 작전에 적용했다. 현재까지도 온라인상의 안보와 관련된 빅데이터를 수집하며 인공지능(AI)을 통해 분석된 자료들은 미국의 국가 안보 전략에 중요한 도구로 사용되고 있다. 또한 프레드폴(PredPol) 시스템은 2008년 미국 LA 경찰청에서 범죄 예방을 위한 예측적 경찰 활동에 대한 개념 설정 이후 연구자들이 특정 범죄에 대한 예측 가능성(범죄 유형, 발생 위치 및 시간 등)을 훈련데이터(Training Data)와 머신러닝(Machine Learning)을 이용하여 제공한다. 현재 본 프로그램은 미국의 일

〈그림 5〉 빅데이터를 이용한 샌프란시스코시 범죄 현황 지도

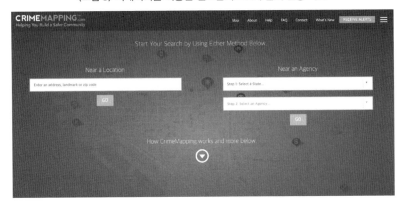

출처: City of San Francisco n.d.

부 지역과 네덜란드, 영국 등에 적용되고 있다(방준성 외 2019). 이러한 기관을 통해 범죄자와 테러리스트들의 활동을 추적하고 공격을 사전에 방지할 수 있으며 과거와는 다르게 적극적으로 위험한 상황을 예방하고 대응할 수 있다는 장점이 있다.

이뿐만이 아니라 사이버 위협을 식별하고 보안을 강화할 수 있다는 점이다. 디지털 외교의 시대에 사이버 보안은 외교 안보의 핵심 요소가 되었다. 빅데이터 분석은 사이버 위협을 식별하고 완화하는 데 중요한 역할을 한다. 미국 국가 사이비 보안 및 통신통합센터(National Cybersecurity and Communications Integration Center)의 경우 중요한 사이버 및 통신 인프라에 대한 위협을 빅데이터로 분석하고 사이버 사고 위험을 평가한다. 이후 평가 점수에 따라 매겨지는 공공 자원 배분 우선순위를 위해 국가 사이버 사고 평점 체계를 개발했다. 지난 2014년부터 미국 산업제어시스템 사이버 긴급대응팀(ICS-CERT, Industrial Control System Cyber Emergency Response Team)을 통해 주요 기반 시설과 산업 분야에 사이버 사고 위험을 평가하고

정보를 수집하고 있다(김소정 2022). 빅데이터 도구를 통해 시의적절하고 실행할 수 있는 정보를 공동으로 개발하고 공유함으로써 공공과 민간 부문 그리고 국제 파트너 간의 협력이 가능해졌다. 또한 네트워크 보안 시스템을 통해 네트워크 리소스에 대한 무단 접근을 방지하고 사이버 공격과 보안 침해를 탐지 및 차단할 수 있다. 더 나아가 인증된 사용자들이 네트워크 리소스에 안전하게 접속할 수 있는 환경을 만들어 잠재적인 보안 침해를 식별하고 사전 예방하고 있다(IBM n.d.).

마지막으로는 국제 협력 및 정보공유 강화다. 빅데이터는 국가 간에 필수적인 글로벌 외교 보안을 위한 강력한 국제 협력과 정보공유를 촉진한다. 테러리즘과 사이버 범죄와 같은 현대의 위협이 상호 연결되어 있으므로 협력적인 접근이 필요하다. 빅데이터 플랫폼은 국경을 넘어 보안 관련 정보를 공유하고 분석하며 위협을 식별하고 대응하는 공동 능력을 강화한다. 예를 들면 싱가포르에 있는 인터폴의 글로벌 사이버 범죄 센터인 '인터폴 글로벌 혁신센터(Interpol Global Innovation Centre)'의 경우 센터 내 인터폴 책임 인공지능(AI) 연구소, 사이버 공간 및 신기능 연구소, 디지털 포렌식 연구소, 그리고 미래연구소를 세부적으로 운영하고 있다(Interpol n.d.). 센터 내 연구소에서 분석한 내용을 토대로 국제사법기관, 민간, 그리고 학계가 협력할 수 있는 네트워킹을 마련한다. 또한 회원국이 새로운 흐름을 평가하는 데 필요한 기준과 지침 그리고 출판물, 마지막으로 역량구축과 운영을 지원한다. 또한 NATO 사이버 방위 센터(the NATO Cooperative Cyber Defence Centre of Excellence)의 경우 사이버 공격/방어 훈련, 정책연구 등 사이버 분야의 전문 지식을 회원국과 NATO에 제공하며 회원국 간 협력을 촉진하고 있다(CCDCOE n.d.). 한국의 경우 지난 2022년 아시아 최초로 NATO 사이버 방위센터에 가입하여 향후 NATO가 주관하는 합동훈련과

정책연구 기회 등 사이버안보 국제 네트워크 확대 및 강화, 국제 사이버 정책 논의 과정에서도 우리의 발언권이 커질 것을 기대하고 있다. 이러한 국제 협력은 국제 범죄 네트워크와 테러 조직을 추적하고 대응하는 데 중요한 역할을 하고 있으며 정보 및 분석 통찰력을 공유함으로써 협력국 간 글로벌 위협을 사전에 준비하며 대응할 수 있다.

정리하자면 외교 보안에서 빅데이터의 역할은 다면적이고 필수적이다. 위협 식별 및 정보 분석에서부터 사이버 보안, 의사결정, 국제 협력에 이르기까지, 빅데이터는 21세기 복잡한 보안 도전을 해결하는 데 필요한 도구와 능력을 제공한다. 기술이 계속 발전함에 따라 외교 보안 전략에서 빅데이터의 역할은 단순한 정보 분석을 넘어 국가 간 갈등과 협력관계의 세밀한 정도까지 측정할 수 있는 도구로 활용하고 있어 향후 외교적 도구로서의 빅데이터의 기능은 무궁무진하다 할 수 있다.

4. 국가별 빅데이터 외교 전략 및 성공사례

1) 국내

한국의 빅데이터 정책을 위한 시도는 이명박 정부부터 시작되었다. 당시 빅데이터가 정책으로 이어질 수 있는 가장 기본적인 장을 마련하였으며 이후 박근혜 정부에서는 빅데이터 활용에 필요한 법안 그리고 정책을 수립했다. 문재인 정부에서는 앞의 정권에서 마련된 방안과 정책들을 활성화하여 가치를 창출하려고 시도했다. 더 나아가 현 윤석열 정권은 디지털 플랫폼 위에서 국민, 정부, 기업이 함께 가치 있는 사회를 구현하고자 다양한 정책을 마련하고 있다.

이명박 정부인 지난 2011년 국가전략정보위원회에서 '빅데이터를 활용한 스마트 정부 구현 안'이 발표되며 인력양성과 기반 구축 그리고 기술연구개발 로드맵 수립 등을 추진하며 빅데이터를 육성하려는 정책이 검토되었으나 이를 위한 실질적 제도와 법 개선까지 이어지는 데 한계를 보였다. 이후 박근혜 정부 출범 후 국정과제가 발표되면서 '창조경제 생태계 조성'과 '창의와 혁신을 통한 과학기술의 발전'이라는 경제와 과학 부문의 목표가 설정되었다. 또한 2013년 「공공데이터 제공 및 이용 활성화에 관한 법률」이 제정되며 공공데이터를 민간 영역에서도 활성화하기 위한 틀이 마련되었다. 같은 해 미래창조과학부가 신설되며 '창조경제 및 정부 3.0 지원을 위한 빅데이터 산업 발전전략' 아래 빅데이터의 산업기반 확대를 위해 정보보안, 소비거래, 교통물류, 제조공정 등을 위한 다양한 정책을 추진하며 다양한 데이터를 모으며 분석하기 시작했다. 이후 3년 뒤 2016년 '개인정보 비식별 조치 가이드라인'이 추가로 발표되며 빅데이터가 활성화되면서 필요한 정책들이 차례대로 추가되었다(정진우 2021).

문재인 정부는 4차 산업혁명에 걸맞은 IT산업 관련 플랫폼을 구축하고 동시에 빅데이터와 인공지능(AI) 등 관련된 새로운 산업을 육성하고자 부처 기구와 인력 개편 등을 시행했다. 대표적인 개편으로는 4차 산업혁명 위원회를 대통령 직속으로 신설하고 미래창조과학부의 이름을 과학기술정보통신부로 바꿨다. 그리고 빅데이터와 인공지능(AI)을 통한 고부가가치 창출 미래형 신산업을 발굴하고 육성화 그리고 활성화하려는 규제를 개선 및 지원했다. 더 나아가 과학기술정보통신부는 공공과 민간이 협업해 데이터의 생산, 수집, 분석, 유통에 있어 전 과정을 활성화하기 위한 '빅데이터 플랫폼 및 센터 구축 사업'을 실시했다. 3년간 진행되어 온 본사업은 지난 2021

년 시작되었으며 빅데이터 센터를 통해 통신, 금융 등 분야별 자료를 수집 및 구축하고 이를 바탕으로 빅데이터 플랫폼을 통해 수집, 유통, 분석하는 서비스를 제공했다(대통령기록관 n.d.).

2022년 새롭게 출범한 윤석열 정부의 과학기술정보통신부와 행정안전부는 디지털플랫폼정부위원회를 신설했다. 본 위원회는 국정과제 중 11번 과제인 '모든 데이터가 연결되는 세계 최고의 디지털플랫폼정부 구현'을 위해 빅데이터와 인공지능(AI) 중심의 행정 시스템 등 맞춤형 서비스를 계획하고 있다. 본 디지털플랫폼을 통해 정부는 과거의 경험 중심의 의사결정에서 벗어나 빅데이터와 인공지능(AI) 기반의 탄탄한 데이터 분석을 통해 과학적 의사결정이 가능하다(디지털플랫폼정부위원회 2023). 또한 외교를 포함한 모든 정부 업무의 정확성을 높여나가며 동시에 개방적인 운영 방식 도입으로 유능한 정부로 발전할 수 있다.

지난 그리고 현 정부의 빅데이터 육성 정책 및 플랫폼을 바탕으로 현재 한국은 빅데이터를 외교에 적극적으로 이용하여 더 나은 환경을 만들고 있다. 지난 2020년 외교부는 더욱 나은 외교정책을 위해 행정안전부와 빅데이터 분석 협력에 대한 업무협약을 체결했다. 이는 세계 각 국가의 관광·정치·경제 인프라 지표와 재외국민의 사건과 사고 데이터를 결합하고 분석하여 향후 새외국민의 위험도를 예측한다. 재외국민 보호를 위해 정부는 데이터 분석을 정책 수립에 활용하고 있다. 먼저 행안부는 빅데이터를 통해 현지의 위험도를 예측한다. 이후 이를 바탕으로 외교부는 재외국민들에게 위험 상황 등의 맞춤형 정보를 제공한다. 이는 〈그림 6〉과 같이 재외국민의 사건·사고 데이터를 분석해 국가별·월별 사건·사고 수준을 예측하는 방식이다.

외교부 산하 개발 협력 전문기관인 코이카(KOICA) 역시 사이버 보안관제

〈그림 6〉 재외국민 위험도 예측 분석 절차

출처: 행정안전부, 2021

센터를 개설했다. 공적개발원조 사업의 안정성을 위해 만들어진 본 센터는 24시간 감시시스템과 빅데이터 통합 관리·분석 시스템을 바탕으로 해킹과 컴퓨터 바이러스 등 각종 사이버 범죄에 대응할 수 있게 설계되었다(연합뉴스 2018). 더 나아가 서울시 역시 인공지능(AI)을 통한 보안 관제시스템 구축을 통해 지속적 대응체계를 마련하고 안전한 도시를 실현하고자 다양한 활동을 하는 중이다.

이뿐만이 아니라 코트라(KOTRA) 무역 투자 빅데이터 '트라이빅(TriBIG)' 서비스의 경우, 2022년 정식 오픈한 서비스로서 전 세계 83개국의 해외무역관으로부터 모은 약 1억 4,000만 이상 건의 데이터를 분석하는 무역 투자 빅데이터 플랫폼이다(〈그림 7〉 참조). 본 플랫폼은 디지털 무역 시대에 발맞춰 우리 기업에 필요한 맞춤형 정보를 제공한다. 소셜미디어를 활용해 실시간 공유를 할 수 있으며 사용자의 편의성과 인공지능(AI)의 알고리즘을 강화해 원하는 품목과 해외 정보에 대한 맞춤형 데이터 분석이 가능하다.

국립재난안전연구원에서는 소셜 미디어를 활용한 재난관리 시스템 소셜 빅보드(Social Big Board)를 개발했다. 빅데이터 시대에 재난관리를 과거 단순하게 정보를 공개하는 데에서 벗어나 부처마다 산재해 있는 재난 안전 정보를 모으고 통합하여 중앙정부와 지자체, 정부와 민간기업, 그리고 정

<그림 7> 트라이빅 홈페이지

출처: 코트라 n.d.

부와 국민 간 소통 및 협력체계를 구축하고 있다(<그림 8> 참조). 또한 국민이 생산하는 수많은 정보를 활용해 개인 맞춤형 재난 안전 서비스를 제공하고 있다. 본 시스템을 통해 하루 평균 360만 건 이상에 달하는 전국 소셜데이터를 실시간 분석하여 재난 안전 관련 내용만 별도로 필터링한 후 이를 71개 재난 안전 유형으로 자동 분류한 다음 급상승 재난 이슈와 지역별 재난 내용 등으로 세분화하여 분석한다. 이를 통해 국민 재난 감성도 파악할 뿐만이 아니라 실시간 재난 발생 제보를 자동 감지하고 알리는 기술을 이용하여 신속한 재난 대응 환경이 가능해졌다.

2) 해외

(1) 미국

국제 관계에서 빅데이터 외교에 가장 앞서있는 국가는 당연히 미국을 꼽을 수 있다. 빅데이터가 공공 부문에 활용될 수 있게 된 배경에는 정부의 열린 데이터(open data) 운영을 꼽을 수 있다. 미국 정부는 정부를 더 개방적

〈그림 8〉 소셜빅보드의 트윗 수집 및 분석 과정

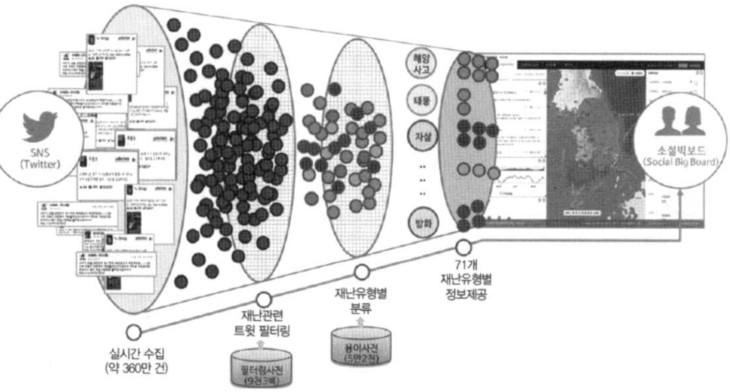

출처: 최선화·박영진·심재현 2015

이고 책임감 있게 만들기 위해 연방 정부의 열린 데이터 사이트(data.gov)를 운영하고 있다. 본 사이트는 오픈 소스 소프트웨어로 만들어졌으며 지난 2018년도 정부 데이터 개방 법률에 따라 만들어졌다(Data.gov n.d.). 이를 통해 국민이 더욱 쉽게 정부 활동에 참여하고 비즈니스에서 정책 모니터링까지 다양한 분야에서 시민들과 함께 의사결정 등을 하는 것에 목적이 있다.

미국은 빅데이터와 이를 분석할 수 있는 인공지능(AI)을 국가 외교 전략에 적극적으로 활용하고 있으며 이를 통해 국가 통합 그리고 국제 사회에서 외교관계를 강화하려 한다. 미국의 전략적 특징은 다음과 같다. 첫째, 동맹국들과 함께 차세대 글로벌 기술 발전에 더욱 주력하고 있는 점이다. 대표적인 예로는 경제협력개발기구(OECD) 인공지능(AI) 과학기술 정책 관측소다(〈그림 9〉 참조).

OECD는 2016년 OECD AI 예측 포럼(AI Foresight Forum) 개최를 시작으로 3년 뒤 OECD 내 AI 전문가 그룹(AIGO)을 구성했다. 이를 바탕으로 2020년 인공지능(AI) 과학기술 정책 관측소 홈페이지를 처음으로 소개하며

<그림 9> OECD 디지털 툴키트

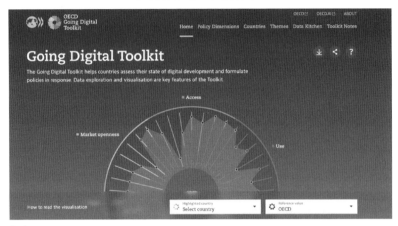

출처: OECD.AI n.d.

OECD 주요국 간 빅데이터와 인공지능(AI) 과학정책기술을 동향을 공유함과 동시에 빅데이터와 인공지능(AI) 관련 다양한 정보를 안내하고 제공하고 있다. 본 온라인 플랫폼은 20개 분야(농업, 기업지배구조, 경쟁, 경제, 교육, 고용, 환경, 금융보험, 의료, 산업, 혁신, 투자, 공공거버넌스, 과학기술, 사회복지, 세금, 교육, 교통)의 AI 정보를 제공하고 있다(OECD.AI, n.d.).

둘째, 미국은 빅데이터와 인공지능(AI) 기술 개발 협의체를 통해 미국이 추구히는 가치를 증진 및 확산시키고 있다. 2020년 6월, 미국은 '인공지능(AI)에 대한 글로벌 파트너십(Global Partnership on Intelligence)'의 설립을 이끌었다. 본 파트너십은 세계 최초로 다양한 빅데이터와 인공지능(AI) 관련 이슈를 논의하기 위해 한국 포함 총 14개 OECD 회원국이 참여하여 설립된 국제 협의체다. 협의체의 활동은 인권, 포용, 다양성, 혁신, 그리고 경제성장의 원칙에 기반을 두고 책임감 있는 인공지능(AI) 개발을 촉진하는 데 있다. 좀 더 자세히 살펴보면, 인공지능(AI)의 책임 있는 관리를 위해 지속

가능한 개발 및 복지, 포용적인 성장, 인간 중심의 공정성과 가치, 투명한 운영, 철저한 보안, 그리고 책임을 강조하고 있다. 또한 신뢰할 수 있는 인공지능(AI)을 위한 국가 정책과 국제 협력을 위해 본 협의체는 인공지능(AI) 연구 개발에 투자, 디지털 생태계 육성, 정책환경 형성, 그리고 인공지능(AI)을 위한 국제 협력 등에 초점을 맞추고 있다(GPAI, n,d). 이는 빅데이터와 인공지능(AI)의 책임 있는 사용에 대한 공통된 규범을 이끌고 이에 대해 합의한다. 동시에 협력 국가들과 함께 빅데이터와 인공지능(AI) 관련 문제점들을 해결하는 이 모든 과정이 미국의 외교 전략 중 중요한 부분으로 자리를 잡고 있다.

마지막으로 안보 분야에서도 미국은 무력 분쟁에서 군사작전을 수행하는 상황에서 국제인도법(IHL)이 인공지능(AI)에 의해 촉진된다고 주장하고 있다. 다시 말해 국제인도법 준수를 강화하고 민간인에 대한 위해 위험을 완화할 수 있는 공통 이해를 구축하는 것이 국제 사회가 논의 해야 할 부분이라고 지속하여 언급하고 있다. 2023년 미국 정부는 군사용 인공지능 분야 정상회의에서 '인공지능(AI)의 책임 있는 군사적 이용과 자율성에 관한 정치선언'을 발표하며 군대가 인공지능(AI)을 책임감 있게 통합적으로 군사작전에 활용할 수 있는지에 대한 국제적 합의 구축을 강조했다. 또한 선언문에서는 안보, 국제법, 안전을 촉진하는 데 필요한 인공지능(AI)의 기능을 소개하며 인공지능(AI)을 국제인도주의 법에 따른 국가의 의무와 상응하는 방식으로 이용되는 것이 바람직하다고 언급했다(US Department of State 2023). 이는 빅데이터 및 인공지능(AI)이 결합한 인도주의적 틀을 만들기 위한 노력의 일환이기도 하다. 더 나아가 러시아-우크라이나 전쟁의 사례처럼 미국은 러시아의 무역 제재 그리고 북한의 미국 제재 회피에 대처하기 위해 협력국들과 빅데이터 정보를 공유하고 인공지능(AI)을 통해 상황을 예측하여 다가올 상황에 대비하는 등 다양한 외교 전략들을 세우고 있다.

(2) 아랍에미리트(UAE)

빅데이터의 기술 분야에서 가장 야심 찬 국가는 아랍에미리트(UAE)일 것이다. 지난 2017년 UAE 정부는 빅데이터와 인공지능(AI)을 통해 2071년까지 달성할 다음 아홉 개(운송, 보건, 신재생에너지, 물, 공간, 교육, 환경, 교육)의 부문의 목표를 제시했다(UAE Government Portal 2017). UAE 정부는 스마트 디지털 시스템을 이용하여 문제를 극복하고 신속하고 효율적인 해결책을 마련해 왔다. 더욱이 경제적 가치가 높은 새로운 중요한 시장을 창출하기 위해 빅데이터를 사용하고 있으며 인공지능(AI) 투자 분야에서 아랍에미리트를 선도국으로 만들고자 다양한 정책을 수립하는 중이다. 아랍에미리트 정부는 지난 2017년 빅데이터와 인공지능(AI) 거버넌스와 기술 개발을 위해 인공지능(AI) 위원회를 설립하며 세계 최초의 첫 번째 인공지능(AI) 국무장관인 오마르 알−올라마(Omar al-Olama)을 임명했다. 또한 공식적으로 빅데이터 및 인공지능(AI) 관련 고위급 대화 등을 위한 인공지능(AI) 2031 전략을 제시했으며, 2031년까지 인공지능 분야에서 선도국이 되겠다는 비전을 담고 있다.

아랍에미리트 정부는 빅데이터를 통한 외교 활동을 지속해서 강조하면서 전략적 파트너들과 상호 이익을 추구할 수 있는 관계를 구축하고 있다. 이 중 가장 주목할 만한 것은 중국과의 인공지능(AI) 기술 협력이다. 지난 2019년 아랍에미리트 정부는 중국의 인공지능 유니콘 유비테크 로보틱스와 아랍에미리트 학생들의 인공지능(AI) 교육 발전을 위해 3억 6천만 달러 상당의 계약을 체결했다. 같은 해 중국 안면 인식 기술로 유명한 알리바바 그룹 지주회사는 아랍에미리트의 안면인식 연구 역량강화를 위해 다양한 분야에서 협력 중이다(China Daily 2019).

더 나아가 지난 2020년 아랍에미리트 정부는 워싱턴 D.C.에서 이스라엘과 아브라함 협정(Abraham Accords)에 서명 후 사이버 보안 부문에서 이스라엘 기업들과 협력하고 있다(Foreign Policy 2020). 같은 해 이스라엘 바이즈만 과학 연구소와 아랍에미리트의 에미라티 모하메드 빈 자이드 인공지능 대학(MBZUAI)은 양해각서(MoU)를 체결하며 빅데이터 및 인공지능(AI) 영역에서 학술 교류, 회의 등을 약속했다(Technion 2020).

5. 결론

본 장에서는 빅데이터의 의미 그리고 외교적 도구로서의 어떠한 역할을 하고 있는지 다양한 사례를 통해 살펴봤다. 빅데이터를 이용한 외교는 각 국가에서 전통적인 외교에서 얻지 못했던 다양한 이점을 제공하며 외교 방식에도 새로운 패러다임을 불러일으키고 있다. 주요한 이점 중 하나는 예측 분석 능력의 향상이다. 빅데이터는 다양한 출처로부터 방대한 양의 정보를 목적에 맞게 분석할 수 있으며 전 세계적인 추세, 잠재적인 갈등, 그리고 경제 변화를 더 정확하게 예측할 수 있다. 이러한 상세한 데이터 분석은 전략적 계획과 의사결정에서 매우 중요하며 더 적극적이고 정보에 기반한 정책 대응을 가능하게 한다. 또한 특정 상황과 필요에 맞춘 외교정책을 수립할 수 있으며 이는 개발 원조 같은 분야에서 효과적이고 효율적인 결과를 가져다준다.

게다가 빅데이터는 외교 안보 분야에서 국제 보안 위협에 대한 감시 및 대응 능력을 향상하는 데 있어 중요하다. 다양한 플랫폼에서 나온 방대한 양의 데이터들을 활용함으로써 국가들은 잠재적인 보안 위험을 더욱 잘 파악하고 긴급한 상황에 발 빠르게 대처할 수 있다. 이뿐만이 아니라 공공외교 분야에서도 전 세계의 개인 소셜 데이터를 분석함으로써 정책 입안자들은 글로벌 사안에 대한 다차원적인 관점을 파악할 수 있게 되었다. 이를 바탕으로 타 국가 국민과의 소통 및 교류를 통해 국가 간 협력을 증진할 수 있는 다양한 전략을 수립할 수 있다.

빅데이터와 인공지능(AI) 기술은 위험 관리 및 국제 정치에도 적용되고 있기에 향후 국가의 영향력을 행사하는 데 중요한 요소가 되었다. 하지만 빅데이터를 외교에 통합하는 것은 앞으로 해결해야 할 과제가 존재한다. 이는 빅데이터를 활용한 외교정책에 있어 고려해야 할 다양한 사항들이 있기 때문이다. 대표적으로는 데이터 개인 정보 보호와 데이터 사용의 윤리적 고려 사항들이 많다는 점이다. 편향적인 관점을 바탕으로 분석된 빅데이터는 왜곡된 관점과 잘못된 정책 결정을 초래할 수 있다. 그리고 데이터 수집 및 분석에서의 부정확성은 오도된 전략으로 이어져 국가의 외교 전략에 부정적인 영향을 미칠 가능성이 크다.

전언했듯이 빅데이터가 외교에 있어 중요한 도구로 활용되고 있지만 데이터 사용에 있어 글로벌 표준 정립이 절실한 상황이다. 이는 지속해서 변화하는 기술적 및 윤리적 환경 조성과 빅데이터를 책임 있고 효과적으로 사용하기 위해 필수적이라고 할 수 있다. 따라서 국제 사회에서는 세계 주요 국가 간 빅데이터와 인공지능(AI)을 포함한 디지털 활용 방안과 이용자의 행동 양식에 대한 규범 경쟁이 한창이다. 2023년 윤석열 대통령이 미국 뉴욕대에서 밝힌 '디지털 권리 장전' 역시 최근 우리의 빅데이터와 분석 첨단 기술을 활용한 기본적인 사회 규범의 필요성을 다시 한번 일깨워 준 사례였다. 향후 빅데이터와 데이터를 분석하는 인공지능(AI) 관련 윤리 규범이 수립되고 기존 문제점들을 보완된다면, 빅데이터가 외교 업무에 더욱 적극적으로 활용될 수 있을 것이다.

참고문헌

김상배. 2016. "빅데이터 국가전략: 21세기 신흥권력 경쟁의 개념과 성찰." 『국가전략』 21(3): 5-35.

_____. 2017. "외교안보 분야 빅데이터 분석: 어떻게 수행할 것인가?." 『국제문제소 워킹페이퍼』 No. 25: 1-26.

김수현·도지훈·김보라. 2018. 『빅데이터』. 서울: 한국과학기술기획평가원.

김소정. 2022. 『미국의 사이버공격 대응정책과 한국에의 시사점: 솔라윈즈 해킹 대응사례를 중심으로』. 서울: 국가안보전략연구원.

권순선. 2020. "인공지능과 빅데이터 기술 동향." 『TTA저널』 187: 38-43.

디지털플랫폼정부위원회. 2023. 『새로운 대한민국 디지털플랫폼정부 실현계획』. 서울: 대통령직속 디지털플랫폼정부위원회.

방준성·박원주·윤상연·신지호·이용태. 2019. "지능형 치안 서비스 기술 동향." 『전자통신동향분석』 34(1): 111-112.

복경수·유재수. 2017. "4차 산업혁명에서 빅데이터." 『정보과학회지』 35(6): 29-39.

엄영배. 2018. "4차산업혁명 시대, 경제패러다임의 전환과 새로운 경제정책 방향." 『경제연구』 36(4): 23-61.

정명기·석명건·김창재. 2014. "빅데이터 도입 효과 분석을 통한 빅데이터 성공요인에 관한 연구." 『재정학연구』 12(11): 241-248.

정진우. "다중흐름모형을 적용한 한국 '빅데이터 정책' 형성에 관한 연구." 『한국자치행정학보』 35(4): 189-211.

최선화·박영진·심재현. 2015. "빅데이터를 활용한 재난관리 역량강화." 『대한토목학회지』 제63권 7호: 21-28.

하원규. 2017. "4차 산업혁명이라는 거대 로켓, 엔진은 AI 연료는 빅데이터." 『KDI 나라경제』 August: 62-63.

행정안전부. 2021. 『공공부문 데이터 분석-활용 우수사례집』. 세종: 행정안전부

Broeders, Dirk., Erik Schrijvers, Bart van der Sloot, Rosamunde Van Brakel, Josta de Hoog, and Hirsch Ballin. 2017. "Big data and security policies: towards a framework for regulating the phases of analytics and use of big data." *Computer Law &Amp; Security Review* (3)33: 309-323.

Cowan, Geoffrey., and Cull Nicholas J. 2008. "Preface: Public Diplomacy in a Changing World." *The Annals of the American Academy of Political and Social Science* March: 6-8.

Einav, Liran and Levin, Jonathan. 2014. "The data revolution and economic analysis." Lerner Josh, Stern Stern (eds.). *Innovation Policy and the Economy*. Chicago: University of Chicago Press.

Giest, Sarah. 2017. "Big data for policymaking: Fad or fasttrack?." *Policy Sciences* 50(3): 367-382.

Hocking, Brian., and Melissen, Jan. 2015. *Diplomacy in the Digital Age*. Netherlands Institute of International Relations: Clingendael.

Kaplan, Andreas., and Haenlein, Michael. 2019. "Siri, Siri, in my hand: Who's the fairest in the land? On the interpretations, illustrations, and implications of artificial intelligence." *Business Horizon* January-February: 15-25.

Masuch, Michael., and LaPotin, Perry. 1989. Beyond garbage cans: An AI model of organizational choice. *Administrative Science Quarterly* 34(1): 38–67.

Mayer-Schönberger, Victor., and Cukier Kenneth. 2013. *Big Data: A Revolution that will Transform How We Live, Work, and Think*. New York: HarperCollins.

Mehta, Nishita., and Sharvari, Shukla, 2021. "Pandemic analytics: how countries are leveraging big data analytics and artificial intelligence to fight covid-19?." *SN Computer Science* 3(54): 3-20.

Pitron, Guilaume., and Jacobsohn, Bianca. 2023. *The Dark Cloud: how the digital world is cositing the earth*. Melbourne: Scribe.

Williamson, Andy. 2014. "Big data and the implications for government." *Legal Information Management* 14(4): 253-257.

White, Patricia., and Breckenridge R. Saylor. 2014. "Trade-offs, limitations, and promises of big data in social science research." *Review of Policy Research* 31(4): 331-338.

인터넷자료

김효정. 2023. "가치실현 디지털 공공외교 올해 본격 추진 시행계획 공개." https://www.yna.co.kr/view/AKR20230108039800504 (검색일: 2023. 10. 03).

대통령기록관. n.d. "대한민국 대전환의 시작, 디지털 뉴딜이 이끌다." http://webarchives.pa.go.kr/19th/report.president.go.kr/story/view/3 (검색일: 2023. 10. 03).

외교부. 2023. "외교부 법안분석 인공지능 전문기업과 만나 외교업무 수행의 새 지평을 열다." https://news.mofa.go.kr/enewspaper/articleview.php?master=&aid=140

13&sid=28&mvid=3227 (검색일: 2023. 10. 03).

연합뉴스. 2018. "KOICA 공적개발원조 정보 보호할 사이버보안관제센터 개소." https://www.yna.co.kr/view/AKR20181226082200371 (검색일: 2023. 10. 20).

한국국제교류재단. n.d. "공공외교 정의 및 기본원칙." https://www.kf.or.kr/pdiplomacy/cm/cntnts/cntntsView.do?mi=1790&cntntsId=1522 (검색일: 2023. 10. 06).

한국국제교류재단. 2023. "2023년 11월호 공공외교 소셜 빅데이터 분석." https://www.kf.or.kr/kf/na/ntt/selectNttInfo.do?mi=15030&bbsId=1750&nttSn=121795 (검색일: 2023. 10. 05).

코트라. n.d. "트라이빅 수출준비하는 무역투자 빅데이터 분석." https://www.kotra.or.kr/bigdata/main#none (검색일: 2023. 10. 21).

CCDCOE. n.d. "Our mission & vision." https://ccdcoe.org/about-us/ (검색일: 2023. 10. 12).

CIA. n.d. "Directorate of DIgital Innovation." https://www.cia.gov/about/organization/#directorate-of-digital-innovation (검색일: 2023. 10. 07).

City of San Francisco. n.d. "Crime Mapping." https://www.crimemapping.com/ (검색일: 2023. 10. 11).

China Daily. 2019. "China, UAE to boost their high-tech ties." https://global.chinadaily.com.cn/a/201912/19/WS5dfae53ca310cf3e3557f378.html (검색일: 2023. 10. 30).

Data gov. n.d. "The hole of the US. Government's open data." https://data.gov (검색일: 2023. 10. 20).

Economist. 2017. "The World's most valuable resource is no loger oil, but data." https://www.economist.com/leaders/2017/05/06/the-worlds-most-valuable-resource-is-no-longer-oil-but-data (검색일: 2023. 09. 01).

Estepa, Jessica. 2017. "Six months in, President Trump's favorite Twitter topics include fake news, Russia, Obamacare." https://www.usatoday.com/story/news/politics/onpolitics/2017/07/19/donald-trump-favorite-twitter-topics-six-months-into-his-presidency/484925001/ (검색일: 2023. 10. 06).

Forbes. 2018. "Your Data Will be Your Company's Source Code." https://www.forbes.com/sites/nvidia/2018/04/24/your-data-will-be-your-companyssource-code/?sh=4df70b65ee84 (검색일: 2023. 10. 06).

Foreign Policy. 2020. "Normalization Deal Between Israel and the UAE Signals a Shift in the Region." https://foreignpolicy.com/2020/08/13/israel-uae-normalization-west-bank-annexation/ (검색일: 2023. 10. 30).

Garner. n.d. "5 Key Actions for IT Leaders for Effective Decision Making." https://www.gartner.com/en/publications/what-effective-decision-making-looks-like (검색일: 2023. 09. 02).

GPAI. n.d. "About GPAI." https://www.gpai.ai/about/ (검색일: 2023. 10. 20).

IBM. n.d. "네트워크 보안이란 무엇인가요?." https://www.ibm.com/kr-ko/topics/network-security (검색일: 2023. 10. 11).

Interpol. n.d. "Interpol Innovation Center." https://www.interpol.int/en/How-we-work/Innovation/INTERPOL-Innovation-Centre (검색일: 2023. 10. 12).

OECD. AI. n.d. "Policies, data and anlysis for trustworthy artificial intelligence." https://oecd.ai/en/ (검색일: 2023. 10. 20).

Technion. 2020. "Israel and UAE set to fly to the moon together in 2024 as part of the space IL mission." https://technionuk.org/press-release/israel-and-uae-set-to-fly-to-the-moon-together-in-2024-as-part-of-the-space-il-mission/ (검색일: 2023. 10. 20).

UAE Government Portal. 2017. "UAE Natinoal Stratregy for Artificial Intelligence 2031." https://ai.gov.ae/wp-content/uploads/2021/07/UAE-National-Strategy-for-Artificial-Intelligence-2031.pdf (검색일: 2023. 10. 30).

US Departement of State. n.d. "Data Infored Diplomacy." https://www.state.gov/data/ (검색일: 2023. 10. 03).

US Department of State. 2023. "Political Declaration on Responsible Military Use of Afrificial Intelligence and Autonomy." https://www.state.gov/political-declaration-on-responsible-military-use-of-artificial-intelligence-and-autonomy/ (검색일: 2023. 10. 22).

제7장

빅데이터와 미래 전쟁

심세현(강원대학교)

1. 서론

오늘날 데이터의 중요성이 증가함에 따라 미래 사회에 관한 다양한 전망이 제기되고 있다. 전쟁을 비롯한 군사 분야도 예외는 아니다. 디지털 기술이 급속하게 발전하고, 데이터의 중요성과 활용도가 증가하면서 전쟁의 미래가 어떻게 변화할 것인지에 관한 논의도 활발하게 진행 중인 모습이다.

현대 전쟁에서도 데이터는 중요한 전략적 자산이었다(Arslan Guzar 2023). 군사 전략 수립, 정보 수집, 그리고 정책 결정 과정 등 전쟁의 다양한 영역에서 데이터는 중요한 역할을 담당했다. 1991년 발생한 걸프전(The Gulf War)은 당시로서는 혁명적 수준으로 고도의 정보전이 전개되었던 대표적 사례다. 걸프전에서 미군이 압도적인 승리를 거둘 수 있었던 것은, 그리고 이 전쟁이 지금까지도 상징적 사례로 거론되는 것은 당시로서는 획기적이었던 인공위성 및 컴퓨터 기술을 통해 수집된 데이터가 전쟁 승리의 핵심 요인이었기 때문이다. 통신 위성을 비롯한 정찰위성 등이 수집하여 전송한 데이터를 컴퓨터가 신속하고 정확하게 분석함으로써 이라크의 핵심 군사 시설, 병력 배치 현황 등은 미국의 손바닥 위에 있는 것과 다를 바 없었다.

미래 전쟁에서도 데이터의 중요성은 여전할 것이다. 지금보다 훨씬 고도화되고 지능화된 첨단 정보수집 수단이 이용됨으로써 전장에서 확보되는 데이터는 비약적으로 증가할 것으로 보인다. 정보 수집을 넘어 확보한 대량의 데이터를 신속하게 분석하고 정확한 결과를 누가 먼저 도출하느냐도 전쟁의 승패를 좌우하는 핵심 요인이 될 것이다.

이와 같은 전장의 빅데이터가 인공지능 기술과 결합할 때, 전쟁은 어떻게 전개될 것인가? 이미 기존의 여러 연구에서는 최근 주목받고 있는 제4차 산업혁명 시대의 핵심 기술들이 보편화되면서 미래 전쟁의 양상이 급변할 것으로 전망하고 있다. 빅데이터, 인공지능, 사물인터넷, 드론 등이 대표적이다. 그중에서도 인공지능 기술의 급속한 발전은 전쟁의 세대를 새롭게 규정할 수 있는 혁신적인 무기체계의 등장을 예고하고 있다. 전쟁의 영역에서 인공지능 기술은 다양하게 활용될 수 있겠지만, 가장 주목받는 것은 단연 자율무기체계이다.

미국 국방부는 자율무기체계(Autonomous Weapons Systems: AWS)를 "일단 작동하면 더 이상 인간 운영자의 개입이 없어도 자율적으로 표적을 선정하고 공격할 수 있는 무기체계"로 정의한다(DoD 2023). 무인무기(Unmanned Weapon System: UWS) 혹은 AI 무기(AI Weapons), 킬러로봇(Killer Robots) 등으로 지칭되기도 한다. 그러나 현재까지 명칭에 관해 일치된 합의는 없다(CRS 2023). 다만, 자율무기체계 그중에서도 고도로 지능화된 첨단 인공지능 기술이 탑재된 자율무기체계가 미래 전쟁의 판도를 근본적으로 변화시킬 혁신적인 무기가 될 것이라는 점에 대해서는 큰 이견이 없는 것으로 보인다. 자율무기체계가 미래 전쟁의 판도를 뒤바꿀 수 있는 일종의 게임 체인처(Game changer)가 될 것이라는 점에 대해서는 대체로 동의하고 있는 것이다.

현재 인공지능 기술의 발전 속도는 경이로울 정도다. 이미 꽤 오래전부터 인공지능 기술이 언급되기 시작했고, 이후 우리 곁에서 지속적인 발전을 거듭해 온 것이 사실이다. 그리고 인공지능 기술이 급속하게 발전한 것은 대략 2010년 이후부터이다. 이 시기부터 인공지능은 전문가들의 예상을 뒤엎을 정도로 혁신을 거듭하며 오늘에 이르고 있다(James Wang 2020; John shalf 2020).[1] 알파고 신드롬에 이어 ChatGPT의 등장에 이르기까지 오늘날 인공지능은 놀라울 정도로 빠르게 발전하고 있다. 이와 같은 발전 속도가 계속된다면 머지않아 인간과 동등한 지능을 가진 혹은 인간 지능을 초월한 AI의 등장도 상상 속의 일만은 아닐 것이다.

이 지점에서 주목해야 할 사실은 무엇이 인공지능의 이토록 놀라운 발전을 가능케 했냐는 점이다. 우리가 데이터, 나아가 빅데이터의 중요성에 관심을 기울여야 하는 이유도 여기에 있다. 물론 컴퓨터 기술의 발전, 머신러닝(machine learning)과 딥러닝(deep learning)의 등장으로 인공지능은 과거와 비교할 수 없을 정도로 대량의 데이터를 빠른 속도로 학습할 수 있게 된 것도 사실이다. 그러나 오늘날과 같은 상황이 등장한 근본저인 요인은 데이터의 폭증에 있다. 빅데이터라는 개념이 관심을 받기 시작한 것도 대략

---

1 무어의 법칙(Moore's Law)이란 마이크로 칩 기술의 발전 속도에 관한 법칙이다. 기술의 발전에 따라 마이크로 칩에 저장할 수 있는 데이터 분량이 2년마다 두 배씩 증가한다는 주장이다. 1965년 미국 인텔사의 고든 무어(Gordon Moor)는 마이크로 칩의 저장 용량이 매년 두 배씩 증가할 것으로 예상했다. 최근 제임스 왕(James Wang)을 비롯한 전문가들은 인공지능이 인터넷 경제 3원칙 중 하나인 무어의 법칙보다 무려 5배 이상의 속도로 성장하고 있다고 진단했다. 인공지능 기술의 발전이 전문가들의 예상보다 빠르게 진행되고 있는 것이다.

2010년을 넘어오면서부터다. 컴퓨터 기술과 인터넷의 확산이라는 상황 속에서 디지털 기술의 지속적인 발전은 대량의 데이터 생산자를 양산하였다. 특히 스마트폰과 소셜네트워크 서비스(SNS)의 확산은 빅데이터의 시대를 연 주역이었다.

최근 빅데이터와 인공지능 기술은 사회 곳곳에서, 그리고 산업 전반에서 다양하게 활용되고 있다. 이제는 민간 영역을 넘어 전쟁을 포함한 군사 영역으로까지 빅데이터와 인공지능 기술이 자리매김하고 있다. 평시는 물론 전시, 즉 전장의 양상에도 직접적인 영향을 미치고 있는 모습이다. 이미 드론과 킬러로봇과 같은 상당한 수준의 무인무기가 전장에서 활용되고 있다.

전쟁의 미래도 달라질 것으로 전망되고 있다. 이 글은 빅데이터가 전장의 영역에서 어떻게 활용될 수 있는지에 주목하면서 다음의 내용들을 제시하고 있다. 먼저 혁신적 무기체계의 등장이 군사전략 및 전술에 영향을 미쳤으며, 이로 인해 전쟁의 양상이 변화해 왔다는 사실에 주목하여 전쟁을 세대별로 구분하고 있다. 다음으로 빅데이터가 무기로 사용될 수 있는 주요 사례들을 분석한다. 특히, 빅데이터 기술을 오용 및 악용하는 경우 발생할 수 있는 안보적 차원의 위협과 특징을 검토한다. 마지막으로 빅데이터가 인공지능과 결합할 때 치명적인 무기체계가 될 수 있다는 사실을 자율무기체계를 중심으로 분석하고 있으며, 빅데이터를 활용하는 자율무기체계가 전쟁의 양상을 어떻게 변화시킬 것인지 그리고 이러한 미래 전쟁에 대비하귀 위한 방안에 대해 논의한다.

2. 전쟁의 세대 구분과 무기체계의 발전

역사적으로 구시대가 종식되고 새로운 시대가 등장할 때마다 어김없이 대전쟁이 발생했고, 이 전쟁에서는 혁신적 무기 기술이 등장했다. 이러한 점에서 인류의 발전사는 무기체계의 발전과 궤를 같이 하고 있다는 표현도 과언은 아니다. 그리고 새롭게 등장한 무기 기술은 기존 전쟁의 패러다임을 바꾸는 것은 물론 새로운 강대국 혹은 패권국의 등장까지 가능케 했다. 현재 국제사회의 주요 군사 강국을 비롯하여 세계적인 방산업체들이 우크라이나 전쟁에 주목하는 이유도 이러한 역사적 배경과 무관치 않다. 후술하겠지만, 5세대 전쟁을 넘어 다가오는 미래 사회에서의 전장은 자동화·무인화된 모습으로 전개될 것으로 전망된다. 그리고 이미 무인무기체계는 오늘날 전쟁의 한 축을 담당하고 있는 모습이다.

혁신적인 디지털 기술의 등장 및 발전으로 미래 전장에서는 무인무기체계, 나아가 자율무기체계가 전장의 승패를 좌우할 핵심 기술이 될 것이다. 특히 고도로 지능화된 인공지능이 탑재된 자율무기체계는 전쟁의 양상을 근본적으로 바꿀 수 있을 정도의 파괴력을 보일 것으로 판단된다. 군사 강국을 비롯한 초국적 방산업체들이 주목하고 있는 것도 바로 이 부분이다. 이들은 향후 자율무기체계가 미래 전쟁의 승패를 좌우할 핵심 기술이라는 점, 그리고 이를 위해서는 초고성능 인공지능 개발에 필요한 다양한 전장 데이터의 확보가 필수적이라는 사실을 알고 있다. 인간과 유사한 혹은 인간 지능을 초월하는 고성능 인공지능 기술을 개발 및 선점한다면 국제관계의 향방은 물론 미래전의 판도를 일거에 바꿀 수 있기 때문이다.

역사적으로 혁신적 무기 기술의 등장, 다시 말해 전쟁 양식의 변화는 인간 문명의 발달과 함께 했다. 그리고 인간 문명의 발달은 대부분 동시대 생산 양식의 극적인 변화에서 시작되었다. 예를 들어, 18세기 이후 증기기관과 내연기관이 차례대로 등장하고 발전하면서 이전 시기에는 상상할 수 없을 만큼의 대량생산과 장거리 수송이 가능해졌다. 그리고 이 기술들은 점차 군사 영역으로까지 확대되면서 제1차 세계대전은 나폴레옹 전쟁 시기와는 전혀 다른 총력전(total war)의 형태로 전개되었다. 석유를 동력원으로 사용하는 기계의 등장은 육·해·공을 가리지 않고 과거와는 비교할 수 없을 정도의 기동성을 부여했으며 전쟁 수행을 위한 인적·물적 자원을 총동원할 수 있게 되었다(박상섭 2014, 217). 그 결과 전쟁의 양상까지 바뀌게 된 것이다. 토플러는 생산 양식의 변화에 따라 파괴 행위인 전쟁의 양식이 이에 대응하는 경향이 있으며 따라서 생산 양식이 변하게 되면 그 생산 양식을 변화시킨 근원적인 힘이 전쟁의 양식도 동일하게 변화시키는 추동력이 된다고 보았다(앨빈토플러 2011).

윌리엄 린드(William S. Lind)는 토플러와 달리 전쟁사적 관점에서 전쟁의 역사를 세밀하게 추적하여 이를 세대별로 구분하여 제시하였다(William S, Lind 1989; 2004). 그는 과학기술의 발달과 함께 새롭게 등장한 무기체계는 군사 전략의 변화에도 영향을 미칠 수밖에 없다고 주장하며 이를 통해 전쟁을 1세대에서 4세대로 구분하였다.

전쟁을 5세대로 구분한 리드의 주장도 흥미롭다(Donald J. Reed 2008). 그는 1648년 웨스트팔리아 체제 성립 이후 나폴레옹 전쟁 시기까지를 1세대로 구분하고 제1, 2차 세계대전을 각각 2세대와 3세대 전쟁으로 그리고 베트남 전쟁을 4세대 전쟁, 2001년 9/11 이후 시작된 대테러 전쟁을 포함한 오늘날 목격되고 있는 전쟁 형태를 5세대 전쟁으로 규정했다. 특히 5세대 전쟁은 전통적인 군사적 수단 이외에 조직적 범죄, 사이버 공격, 외교적 위협, 테러, 비밀전쟁 등 그야말로 모든 수단이 제한 없이 전쟁에 동원되고 있다는 사실을 지적하며 무제한적(unrestrected) 특징을 보인다고 주장했다. 아울러 글로벌 테러와의 전쟁 시작 이후 최근으로 올수록 군사 부문과 비군사 부문의 경계가 불분명해지고 있다는 점, 다시 말하자면 국가와 비국가, 전투원과 비전투원, 온라인과 오프라인 등 여러 방면에서 전쟁의 경계가 흐려지고 있다는 점을 지적하기도 했다(Donald J. Reed 2008; 윤민우·김은영 2023; Yun Minwoo 2010).

무기 발달사의 관점에서 전쟁을 4단계로 구분한 사례도 있다(매일경제 국민보고대회팀 2019). 인간의 육체적 완력에 주로 의존했던 근력 시대, 전쟁에서 본격적으로 화약이 사용되기 시작하면서 등장한 화약 시대, 산업혁명 이후 기계와 에너지를 전쟁에 동원한 기술 시대, 신소재와 컴퓨터, 전자 광학 기술 등 전자 에너지를 사용하는 하이테크 시대로 분류한다. 근력시대의 전쟁은 대부분 지상에서 이루어졌다. 창, 칼, 화살, 방패 등이 사용되었고 범선이 등장한 이후에는 본격적으로 해전이 시작되었다. 화약 시대의 전쟁은 바다에서 주로 진행되었다. 제국주의 열강을 주축으로 각종 화포나 총으로 무장한 함선들의 전쟁이 주를 이루었다. 지상전의 양상도 바뀌기 시작했다. 화승총과 야포의 등장 때문이었다. 기술 전쟁의 시대로 넘어오면서는 각종 무기체계의 혁신이 이루어지기도 했다. 내연기관이 장착되기 시작하면서 동력신, 잠수힘, 전차 등이 전쟁에 투입되기 시작했다. 전쟁은 총력전으로 전개되었고, 이후 전쟁의 공간은 지상과 해상을 넘어 공중으로까지 확장되었다. 하이테크 시대가 시작되며 전쟁의 공간은 공중을 넘어 우주로까지 확장되었고, 인공위성과 컴퓨터를 이용하기 시작하면서 전장 정보의 수집과 처리는 실시간으로 가능해졌으며 각종 유도 무기의 성능은 더욱 정교해졌다. 그리고 사이버 공간은 총성 없는 전쟁터로 부상하고 있다.

빅데이터와 정치

이와 같이 무기의 발전사는 전쟁과 인류의 역사와도 밀접한 관련이 있다. 문명이 발전함에 따라 등장한 생산 양식의 변화가 새로운 무기체계의 등장으로 이어졌고, 전쟁 양상의 변화에도 영향을 미쳤다. 그렇다면 앞으로의 미래 전쟁은 어떤 모습일까? 전장의 영역은 어디까지 확대될 것이며, 어떠한 혁신적 무기체계가 전쟁의 승패를 좌우하게 될 것인가? 이미 전쟁의 영역은 우주에 이어 사이버 공간으로까지 확장되었고, 로봇 공학과 나노기술 그리고 제4차 산업혁명 시대의 핵심 기술로 평가받고 있는 인공지능, 빅데이터의 등장과 발전으로 미래 전쟁은 어떤 형태로 진행될 것인지에 관한 다양한 논의가 진행 중이다.

기본적으로 미래 전쟁은 기존의 전쟁과는 매우 다른 모습으로 전개될 것으로 예상된다. 새로운 기술의 등장 및 발전으로 무기체계를 비롯하여 군사 전략 및 전술이 크게 변화할 것이기 때문이다. 컴퓨터 기술과 사이버 보안의 발전으로 정보수집과 분석, 해킹 등이 전쟁의 중요한 요소로 작용하면서 사이버 전쟁이 심화될 것으로 보인다. 특히 빅데이터와 인공지능 기술을 활용한 정보 수집과 분석 능력은 더욱 중요해질 것이다. 적의 움직임과 전략을 예측하고 대응하는데 더욱 많은 데이터가 필요하기 때문이다. 아울러 미래 전쟁에서는 무인 무기, 자율무기체계가 전쟁의 핵심 행위자로 기능할 것이다(사이언티픽 아메리칸 2017; 김상배 외 2020; Paul Scharre 2018; Christopher L. Hartzell 2023; European Defence Agency 2023).

자율무기체계와 함께 빅데이터에 대한 관심과 활용도 더욱 증가할 것이다. 과거에 비해 전쟁의 규모가 압도적으로 증가한 오늘날에는 대량의 정보를 실시간으로 분석하고 결과를 신속하게 도출하는 것이 무엇보다 중요하다. 미래 전쟁에서 빅데이터 혹은 빅데이터 기술이 주목받을 수밖에 없는 이유이기도 하다.

3. 빅데이터와 인공지능의 무기화

1) 빅데이터와 국가안보

빅데이터 또한 드론과 마찬가지로 제4차 산업혁명 시대의 핵심 기술로 평가받고 있다. 그러나 안보 혹은 전쟁의 영역에서 볼 때 드론이 목표를 향해 은밀하게 접근하여 기관총을 발사한다거나 폭발물을 투하하여 실질적인 공격무기로서의 역할을 수행할 수 있는 반면 빅데이터 그 자체로는 공격무기가 될 수 없다는 점에서 명확한 차이가 존재한다. 그러나 오늘날 빅데이터의 증가와 확산은 경우에 따라 국가안보의 위협이 되고 있는 것도 사실이다. 빅데이터가 군사 및 국방 분야의 발전과 국가안보의 강화를 위해 전략적으로 활용될 수 있지만, 반면 위협으로 기능할 수 있다는 얘기다.

예를 들어, 국가는 빅데이터를 수집하고 이러한 다양한 정보들 사이의 연결고리를 분석하여 반정부 테러와 같은 위협을 사전에 억제함으로써 국가안보를 구현할 수 있다. 반면, 국가안보와 직접적으로 관련된 핵심 데이터 (국가기밀)가 유출될 경우, 거꾸로 테러리즘의 발생 등 심각한 사회 혼란을 동반하는 위협이 발생할 수 있다는 것이다(Xuan Liu 2022, 191).

빅데이터 시스템이 사이버 공격의 표적이 될 수 있다는 점도 간과할 수 없다. 대규모의 데이터 침해와 같이 최근 증가하고 있는 사이버 공격은 정부 시스템이나 국가 및 국방 기밀을 대상으로 하는 경우가 많으며 이러한 데이터가 유출되어 적대세력이나 글로벌 범죄조직에 의해 악용될 경우 국가안보의 위협이 될 수 있다.

빅데이터가 인간의 행동과 의견을 분석하고 예측하는 데 사용될 수 있다는 점을 악용할 경우 발생할 수 있는 문제도 있다. 빅데이터 기술을 악용하여 가짜뉴스(fake news)를 조작하여 퍼뜨림으로써 민심과 여론을 조종한다 거나, 타국의 선거에 개입하는 방식으로 악용될 가능성도 충분하기 때문이다. 특히 적대적 경쟁 관계에 있는 외국 정부나 조직이 가짜뉴스나 허위정보를 통해 다른 국가의 선거에 개입할 때 발생할 수 있는 정치체제 및 사회의 혼란은 가장 우려되는 부분으로 거론되기도 한다. 지난 2016년 미국 대통령 선거 과정에서 러시아가 미국 대선에 영향을 미치기 위해 정교한 허위정보 캠페인을 확산시키고 있다는 것이 미국 정보기관에 의해 밝혀진 것이 대표적 사례다. 러시아가 미국 민주주의에 대한 신뢰를 훼손하고 나아가 당시 공화당의 대통령 후보인 도널드 트럼프(Donald Trump)의 선거 운동을 지원하기 위해 SNS를 중심으로 거짓 정보를 확산시킨 것이다(Allan Britton, 2023).

이와 같이 빅데이터는 그 자체로 국가안보에 직접적인 위협이 되는 것은 아니지만, 빅데이터가 포함하고 있는 다양한 데이터가 유출되어 오용되거나 악용된다면 국가안보에 부정적 결과를 초래할 수 있다. 따라서 빅데이터를 안전하게 보호·관리하는 것이 중요하며, 그렇지 못할 경우 빅데이터는 국가안보를 포함한 우리 사회 곳곳에 광범위한 영향을 미칠 수 있다. 다시 말하자면, 미시적 수준에서는 국가안보와 직접적인 관련성이 없는, 즉 "개인정보나 집단보안의 문제에 불과한 데이터라고 하더라도 큰 규모의 수집과 처리 및 분석의 과정을 거치고 여타 비(非)안보 이슈들과 연계되는 와중에 거시적 차원에서는 국가안보에 치명적인, 숨어있던 '패턴'이 드러날 수 있기 때문이다"(김상배 2020, 6). 다국적 기업들이 보유 및 수집하고 있는 비군사적 성격의 민간 데이터가 상황에 따라 중요한 군사 혹은 국가안보의 쟁점으로 비화될 수 있는 것이다.

국가들 사이에 데이터를 둘러싼 갈등이 증폭되면서 데이터 패권이라는 용어까지 등장하고 있다. 이것은 빅데이터 시대, 데이터의 중요성을 반증하는 것이라고도 볼 수 있다. 과거 국가들 사이의 전쟁이나 충돌이 석유, 석탄, 에너지와 같은 천연자원이나 이 지역에 대한 영향력 확보 혹은 자본, 토지, 인구 등을 둘러싼 갈등에서 비롯된 것과 달리 미래 국가들 사이의 경쟁이나 분쟁은 데이터를 둘러싸고 발생할 가능성이 매우 높다. 미래 국가의 경쟁력은 국가가 소유한 데이터의 규모, 해석 및 활용 능력에 의해 좌우될 것이기 때문이다(Xuan Liu 2022, 191). 데이터 패권과 함께 오늘날 흔히 사용되고 있는 디지털 주권(Digital sovereign), 데이터 안보(Data security)이라는 용어가 등장한 것도 이러한 상황과 무관치 않다.

오늘날 디지털 사회로의 전환이 가속화되면서 빅데이터가 과학이나 기술안보, 정치안보, 사회안보와 같은 국가안보의 다양한 영역에까지 영향을 미치고 있다는 점도 문제다. 실제로 오늘날 목격되는 안보 위협은 단편적인 측면이 아니라 복합적인 성격을 내재하고 있다(엄정호 2020). 예를 들어 사이버 공간에서 적대적 세력에 의해 국책 은행과 같은 핵심 금융 기관에 대한 공격이 발생하여 일반 개인이나 기업의 계좌와 같은 중요한 데이터가 해킹될 경우 이는 경제 문제를 넘어 국가적 측면에서의 위기로까지 이어질 수 있다. 어떤 특정 국가가 다른 국가를 상대로 해킹이나 도청 작업을 통해 국가기밀을 탈취하고 이를 악용할 수 있는 상황도 충분히 발생할 수 있다. 빅데이터의 무기화, 즉 데이터가 국가의 안정을 위태롭게 할 수 있다는 얘기다. 몇 가지 사례를 살펴보자.

2023년 미국이 한국을 포함한 동맹국들을 도청한 정황이 담긴 문서가 트위터 등 SNS에 폭로되면서 파문이 일어난 적이 있다. 이 문건은 미국 국방부 및 정보당국이 작성한 것으로 추정되었으며 특히 한국의 외교안보정책의 핵심 인물의 대화 내용이 포함되어 있었던 것으로 알려지고 있다.[2] 이와 같이 다른 국가에 대한 미국의 도청 사례는 이전에도 존재했었으며, 대표적인 사례가 바로 2013년 프리즘 사건이었다.

프리즘(PRISM)은 2007년부터 미국 국가안보국(National Security Agency: NSA)의 국가 보안 전자 감시 체계(Clandestine National Security Electronic Surveillance)를 의미한다. 이 사건은 2007년 9월 11일 당시 미국 대통령이었던 부시(George W. Bush)가 서명한 2007년 미국 보안법에 의거해 국내외를 막론한 미국 국가안보국의 감시 체계가 출범하면서 시작된다. 그리고 2013년 6월 CIA의 전 요원이었던 에드워드 스노든(Edward Snowden)이 미국 정부의 대량 정보 수집의 범위가 다른 국가는 물론 일반 대중에게까지 광범위하게 미치고 있다는 사실을 폭로하면서 이 문제가 국내외의 주목을 받기 시작한 것이다.[3]

당시 보도에 따르면 미국 국가안보국은 구글, 페이스북, 애플과 같은 미국의 거대 디지털 기업들의 시스템에 직접 접근할 수 있는 권한을 확보하여 일반인들의 검색 기록, 이메일 내용, 파일 전송 및 실시간 채팅 등의 자료까지 수집할 수 있었던 것으로 알려지고 있다.[4] 더구나 미국의 국가안보국이 당시 독일의 메르켈(Angela Merkel) 총리의 휴대전화까지 도청했다는 의혹까지 제기되기도 했다.[5] 물론 메르켈 총리 휴대전화에 대한 도청 의혹은 충분한 증거가 확보되지 못해 명확하게 드러나지 못했지만, 대중을 넘

2 https://news.kbs.co.kr/news/pc/view/view.do?ncd=7647474(검색일: 2023.12.1.), "또 불거진 '美 도청' 의혹…'40여 년간 120개국 엿들었다'"

3 https://ko.wikipedia.org/wiki/%ED%94%84%EB%A6%AC%EC%A6%98_(%EA%B0%90%EC%8B%9C_%EC%B2%B4%EA%B3%84)(검색일: 2023.12.1.)

4 https://www.theguardian.com/world/2013/jun/06/us-tech-giants-nsa-data(검색일: 2023.12.1.), "NSA Prism program taps in to user data of Apple, Google and others"

5 https://www.bbc.com/news/world-europe-33106044(검색일: 2023.12.1.), "Snowden NSA: Germany drops Merkel phone-tapping probe"

어 한 국가의 정상마저 도청의 대상이 될 수 있다는 사실 자체는 충격적일 수밖에 없었다.

미국의 프리즘 사건 혹은 에드워드 사건을 통해 확인할 수 있는 것은 데이터가 안보적 측면에서의 위협으로 확산될 가능성이 충분하다는 사실이다. 미국 국가안보국이 일반 시민들을 대상으로 광범위한 정보수집을 감행함으로써 빅데이터 분야에서 사생활 노출이나 침범과 같은 문제가 이슈화되었고, 이 문제도 앞으로 반드시 점검할 중요한 사안인 것은 분명하다. 그러나 더 큰 문제는 높은 수준의 디지털 기술을 보유한 사람이라면 누구라도 불특정 다수의 정보를 탈취하는 것이 가능하다는 것이다. 글로벌 범죄 조직에 의해 자행될 경우에는 더 큰 위협이 될 수 있다.

메르켈 총리에 대한 도청 의혹은 사실상 국가안보와 직결된 문제였다고 볼 수 있다. 국가의 정상은 그 자체로 국가안보의 정점일 수밖에 없으며 그가 정부의 고위 관료들과 나누는 이야기들은 상당 부분이 독일 정부의 기밀일 수 있다. 특히 독일과 같이 세계적으로도 최정상급의 디지털 기술을 보유한 국가의 정상을 대상으로 한 도청 의혹이 발생한 것이다. 다른 측면에서 볼 때 이것은 두 가지 함의를 내포하고 있다. 첫째는 일찍부터 빅데이터 분야에서의 관련 기술을 축적한 국가들은 다른 국가의 전산망이나 데이디 플랫폼에 대한 침입이니 핵심 정보를 탈취할 가능성이 상대적으로 용이할 수 있다는 것이다. 반면, 빅데이터 분야에 대한 기술이 여전히 미비한 국가는 자국의 핵심 데이터가 탈취당하고 있다는 사실을 인지하는 것도 쉽지 않은 일이라는 점이다(Xuan Liu 2022, 193).

두 번째 사례에 앞서 표적 감시라는 용어를 살펴보고자 한다. 표적 감시(targeting and surveillance)란 "특정 이익 집단을 대상으로 하는 도청과 같은 감시의 한 형태"이다.[6] 디지털 사회가 등장하기 이전 시기에는 이와 관련된 능력은 국가 혹은 정부의 독점적 영역이었다. 그러나 오늘날 빅데이터 시대에는 표적 감시와 관련된 능력은 국가뿐 아니라 기업과 같은 민간 분야로까지 확대되고 있다. 표적 감시 능력의 민주화(democraties)가 전개되고 있는 것이다(Miah Hammond-Errey 2022). 나아가 빅데이터의 디지털 흔적과 이를 분석할 수 있는 인프라 대부분을 상업 기관이 소유하게 되면서 현대 사회의 주요 데이터는 국가가 아닌 오히려 민간 영역에 귀속되어 있는 모습이다. 미국 국가정보국이 구글이나 페이스북 등 디지털 기업으로부터 빅데이터 플랫폼에 접근할 수 있는 권한을 획득하고자 했던 것도 이러한 상황 때문이었을 것으로 보인다. 더구나 디지털 공간의 데이터를 주로 수집하고 상업적 용도로 활용하는 것은 민간 기업들이며, 수집된 데이터를 사고파는 것도 가능하다는 점이다. 과거 국가의 승인이나 감독하에서 일부 가능했던 것과 달리 최근에는 데이터 수집 대상 설정, 데이터 집계, 심지어 감시에 이르기까지 언제, 어디서, 누구에 의해 이루어질지 불확실하다는 점도 간과할 수 없는 부분이다.

이와 같은 상황은 빅데이터 기술을 활용하여 특정 목표를 대상으로 한 실시간 감시가 가능하다는 것을 의미한다. 물리적 및 온라인에서의 활동은 물론 현재 위치 및 세부적인 이동경로까지도 확인이 가능하다. 개인의 관점에서는 개인정보 침해와 관련된 우려가 발생할 수 있는 대목이며, 국가 간 관계에서는 국가안보와 관련된 문제로 비화될 가능성도 배제할 수 없는 부분이기도 하다. 특정 목표가 정부의 고위 관료나 국가기밀을 취급하는 자, 정책 결정 과정에 영향을 미칠 수 있는 자라면 문제는 더욱 심각해질 수 있다. 이러한 측면에서 2016년 미국 대선 과정에서 발생한 당시 민주

---

6 https://academic-accelerator.com/encyclopedia/kr/targeted-surveillance(검색일: 2023.12.1.)

당 후보 힐러리(Hillary Clinton)의 이메일 계정 탈취 사건은 사이버보안에만 국한된 문제가 아니었다. 당시 힐러리 클린턴은 국무장관으로 재직하며 공식 이메일 계정이 아닌 개인 이메일 서버를 통해 비공개 정보들을 주고받았는데, 여기에는 국무부의 공식 문서들도 포함되었던 것으로 알려지고 있다. 만약 적대국이 이메일 탈취를 통해 확보한 정보로 특정 인물이나 집단을 표적으로 삼고, 그들을 조작하거나 영향을 미치는 등 미국 선거에 직접적으로 개입하고자 했다면 이는 국가의 안정성을 심각하게 위협할 수 있는 상황이었다.

현재 일부 선진국들을 중심으로 자국의 경제발전, 산업경쟁력 강화, 그리고 국가 안보 측면에서 데이터의 중요성을 인식하면서 디지털 자주권 확립을 위한 노력이 적극적으로 전개 중이다. 예를 들어 최근 유럽과 미국은 데이터의 혁신, 보안, 프라이버시, 그리고 감사라는 목표를 중심으로 데이터 거버넌스 전략을 발표한 것이 대표적 사례다. 여기에서 혁신은 새로운 비즈니스 모델을 창출하고 경제 성장을 촉진하기 위해 데이터를 사용하는 것이고, 보안은 적대 세력이 민감한 데이터를 사용하지 않도록 보장하는 것, 프라이버시는 개인 데이터의 남용으로부터 시민을 보호하는 것, 감시는 데이터를 사용하여 모니터링 및 공동 작업을 통해 시민과 기업의 행동을 통제하는 것을 의미한다(윤정현·홍건식 2022, 30-31 재인용).

이와 같이 오늘날 디지털 사회에서 데이터가 가지는 중요성이 증가함에 따라 많은 국가들은 데이터를 국가 산업 경쟁력 확보를 위한 핵심 자원이라는 인식에 국가안보와 직결된 중요한 요소로 판단하고 있다. 데이터 주권이라는 개념이 등장한 것도 오늘날과 같은 디지털 시대, 데이터의 중요성이 반영된 결과라고 볼 수 있다.

2) 빅데이터와 인공지능 그리고 자율무기체계

오늘날 빅데이터와 인공지능, 인공지능과 빅데이터에 대한 관심이 높아지는 것은 인공지능이 제4차 산업혁명 시대를 상징하는 대표적인 기술이며 빅데이터는 인공지능의 연료와 같은 역할을 하기 때문이다. 빅데이터와 인공지능의 조합은 그동안 알고리즘이 해결하지 못한 문제들을 해결해 나가고 있으며, 인공지능은 무한한 정보의 바다와 같은 빅데이터 저장소 안에서 가치 있는 패턴을 찾아내며 진화 중이다.[7]

그렇다면 빅데이터와 인공지능은 무엇인가? 간략하게 얘기하자면 빅데이터는 디지털 환경에서 대량의 자료와 정형 또는 비정형 자료들을 수집, 저장, 추출, 분석하는 기술로 문자와 영상 등의 광범위한 자료를 포함한다. 오늘날은 지능화 서비스의 기반을 지원하는 기술이기도 하다. 인공지능이란 인간의 인지능력, 학습능력, 추론능력, 이행능력 등과 같이 인간의 고차원적인 정보 처리 능력을 구현하기 위해 개발된 ICT(Information & Communication Technology) 기술을 말한다(O'Reilly Rader Team 2011; 권순선 2020, 38).

오늘날 빅데이터 기술은 대규모의 데이터를 수집하고 저장, 분석하여 이를 시각화하거나 패턴을 찾아내는 등 다양한 목적으로 사용되고 있다. 주로 기업의 의사 결정 지원, 마케팅 전략 수립, 과학적 연구 방법 도출, 사회문제 해결, 의료 분야의 진단 및 치료 방법 개선 등 다양한 분야에서 활용되고 있으며 날이 갈수록 빅데이터의 중요성은 더욱 커지고 있는 모습이다.

최근 빅데이터는 미래 전쟁에서 승리의 핵심 요인으로까지 평가받고 있

---

7 https://www.aitimes.com/news/articleView.html?idxno=140208, " 환상의 짝꿍, 빅데이터와 AI의 절묘한 만남이 가져오는 시너지 효과는 과연 무엇일까? (검색일: 2023.9.13.)

다.[8] 대표적으로 빅데이터와 인공지능 기술의 급속한 발전이 전투 및 전장에서의 지휘체계에 직접적인 영향을 미치고 있다. 전장에서의 신속하고 정확한 전투 지휘는 승리를 위해 필수적이다. 그러나 과거와 달리 빅데이터와 인공지능 기술의 급속한 발전으로 무인 무기, 자율무기체계(지능형 무기체계)가 전장에서 활용되는 사례가 증가하면서 전투 및 전장에서 필요로 하는 지휘역량도 다양해지고 있다. 이러한 변화는 다양한 전장 데이터의 수집이 미래 전쟁의 필수적 요소가 되고 있다는 것을 의미한다. 다시 말하자면 전장에서 수집되는 대량의 정보를 빅데이터 기술을 활용해 식별, 분류, 발굴 및 통합하는 것이 미래 전쟁, 즉 앞으로 경험하게 될 새로운 유형의 전쟁에서 승리하기 위한 핵심 요인이 되고 있는 것이다(Yuanli Qina, Xunli Zhang, Guiqing Gao and Kang Wang 2018, 141).

빅데이터를 학습한 인공지능이 전쟁의 영역에서 본격적으로 활용될 경우 전장의 환경 및 전쟁의 양상은 급변할 것이다. 육·해·공이라는 전통적인 전장을 비롯하여 우주와 사이버 공간을 막론하고 디지털 기술을 기반으로 로봇 중심의 작전과 교전이 일상화될 것이며, 수많은 유·무인 전투 수행 개체가 전장에 투입될 것으로 보인다. 특히 무인 무기, 자율무기체계는 인간이 접근할 수 없는 곳에서도 작전 및 교전이 가능하기 때문에 인간보다 훨씬 뛰어난 전투 성과를 달성할 수 있다. 물론 이러한 상황은 우수한 성능의 인공지능 시스템이 탑재될 경우 더 큰 위력을 발휘할 수 있다(김영수 2021).

그러나 인공지능 기술이 비약적인 발전을 거듭하고 있지만, 여전히 인간의 지능과는 격차가 현저하다. 아울러 인공지능 기술이 아무리 발전한다고

---

8 https://blog.rebellionresearch.com/blog/how-does-big-data-show-up-in-war, "How Does Big Data Show Up in War?" (검색일: 2023.9.13.)

하더라도 인간의 지능을 따라잡는 것은 불가능하다는 주장도 존재한다. 자율적인 상황 판단, 능동적 행동 기반이라는 측면에서의 격차는 더욱 크다 (권순선 2020, 38). 이러한 부분을 보완하기 위해 대안으로 거론되는 것이 빅데이터에 기반한 인공지능의 구현이다.

전술한 바와 같이 혁신적 무기 기술의 등장은 전쟁 패러다임을 근본적으로 변화시켜 왔다. 20세기 중반 핵무기의 등장은 전쟁의 본질은 물론 국제사회의 역학관계마저 흔들었다. 특히 핵무기는 무기 자체가 가지는 위력으로 인해 1945년 이후 실제 전장에서 사용된 적이 없다. 실제 핵무기의 위력을 확인한 국제사회가 핵무기의 신규 개발 및 실험을 금지했기 때문이다. 그럼에도 불구하고 강대국을 중심으로 핵무기를 보유하고자 하는 경쟁이 오랜 기간 지속되었다는 사실은 역설적이다. 강대국들은 핵무기 경쟁에서 뒤쳐질 경우 국제사회의 주도권을 놓칠 수 있다는 우려에서, 그리고 다른 국가들도 제각기 다른 이유로 핵무기를 보유하고자 했던 것이다. 적어도 제2차 세계대전 이후 전개되는 국제정치 무대에서 핵무기는 가장 혁신적인 그리고 위력적인 무기였기 때문이다.

그렇다면 최근 국제사회, 구체적으로는 전쟁과 무기체계의 영역에서 가장 주목받고 있는 무기체계는 무엇일까? 많은 전문가들이 자율무기체계를 지적하고 있다. 그중에서도 고도로 발전된 인공지능이 탑재된 자율무기체계가 실제 전장에 투입될 경우, 전쟁의 양상은 다시 한 번 요동칠 가능성이 높을 것으로 보인다. 그만큼 향후 전쟁에서는 자율무기체계가 전쟁의 양상을 근본적으로 변화시킬 수 있을 만큼의 위력을 가지게 될 것이다.

자율무기체계의 성능과 수준은 인공지능 기술에 직접적인 영향을 받는다. 전장에서 드러날 자율무기체계의 위력은 탑재되어 있는 인공지능 기술의 성능에 따라 달라지기 때문이다. 예를 들어 초보적인 수준에서의 자율무기체계의 경우 초기 공격 명령은 인간에 의해 시작되지만, 그 후에는 자율적인 '선택(choice)'을 통해 공격이나 살상과 같은 행동을 결정하게 된다. 하지만 인공지능 기술이 더욱 발전한다면 자율무기체계는 어떠한 인간의 개입 없이도 완전히 자율적으로 작동할 수 있게 된다. 실제로 이미 여러 국가에서 이와 관련된 기술을 시험 중에 있다(Birgitta Dresp-Langley 2023, 2).

주목해야 할 것은 자율무기체계가 인공지능 기술과 매우 중요한 연관성을 가지고 있는 것과 마찬가지로 인공지능 기술도 빅데이터와 밀접한 관련이 있다는 점이다. 탑재되는 인공지능의 기술적 수준에 따라 자율무기체계의 성능이 좌우되는 것처럼 인공지능의 수준 또한 학습한 빅데이터의 양적·질적 수준에 따라 달라질 수 있기 때문이다. 이러한 측면에서 본다면 우크라이나는 인공지능이 탑재될 자율무기체계를 생산할 초국적 방산업체들이 전장 데이터를 확보할 수 있는 최적의 장소이다.

2022년 2월 러시아의 푸틴 대통령이 '특별군사작전(Special Military Operation)'이라는 명목으로 우크라이나를 침공한 이래 전쟁은 2023년 11월 현재까지도 계속되고 있다. 여기에서는 우크라이나 전쟁의 발생 원인이나 전개과정을 말하고자 하는 것은 아니다. 중요한 사실은 러시아와 우크라이나 사이의 전쟁이 한창 진행되고 있는 전장에 우크라이나와 러시아 군 이외에도 나양한 국적의 초국직 방산업체들이 직간접적으로 전장에서 활동하고 있다는 점이다.

러시아는 전쟁의 장기화로 군사력이 소진되면서 우방국들의 무기 지원을 비롯하여 제2차 세계대전에서 사용했던 재래식 무기까지 동원하고 있는 것으로 알려지고 있다. 그럼에도 불구하고 현재 우크라이나 전쟁에서는 하루가 다르게 발전하고 있는 새로운 혁신적 군사기술들이 등장하고 있는 것도 사실이다. 드론이 대표적이다. 최초 군사적 목적으로 개발된 드론은 민수 분야에서도 널리 활용되고 있는 모습이다. 오늘날 군사적 목적으로 개발된 드론의 성능은 하루가 다르게 발전하고 있다. 러시아가 자랑하던 최강의 순양함 모스크함의 침몰도 우크라이나가 보유한 드론 공격에서 시작됐다(서울신문 23/7/2). 혁신적 군사 무기가 전장에서의 전략 및 전술까지 변화시키고 있는 것이다. 초국적 방산업체들이 위험을 감수하고 우크라이나 전장에서 활동하고 있는 것도 이 때문이다. 그들에게 현재 우크라이나 전장은 가장 혁신적인 군사기술 및 실제 교전 현장에서 사용되고 있는 다양한 군사전략 및 전술과 같은 다양한 전장 데이터를 확보할 수 있는 최적의 장소다.

이것은 이미 국제사회의 주요 군사 강대국들을 중심으로 빅데이터와 인공지능 기술의 등장과 함께 전쟁의 패러다임이 변화하고 있다는 사실에 주목하고 있다는 것을 의미한다. 향후 미래 전쟁에서는 자율무기체계가 전투의 승패를 좌우할 가장 혁신적이면서 위력적인 무기체계가 될 것이며, 이를 위해서는 무엇보다 인공지능의 우수성이 중요할 수밖에 없다는 점을 직시하고 있는 것이다. 그리고 자율무기체계에 탑재될 인공지능의 성능은 바로 이와 같은 대량의 전장 데이터의 확보에 달려 있다. 이것이 군사 강대국들과 초국적 방산업체들이 우크라이나 전쟁에 주목하는 이유다.

4. 빅데이터 시대 미래 전쟁의 양상

세계경제포럼 회장 클라우스 슈밥(Klaus Schwab)은 "4차 산업혁명이 분쟁의 가능성과 성격에 영향을 미치면서 국가안보의 본질이 근본적으로 변화"되고 있다고 강조한 바 있다. 아울러 전쟁과 국제안보의 역사는 기술혁신의 역사였다는 점을 지적하며, 오늘날 4차 산업혁명시대의 혁신적 기술들이 전쟁의 양상과 개념에 영향을 미치고 있다고 주장했다(Klaus Schwab 2016).[9] 그리고 그의 주장대로 제4차 산업혁명 시대의 주요 디지털 기술이 적용된 혁신적 무기체계들은 이미 전장에서 활약하고 있다. 앞으로 이와 같은 기술적 진보가 더욱 빠르게 진행될 것으로 예상됨에 따라 미래의 전쟁은 현대의 그것과는 다른 모습으로 전개될 가능성이 높을 것으로 보인다.

과거에는 말을 타고 초원을 빨리 달릴 수 있는 능력이나, 바다를 항해할 수 있는 능력, 비교적 최근에는 인터넷 기술이 얼마나 확보되어 있는지와 같은 능력에 따라 국가의 경쟁력과 군사력이 좌우되었다. 마찬가지로 민간 영역에서도 이와 같은 역량을 선점한 초국적 기업들이 세계 비즈니스를 주도하기도 했다. 앞으로는 얼마나 많은 빅데이터 자원을 보유하고 있는지, 그리고 그것을 인공지능으로 얼마나 빠르고 정확하게 처리할 수 있는지에 따라 국가의 경쟁력과 군사력이 판가름 날 것이다.[10] 따라서 군사안보 분야에서의 빅데이터 역량은 미래전의 승패를 좌우할 수 있는 핵심 요인이 될 것으로 보인다(김상배 2019, 6). 이와 함께 빅데이터에 기반한 인공지능에 의해 구현되는 자율무기, 특히 압도적인 고성능 인공지능 기술이 탑재된 자율무기체계를 확보하는 것도 전쟁의 승패를 좌우하는 핵심 요인으로 자리 매김할 것이다.

분명 미래의 전쟁은 오늘날과 판이한 모습으로 전개될 것이다. 따라서 미

---

9 https://www.weforum.org/agenda/2016/01/the-fourth-industrial-revolution-what-it-means-and-how-to-respond/, "The Fourth Industrial Revolution: what it means, how to respond" (검색일: 2023.12.1.)

10 https://m.hanwha.co.kr/media/storyfocus/defense.do, "4차 산업혁명을 준비하는 미래 국방산업의 솔루션은?" (검색일: 2023.12.1.)

래 전쟁의 양상을 예측하고 이에 선제적으로 대응할 수 있는 기술력을 확보하는 것이 무엇보다 중요하다. 이러한 점을 고려한다면 빅데이터, 인공지능과 같은 디지털 기술이 군사적 목적으로 활용될 경우 예상되는 미래 전쟁의 모습을 전망해보는 것도 중요한 과제일 것으로 보인다. 이 장에서는 현재 빅데이터와 같은 기술이 전장에 적용되면서 달라질 것으로 예상되는 미래 전쟁의 모습에 대해 살펴보고자 한다.

1) 사이버전의 심화

전쟁에서의 승리를 위해서는 적대국의 전장 데이터를 선제적으로 확보하는 것이 중요하다. 여기에서 전장 데이터란 걸프전의 사례에서도 확인한 바와 같이 병력 및 전략 무기의 배치 등과 관련된 부분일 수 있다. 그러나 물리적 전쟁에 앞서 사이버 공간을 통해 적대국 혹은 경쟁국의 군사기술 혹은 기밀을 탈취하여 그들이 보유하고 있는 혁신적 무기체계의 취약점을 도출한다거나 군사 전략 및 전술을 분석할 수 있다면 이는 국가들 간의 경쟁에서 앞서 나갈 수 있는 또 하나의 확실한 방안일 수 있다. 이러한 점을 고려한다면 향후 미래 전쟁은 사이버 공간에서부터의 총성 없는 전쟁이 더욱 증가할 것으로 판단된다.

사이버전은 "컴퓨터 네트워크를 통해 디지털화된 정보가 유통되는 가상적인 공간에서 다양한 사이버 공격수단을 사용하여 적의 정보체계를 교란, 거부, 통제, 파괴하는 등의 공격과 이를 방어하는 활동"을 의미한다.[11] 따라

---

11 https://www.igloo.co.kr/security-information/%EC%9A%B0%ED%81%AC%EB%9D
%BC%EC%9D%B4%EB%82%98%C2%B7%EB%9F%AC%EC%8B%9C%EC%95%84-
%EC%A0%84%EC%9F%81%EC%9C%BC%EB%A1%9C-%EB%B3%B4%EB%8A%94-
%EC%82%AC%EC%9D%B4%EB%B2%84%EC%A0%84-%EB%8F%99%ED%96%A5-

서 사이버 공간에서 발생할 수 있는 공격 형태는 ▲악성코드를 유포해 대상이 되는 컴퓨터 및 네트워크를 마비시키거나 파괴하는 시스템 파괴적 공격, ▲스파이웨어, 트로이 목마 등을 통해 상대방의 컴퓨터와 네트워크를 감염시켜 정부·군사기밀과 같은 내주 주요 정보를 탈취하는 공격, ▲미디어에 접근하여 여론을 조작하고 유언비어나 가짜뉴스로 사람들을 속이는 심리적 공격, ▲ 서비스 이용이 불가능하도록 주요 홈페이지를 마비시키는 서비스 가용성 저하 공격 등이다. 현재 러시아와 우크라이나의 전쟁에서도 물리적 공격 및 방어 외에도 사이버 공간에서 시스템 파괴, 심리전 활용, 정보 탈취를 목적으로 하는 양국 간의 사이버전이 격렬하게 전개 중이다.

사이버 공간에서 국가·군사 기밀이 탈취된 사건은 국내에서도 여러 차례 발생한 바 있다. 2016년 북한이 한국의 국방망과 국내 방위산업체들을 해킹해 해군 이지스함과 잠수함, 공군 F-15전투기, 무인정찰기 등의 취약점을 파악할 수 있는 설계도면과 관련 데이터를 탈취한 사건이 대표적이다. 한국수력원자력을 해킹하여 원자력 발전소의 도면 등을 탈취한 사례도 있었다(김보미·오일석 2022). 당시 군 관계자들은 북한이 탈취한 자료들이 핵심 기밀과는 다소 거리가 있다고 주장했지만, 이 사건의 본질은 국방 및 군사안보와 연관된 국가의 기밀, 즉 데이터가 적대국에 의해 언제라도 공격받을 수 있다는 데 있었다. 특히 사이버 공간은 공격지의 정체가 쉽게 드러나지 않는, 즉 익명성이 담보될 수 있는 곳이다. 그렇기 때문에 국가의 중요 데이터가 사이버 공격을 통해 유출되었다는 것을 인지하더라도 이 데이터가 실제 어떤 국가나 조직으로 흘러들어갔는지를 확인하는 것도 쉽지 않다.

%EB%B0%8F/, "우크라이나·러시아 전쟁으로 보는 사이버전 동향 및 대응방안" (검색일: 2023.11.30.)

핵심 기밀 탈취와 같은 직접적 공격 이외에도 사이버전은 전쟁 중 혹은 전쟁에 앞서 적대 국가의 정치·사회적 혼란을 심화시켜 군과 국민들의 사기를 저하시키기 위한 목적에서도 감행될 수 있다. 오늘날 현대 사회는 인터넷 및 정보통신기술에 대한 의존성이 더욱 높아지고 있다. 정치, 사회, 경제, 문화 등 대부분의 영역이 사이버 공간을 통해 연결되어 있으며 관련된 중요 데이터들도 플랫폼(클라우드)에 축적되어 있다. 이로 인해 네트워크 마비와 같은 사건이 발생할 경우, 그리고 이러한 상황이 장기간 지속될 경우 사회 전체가 제대로 작동하기 어렵게 되며 여기에서 비롯되는 혼란과 경제적 피해도 짐작하기 어려울 정도다.

최근 러시아와 우크라이나 전쟁에서 사이버전의 중요성이 확인되었고, 향후 미래 전쟁에서는 이러한 경향이 더욱 거세질 것으로 보인다. 전쟁 중 혹은 전쟁 시작에 앞서 사이버 공간에서의 충돌이 전쟁의 시작을 알리는 출발점이 될 것이다.

2) 전장 데이터의 민주화

과거와 달리 빅데이터 시대의 전장 데이터는 소수의 전문가나 군의 독점적 영역으로만 남지 않을 것으로 보인다. 스마트폰을 소지하고 사회관계망(SNS) 서비스에 접속할 수 있는 다수의 민간인들도 전장 데이터의 수집 및 확산의 주역이 될 수 있다.

우크라나이나 전쟁 초기 상황을 보자. 개전 초기 군사전문가들은 러시아의 압도적 우세를 전망했다. 그러나 예상 밖으로 러시아는 개전 초기 우크라이나 군의 격렬한 저항과 예상치 못한 공격에 당황하는 기색이 역력했다. 예를 들어 우크라이나 군은 러시아 군의 전차 부대가 진격해 오는 경로에 매복해 있다가 대전차 무기 등을 이용해 기습공격을 감행한 뒤 신속하게 후퇴하는 전략을 사용했다(아시아 경제 22/3.7).[12] 이것은 수많은 우크라이나 시민들이 러시아 병력의 이동 모습이나, 미사일이 날아오는 장면 등 전장에서 발생하고 있는 다양한 상황을 영상이나 사진으로 기록하여, 트위터(Twitter)에 게재했기 때문에 가능했다. 이 데이터들이 우크라이나 군의 매복 및 기습공격에 유용하게 활용될 수 있었던 것이다. 다양한 데이터의 집합체라고 할 수 있는 공개출처정보, 즉 OSINT(Open source intelligence) 활약이었다.

OSINT는 공개된 출처로부터 수집된 정보를 분석하여 이용할 수 있는 정보로 생산하는 것을 의미한다.[13] OSINT의 가장 큰 장점은 사용 가능한 데이터가 매우 다양하다는 점이다. 스마트폰으로 촬영한 영상과 사진, 위성 이미지, 각종 SNS의 게시물, 암호화되지 않은 라디오 메시지 등 사실상 오늘날 현대 사회에서 목격할 수 있는 대부분의 데이터가 활용될 수 있다. 민간인들도 정보 수집 및 분석에 자유롭게 참여할 수 있다는 점도 OSINT의 특징이다

전쟁 초기 러시아 군의 병력과 물자가 이동하는 모습은 우크라이나 주민들이 스마트폰으로 촬영한 사진과 영상으로 각종 SNS에서 게재되었고, 이를 통해 우크라이나 군은 러시아 군의 이동경로를 예측히어 미리 매복할 수 있었던 것이다. 우크라이나 주민뿐 아니라 국제사회의 다양한 행위자들도 위성 사진에 찍힌 러시아 군의 이동 및 배치 모습을 게재했고, 다시 이러

---

12 https://www.asiae.co.kr/article/2022030415293768389, ""위기 몰린 우크라이나, 비장의 무기는 '오픈 소스' 데이터?" (검색일: 2023.11.5.)

13 https://moderndiplomacy.eu/2023/05/17/the-role-of-open-source-intelligence-in-the-war-in-ukraine/ "The Role of Open-Source Intelligence in the War in Ukraine" (검색일: 2023.11.23.)

한 사진이나 데이터들은 민간인이나 일부 전문가에 의해 분석됨으로써 실제 전장 데이터로 활용되는 경우도 있었다.

이와 같은 이유로 개전 초기 러시아가 자랑하는 하이브리드 전술도 큰 효과를 보기 어려웠다. 러시아는 재래식 군사력을 앞세운 전면 공격에 앞서 우크라이나 군과 주민들의 사기저하를 목적으로 우크라이나의 주요 정부 조직, 기관을 대상으로 한 사이버공격을 감행했고, 아울러 가짜뉴스를 통해 우크라이나 주민들을 혼란에 빠뜨리고자 했다. 그러나 러시아가 SNS나 온라인을 통해 게재한 뉴스, 예컨대 러시아 군이 우크라이나 군을 완전히 궤멸시켰다거나 우크라이나의 주요 지역이 이미 러시아에게 함락되었다는 식의 가짜 정보는 이내 사실이 아닌 것으로 판명됐다. 러시아가 확산시킨 가짜 뉴스를 우크라이나 주민들이 다양한 데이터를 이용해 교차검증을 실행했고, 결과적으로 사실이 아닌 것으로 드러났던 것이다.

빅데이터 시대에는 누구라도 데이터의 주인이 될 수 있다. 전쟁도 예외는 아니다. 전쟁이라는 영역에서 전장 데이터는 군이나 소수의 전문가들이 독점했었던 시대가 지나가고 있다. 우크라이나 전쟁이 이러한 징후를 명확히 보여줬던 대표적 사례라고 볼 수 있다.

3) 민간 분야의 영향력 증대

전통적으로 전쟁이란 국가의 독점적 영역이었다. 전쟁을 결정하는 것은 물론 전쟁의 수행 주체도 국가였다. 그러나 최근으로 올수록 이와 같은 경계가 희미해지고 있으며, 앞으로는 이러한 경향이 더욱 심화될 것으로 보인다. 이미 전쟁이 주권 국가들의 전유물이 아니라는 점이 곳곳에서 확인되었다. 2001년 9/11 사건을 계기로 미국은 글로벌 테러와의 전쟁을 선포

했고, 이 전쟁은 10년 이상 지속되었다. 문제는 당시 미군의 직접적인 교전 상대가 비국가행위자, 즉 글로벌 테러리스트들이었다는 사실이다. 그리고 이와 같은 정규군이 아닌 이른바 보이지 않는 군대와의 싸움은 21세기 피할 수 없는 현실이 되고 있다(맥스부트 저&문상준·조상근 역 2023).

　전쟁이 국가 대 국가의 충돌이라는 전통적인 모습에서 벗어나면서 전쟁이라는 영역에서 활동하는 행위자들도 다양화되고 있다. 특히 과거와 달리 일반 시민이나 기업과 같은 민간 분야의 행위자들까지 전쟁에서 직·간접적인 역할을 담당하는 것을 확인할 수 있다. 앞서 민간인들도 전장의 승패를 좌우할 전장 데이터의 공유와 분석이라는 측면에서 중요한 역할을 담당할 수 있는 시기가 도래했다고 지적했다. 연장선상에서 민간 기업들이 전쟁을 적극적으로 지원함으로써 이른바 "전쟁의 민영화" 현상도 더욱 확대되고 있는 것이다.

　우크라이나 전쟁을 보자. 개전 초기 우크라이나 군이 여러 전투에서 승기를 잡을 수 있었던 것은 기본적으로 데이터 경쟁에서 우위를 점했기 때문이었다. 여기에는 우크라이나 시민들의 역할과 함께 미국인 기업가 일론 머스크(Elon Musk)가 운영하는 저궤도 위성 스타링크(Starlink)의 활약이 돋보였다. 스타링크는 위성 기반 인터넷 시스템으로 러시아 군의 공격으로 우크라이나의 스마트폰 통신망과 인터넷 네트워크가 파괴된 이후에는 우크라이나 군과 정부의 중요한 도구로 기능했다.[14] 통신 위성에 기반한 전장 데이터의 확보와 이를 전투에 활용하는 것은 새로운 것이 아니지만, 중요한 사실은 스타링크라는 저궤도 위성의 데이터 전송의 기민함과 신속함이

---

[14] https://www.bbc.com/korean/features-63310124, "스타링크: 일론 머스크의 위성인터넷이 우크라이나에 중요한 이유"(검색일: 2023.11.30.)

과거 전통적인 고궤도 위성과는 차원이 달랐다는 점이다.[15] 스타링크의 터미널을 통해 러시아 군의 위치를 확인하고 여기에 정밀한 공격을 감행함으로써 우크라이나 군은 전쟁에서 승기를 점할 수 있었던 것이다.

일론 머스크의 스타링크 외에도 오늘날 주요 데이터들과 이를 분석할 수 있는 인프라의 대부분이 민간 영역에 귀속되어 있다. 러시아와 우크라이나 사이의 전쟁이 발발한 직후 많은 우크라이나 시민들이 각종 전장 데이터를 업로드한 곳도 대부분 민간 기업이 소유하고 있는 사회관계망 서비스였다.

이러한 상황은 더 이상 전쟁이 국가 혹은 정부의 독점적 영역이 아니라는 것을 의미한다. 앞으로 더욱 많은 데이터가 양산될 것이며, 이러한 대량의 데이터를 분석하는 것 또한 민간 기업들이 주도할 것으로 보인다. 국가 혹은 정부는 데이터의 수집, 분석 등에 있어 민간 기업과의 연계가 중요해질 것이다. 평시는 물론 전시에서 민간 기업이 보유하고 있는 대량의 데이터와 분석 기술은 중요한 전략적 자산이 될 것이며, 전쟁에서 이들의 영향력 또한 지속적으로 증가할 것으로 판단된다.

4) 자율무기체계의 활약

미래 전쟁에서 가장 주목받을 무기체계는 단연 빅데이터를 동력원으로 하는 자율무기체계일 것이다. 고성능 인공지능을 탑재한 자율무기체계가 전쟁에 등장하면 터미네이터와 같은 SF 영화는 더 이상 상상이 아닌 현실이 될 것이다. 지금도 자율무기체계가 전장을 누비고 있는 것을 확인할 수 있다. 드론이 대표적이다.

---

15 http://weekly.chosun.com/news/articleView.html?idxno=25756, "우크라이나 전쟁이 보여준 미래전의 모습들" (검색일: 2023.11.30.)

2019년 개봉한 영화 〈엔젤 해즈 폴른〉(Angel Has Fallen)은 드론이 얼마나 위협적인 공격용 무기가 될 수 있는지를 보여준다. 대략의 시놉시스는 다음과 같다. 미국 대통령으로 분한 모건 프리먼(Morgan Freeman)이 배 위에서 낚시를 즐길 때 수백 대의 공격용 드론이 공격을 감행하기 시작한다. 세계 최고 수준의 백악관 경호원들은 공중에서 자유자재로 비행하는 드론 공격에 제대로 된 저항을 하지 못한 채 궤멸하고 미 대통령은 치명적인 위험에 직면하게 된다.[16] 주목할 만한 사실은 드론에 안면 인식 기술이 탑재되어 있었다는 점이다. 영화는 드론이 비행 과정에서 대통령과 백악관 경호실 요원들의 얼굴을 연속적으로 스캔하며 공격 목표인지 아닌지를 스스로 판단할 수 있다는 사실을 비교적 상세하게 보여주고 있다. 이것은 드론 공격에 앞서 테러리스트들에 의해 미국 대통령과 경호실 주요 인사들의 안면 인식 데이터가 완벽하게 입력이 되었다는 것을 의미한다고 볼 수 있다. 그리고 드론은 입력된 데이터에 따라 목표물을 끝까지 추적하여 공격을 완료하고자 했던 것이다. 이 드론이 공격을 멈추는 것은 드론 자체가 완전히 파괴되지 않는 이상 불가능하다. 상황에서 인공지능 기술이 더욱 고도화된다면 드론은 공격 목표를 인식하는 순간 공격을 완벽하게 성공시키기 위한 최적의 경로와 공격수단까지도 스스로 판단할 수도 있게 된다.

현재 우크라이나 전장에서도 드론과 같은 자율무기체계가 적극적으로 활용되고 있다. 우크라이나의 드론은 러시아 전차부대를 공격하여 진격을 멈추게 한 바 있으며, 러시아 흑해함대 소속 모스크바함의 격침과 크롬반도 러시아 해군 기지 공격에도 드론이 중요한 역할을 수행했다. 사상 첫 드

---

16 https://m.weekly.khan.co.kr/view.html?med_id=weekly&artid=202007101501091&code=114, "영화 속 경제: 엔젤 해즈 폴른" (검색일: 2023.12.5.)

론 간 공중전이 우크라이나 전쟁에 발생하기도 했다.[17] 이외에도 우크라이나 군은 민간 전문가를 모아 "아에로로즈비드카(공중정찰)"라는 항공정찰부대를 만들었고, 이 부대는 야간에 드론을 통해 러시아군의 위치를 찾아내는 것뿐만 아니라 대형 옥토콥터형 드론(회전날개가 8개인 드론)에 실은 수류탄을 그 위로 떨어뜨리는 공격을 감행하기도 했다. 이처럼 이미 드론은 현재 전장에서 중요한 역할을 담당하고 있는 것으로 볼 수 있다.

인간 지능을 초월한 인공지능을 탑재한 자율무기체계의 등장도 불가능한 일은 아닐 것이다. 다만 완전한 수준의 자율무기체계의 등장에는 상대적으로 좀 더 긴 시간이 필요할 것으로 보인다. 단기적으로는 드론과 같은 무인무기체계에 인공지능을 탑재하여 전장에서 활용하고자 할 것이다.

5. 결론

이 글은 빅데이터, 그리고 빅데이터와 인공지능 기술이 전쟁의 영역에서 어떻게 활용될 수 있는지에 주목했다. 과거 인류의 역사에서도 확인할 수 있듯이 동시대 혁신적 무기체계의 등장은 군사전략 및 전술에 영향을 미치는 것에서 그치지 않고 전쟁의 양상까지 변화시켰다. 오늘날 제4차 산업혁명 시대의 핵심 기술이라고 평가받고 있는 빅데이터, 그리고 인공지능 기술의 등장과 지속적인 발전은 미래 전쟁을 지금과는 완전히 다른 모습으로 변화시킬 것으로 예상된다.

사이버 공간에서의 총성 없는 전쟁은 일상화될 것이다. 오늘날 현대 사회

---

17 https://www.joongang.co.kr/article/25109678#home, "우크라 매빅, 러 내리쳤다…' 사상 첫 드론 공중전' 승리의 이유" (검색일: 2023.12.5.)

는 인터넷 및 정보통신기술에 대한 의존성이 더욱 높아지고 있다. 정치, 사회, 경제 그리고 군사 및 국방영역마저도 사이버 공간을 통해 연결되어 있으며 국가 혹은 사회의 핵심 데이터들도 사이버 공간 내 플랫폼에 구축되어 있다. 네트워크 마비와 같은 상황이 발생하면 사회 전체가 제대로 작동하기 어려울 수밖에 없다. 앞으로는 사이버 공간에서의 공격과 방어는 일상화된 모습이 될 수 있으며 사이버 안보의 중요성 또한 더욱 증가할 수밖에 없을 것이다.

빅데이터 시대에는 다양한 데이터가 전쟁에서 활용될 수 있으며, 누구라도 데이터의 주인이 될 수 있다. 군 또는 일부 전문가들이 전장 데이터를 독점했던 시대가 저물어 가는 것이다. 우크라이나 전쟁은 민간인들도 전장 데이터의 수집, 확산, 그리고 분석에 이르기까지 전쟁의 주역이 될 수 있다는 것을 보여준 사례였다. 개전 초기 우크라이나 주민들이 러시아군의 이동 모습, 미사일 발사 장면 등 전장의 다양한 상황들을 실시간으로 SNS에 게재했고 우크라이나군은 이 데이터를 통해 매복 및 기습작전을 감행할 수 있었다.

전장 데이터의 민주화 경향과 유사하게 기업과 같은 민간 분야 행위자들이 전쟁에서 담당하는 영향력이 더욱 증가하고 있는 것도 주목할 만한 변화리고 볼 수 있다. 전통적으로 국가의 독점적 영역이었던 전쟁에서 민간 행위자들의 참여가 더욱 증가하고 있다. 우크라이나 전쟁이 발생한 직후 많은 전문가들의 예상과 달리 우크라이나군이 러시아군의 공격에 격렬하게 저항하고 심지어 우크라이나의 통신망과 인터넷 네트워크가 파괴된 이후에도 승기를 잡아갈 수 있었던 것은 일론 머스크가 자신이 소유한 스타링크 위성을 지원해 준 덕분이었다.

미래 전쟁에서는 드론과 같은 자율무기체계의 역할이 더욱 중요해질 것이다. 그리고 우크라이나 전쟁은 이와 같은 무기체계가 실제 전장에서 어떻게 활약할 수 있는지를 생생하게 보여주고 있다. 우크라이나군이 러시아가 자랑하는 모스크바함을 격침하고 러시아 해군 기지를 포격할 수 있었던 것은 방공망에 발각되지 않고 은밀하게 침투한 드론이 목표물을 정확하게 포착하고 겨냥할 수 있었기 때문이었다. 사상 최초의 드론 간 공중전이 발생한 것도 우크라이나 전쟁이었다. 이러한 상황들은 미래 전쟁의 일부를 미리 보여주는 것이라고 할 수 있다. 앞으로 빅데이터를 동력원으로 하는 인공지능 기술이 더욱 발전할수록 자율무기체계의 성능도 비례하여 진화할 것은 자명하다.

양질의 빅데이터를 학습한 고성능의 인공지능이 탑재된 자율무기체계는 미래 전쟁의 게임체인저가 될 것이다. 국제사회의 주요 군사 강국들은 인공지능이 탑재된 자율무기 경쟁에서 앞서가기 위한 노력을 적극적으로 추진 중이다. 이 분야에서 가장 앞선 기술을 보유한 것으로 평가받는 미국은 2023년 8월 레플리케이터(Replicator)라는 계획을 발표하고 AI 무인 자율 무기체계의 도입 구상을 밝히기도 했다. 중국과 전략적 경쟁 중인 미국이 드론을 비롯한 무인 자율 무기체계에서 중국의 양적 우위를 상쇄하기 위해 수년 내 드론을 비롯하여 무인함정과 로봇 등 수천 개의 자율무기체계를 배치한다는 것이 이 계획의 핵심이다. 우리는 가까운 미래에 공중은 물론 지상과 해상에서도 지금보다 훨씬 더 진일보한 자율무기체계의 등장을 목격하게 될 것이다.[18]

미국의 우려대로 중국은 자율무기체계 분야에서 양적으로는 미국보다 앞서고 있는 것으로 알려지고 있다. 그러나 중국이 보유한 기술력도 만만

---

18 https://www.yna.co.kr/view/AKR20231122019600071, "美, '中 겨냥' AI 무인 자율무기 체제 속도…내달 첫 드론 선정" (검색일: 2023.12.10.)

치 않은 것으로 평가되고 있다. 중국은 자율무기체계가 전쟁의 양상을 바꿀 수 있는 무기체계로 인식하고 있다. 중국이 이 분야에서 어느 정도의 기술력을 확보하고 있는지를 정확하게 평가하기는 어렵지만 현재 중국이 공개하고 있는 영상들을 보면 장거리 자폭 드론, 군집형 드론 등에 있어 상당한 수준에 도달한 것으로 보인다. 더구나 미국과 달리 중국은 정부의 통제 아래 필요한 데이터들을 확보할 수 있으며 나아가 공세적 해외 정보 활동을 통해 양질의 빅데이터를 확보할 수도 있다. 이러한 자료들이 인공지능 첨단화 및 고도화의 밑거름이 될 수 있다는 점을 감안하면 중국 자율무기체계의 발전 속도는 예상보다 더욱 빠르게 진행될 수 있을 것으로 보인다.[19]

한국도 2023년 3월 국방혁신 4.0 기본 계획을 발표하면서 AI 기반 첨단 과학기술 강군 육성을 목표로 하는 추진과제를 발표했다. 핵심 내용은 유·무인 복합전투체계 구축, 우주·사이버·전자기 스펙트럼 영역 작전 수행 능력 강화, 국방 AI 센터 창성 등이 대표적이다. 계획대로 된다면 한국도 다가오는 미래 전쟁에 선제적·능동적으로 대응할 수 있는 전력을 확보할 수 있을 것으로 기대되는 대목이다. 그러나 이를 위해서는 지나치게 경직된 데이터 및 정보보안 제도, 국방 데이터 및 클라우드의 AI 인프라 미흡 등과 같은 문제들도 해결해 나갈 필요가 있다.[20]

자율무기체계의 성능을 좌우할 인공지능의 기반이 되는 것이 데이터라

---

19 https://www.ytn.co.kr/_ln/0104_202310231953187708, "미래 전쟁의 게임체인저 AI 무기, 현황과 쟁점은" (검색일: 2023.12.10.)

20 https://www.chosun.com/opinion/column/2023/11/16/TVXZUAZ4NRDWNFGWYWE5UYOGCY/, "우크라군 전술 짜주고, 하마스 땅굴 탐지…전쟁 뒤흔드는 '절대 반지'?" https://www.chosun.com/opinion/column/2023/11/16/TVXZUAZ4NRDWNFGWYWE5UYOGCY/ (검색일: 2023.12.25.)

는 점을 간과해서는 안 될 것이다. 20세기 초 주요 대전쟁의 양상에 영향을 미친 내연기관의 동력원이 석유였다면, 미래 전쟁에서는 데이터가 바로 인공지능을 움직이는 석유인 것이다. "보안을 이유로 누구도 결정하지 못해 국방 데이터 공유와 활용이 크게 제한되고 있다는 게 가장 큰 어려움"이라는 국내 빅데이터·인공지능 전문 기업 관계자의 증언은 곱씹을 필요가 잇을 것으로 보인다.

현재 우크라이나 전장에는 팔란티어를 비롯한 초국적 방산업체들이 자국 정부의 적극적인 지원을 통해 대량의 전장 데이터를 확보하기 위해 전력하고 있다. 확보된 전장 데이터는 특정 국가의 인공지능 및 자율무기체계의 발전에 활용될 것도 분명하다. 일론 머스크의 스타링크가 우크라이나 전쟁에서 어떠한 역할을 담당했는지를 다시 거론하지 않더라도 오늘날 빅데이터와 인공지능 기술을 주도하고 있는 것은 민간 기업들이라는 점도 상기할 필요가 있다. 한국도 정부와 국방부를 중심으로 더욱 많은 학교, 연구소, 그리고 기업들이 국방 데이터를 지금보다 더 적극적으로 활용하고 공유할 수 있는 방안을 모색해야만 할 것으로 보인다.

참고문헌

권순선. 2020. "인공지능과 빅데이터 기술동향." 『TTA 저널』 187호: 38-43.

김보미·오일석. 2022. 『북한 사이버위협의 특징과 대응방안: 김정은 시대를 중심으로』. INSS 연구보고서 2022-03.

김상배 외. 2020. 『4차 산업혁명과 신흥 군사안보: 미래전의 진화와 국제정치의 변화』. 파주: 한울아카데미.

김상배. 2020. "데이터 안보와 디지털 패권경쟁: 신흥안보와 복합지정학의 시각." 『국가전략』 제26권 2호: 5-34.

김영수. 2021. "인공지능을 활용한 미래 항공우주 지휘통제체계 발전방안 연구: 공역통제, 지휘결심지원, 사이버 보안 기능을 중심으로." 『국가전략』 제27권 제2호: 5-31.

매일경제 국민보고대회팀. 2019. 『밀리테크 4.0: 기술전쟁 시대, 첨단 군사과학기술을 통한 경제혁신의 전략』. 서울: 매일경제신문사.

맥스 부트 저. 문상준·조상근 역. 2023. 『보이지 않는 군대: 게릴라전, 테러, 반란전과 대반란전의 5천년 역사』. 서울: 플래닛미디어.

박상섭. 2014. 『1차 세계대전의 기원: 패권 경쟁의 격화와 제구체제의 해체』. 서울: 대우학술총서.

사이언티픽 아메리칸 편집부. 2017. 『과학이 바꾸는 전쟁의 풍경: 미래의 전쟁』. 서울: 한림출판사.

앨빈토플러 저. 김원호 역. 2011. 『전쟁 반전쟁』. 서울: 청림출판.

엄정호. 2020. 『제4차 산업혁명 시대의 사이버전 개론』. 서울: 홍릉.

윤민우·김은영. 2023. 『모든 전쟁: 인지전, 정보전, 사이버전, 그리고 미래 전쟁에 대한 전략 이야기』. 서울: 박영사.

윤정현·홍건식. 2022. 『디지털 전환기의 국가전략기술과 기술주권 강화방안: D.N.A를 중심으로』. INSS 연구보고서 2022-16.

이수진·박민형. 2017. "제5세대 전쟁: 개념과 한국 안보에 대한 함의." 『한국군사』 제2호: 1-33.

Allan Britton. 2023. "Impact of Disinformation on National Security"(https://www.linkedin.com/pulse/impact-disinformation-national-security 검색일: 2023.12. 5.).

Arslan Gulzar. 2023. "Data Dragon: The Shifting Battlefield of Future Wars"(https://www.linkedin.com/pulse/data-dragon-shifting-battlefield-future-wars-arslangulzar 검색일: 2023.11.15.).

Birgitta Dresp-Langley. 2023. "The weaponization of artificial intelligence: What the public needs to be aware of"(https://www.ncbi.nlm.nih.gov/pmc/articles/PMC10030838/pdf/frai-06-1154184.pdf: 검색일 2023.12.1.).

Christopher L. Hartzell. 2023. "Future Weapons Technology of 2040"(https://www.armyupress.army.mil/Journals/NCO-Journal/Archives/2023/July/Future-Weapons-Technology-of-2040/: 검색일 2023.10.31.).

Congressional Research Service. 2023. "Defense Primer: U.S. Policy on Lethal Autonomous Weapon Systems"(https://crsreports.congress.gov/product/pdf/IF/IF11150 검색일: 2023.12.5.).

Department of Defense. 2023. "DoD DIRECTIVE 3000.09 AUTONOMY IN WEAPON SYSTEM"(https://www.esd.whs.mil/portals/54/documents/dd/issuances/dodd/300009p.pdf 검색일: 2023.12.15.).

Donald J. Reed. 2008. *Studies in Conflict & Terrorism*. New York: Routledge.

European Defence Agency. 2023. "Beyond 2040 - EDA analysis warns on future warfare trends and technology imperatives for European defence"(https://eda.europa.eu/news-and-events/news/2023/10/23/beyond-2040---eda-analysis-warns-on-future-warfare-trends-and-technology-imperatives-for-european-defence: 검색일: 2023.10.31.).

James Wang. 2020. "The Cost of AI Training is Improving at 50x the Speed of Moore's Law: Why It's Still Early Days for AI"(https://ark-invest.com/articles/analyst-research/ai-training/검색일: 2023.11.15.).

John Shalf. 2020. "The future of computing beyond Moore's Law"(https://royalsociety-publishing.org/doi/epdf/10.1098/rsta.2019.0061: 검색일: 2023.11.10.).

Miah Hammond-Errey. 2022. "Big data and national security: A guide for Australian policymakers." *Lowy Institute Analysis* February 2022: 1-32

O'Reilly Radar Team. 2011. Big Data Now: Current Perspectives(https://www.newlaw.gr/media/cms_categories/1/files/Big_Data_Now_Current_Perspectives_from_O.pdf 검색일: 2023.11.10.).

Paul Scharre. 2018. *Autonomous Weapons and The Future War: Army of None*. New York: W. W. Norton & Company, Inc.

William S. Lind. 2004. "Understanding Fourth Generation War" *Military Review* Sep/Oct: 12-16.

William S. Lind. et al. 1989. "The Changing Face of War: Into the Fourth Generation." *Marine Corps Gazette* October 1989: 22-26.

Xuan Liu. 2022. "The Study on National Security in Big Data Era." *Frontiers in Business, Economics and Managent* 5(3): 191-200.

Yuanli Qina, Xunli Zhang, Guiqing Gao and Kang Wang. "The Role of Big Data in Intelligent Combat Command"(https://www.atlantis-press.com/proceedings/cecs-18/25902455: 검색일 2023.11.3.).

Yun Minwoo. 2010. "Insurgency Warfare as an Emerging New Mode of Warfare and the New Enemy." *The Korean Journal of Defense Analysis* 22(1): 111-125.

http://weekly.chosun.com/news/articleView.html?idxno=25756. "우크라이나 전쟁이 보여준 미래전의 모습들"(검색일: 2023.11.30.).

https://academic-accelerator.com/encyclopedia/kr/targeted-surveillance(검색일: 2023.12.1.).

https://blog.rebellionresearch.com/blog/how-does-big-data-show-up-in-war. "How Does Big Data Show Up in War?"(검색일: 2023.9.13.).

https://ko.wikipedia.org/wiki/%ED%94%84%EB%A6%AC%EC%A6%98_(%EA%B0%90%EC%8B%9C_%EC%B2%B4%EA%B3%84)(검색일: 2023.12.1.).

https://m.hanwha.co.kr/media/storyfocus/defense.do. "4차 산업혁명을 준비하는 미래 국방산업의 솔루션은?"(검색일: 2023.12.1.).

https://moderndiplomacy.eu/2023/05/17/the-role-of-open-source-intelligence-in-the-war-in-ukraine/. "The Role of Open-Source Intelligence in the War in Ukraine"(검색일: 2023.11.23.).

https://news.kbs.co.kr/news/pc/view/view.do?ncd=7647474. "또 불거진 '美 도청'의 혹…'40여 년간 120개국 엿들었다'"(검색일: 2023.12.1.).

https://www.aitimes.com/news/articleView.html?idxno=140208. "환상의 짝꿍, 빅데이터와 AI의 절묘한 만남이 가져오는 시너지 효과는 과연 무엇일까?"(검색일: 2023.9.13.).

https://www.asiae.co.kr/article/2022030415293768389. ""위기 몰린 우크라이나, 비장의 무기는 '오픈 소스' 데이터?"(검색일: 2023.11.5.).

https://www.bbc.com/korean/features-63310124. "스타링크: 일론 머스크의 위성인터넷이 우크라이나에 중요한 이유"(검색일: 2023.11.30.).

https://www.bbc.com/news/world-europe-33106044. "Snowden NSA: Germany drops Merkel phone-tapping probe"(검색일: 2023.12.1.).

https://www.igloo.co.kr/security-information/%EC%9A%B0%ED%81%AC%EB
%9D%BC%EC%9D%B4%EB%82%98%C2%B7%EB%9F%AC%EC%8B%9
C%EC%95%84-%EC%A0%84%EC%9F%81%EC%9C%BC%EB%A1%9C-
%EB%B3%B4%EB%8A%94-%EC%82%AC%EC%9D%B4%EB%B2%84%EC
%A0%84-%EB%8F%99%ED%96%A5-%EB%B0%8F/. "우크라이나·러시아 전
쟁으로 보는 사이버전 동향 및 대응방안"(검색일: 2023.11.30.).

https://www.seoul.co.kr/news/newsView.php?id=20230702500037. "'러시아의 치
욕' 모스크바함 침몰...우연이 아니었다"(검색일: 2023.11.5.).

https://www.theguardian.com/world/2013/jun/06/us-tech-giants-nsa-data.
"NSA Prism program taps in to user data of Apple, Google and others"(검색일:
2023.12.1.).

https://www.weforum.org/agenda/2016/01/the-fourth-industrial-revolution-
what-it-means-and-how-to-respond/. "The Fourth Industrial Revolution:
what it means, how to respond"(검색일: 2023.12.1.).

https://www.yna.co.kr/view/AKR20231122019600071. "美, '中 겨냥' AI 무인 자율무
기 체제 속도…내달 첫 드론 선정"(검색일: 2023.12.10.).

https://www.ytn.co.kr/_ln/0104_202310231953187708. "미래 전쟁의 게임체인저 AI
무기, 현황과 쟁점은"(검색일: 2023.12.10.).

https://www.chosun.com/opinion/column/2023/11/16/TVXZUAZ4NRDWNFGW-
YWE5UYOGCY/. "우크라군 전술 짜주고, 하마스 땅굴 탐지…전쟁 뒤흔드는 '절대
반지'?" https://www.chosun.com/opinion/column/2023/11/16/TVXZUAZ4
NRDWNFGWYWE5UYOGCY/(검색일: 2023.12.25.).

제8장

빅데이터와 국제규범: 우주 개발, 인공지능(AI), 디지털 무역

이가연(성신여자대학교)

1. 서론

농경화가 이루어지기 전, 원시사회의 생활 방식은 수렵과 채집이었다. 따라서 원시사회에서 중요하게 다루어지는 정보는 '어디에 가면 어떤 방식으로 어떤 식량을 구할 수 있을지'였다. 농사 기술의 발전과 함께 촌락과 지역 중심의 봉건 사회가 형성되면서 인류는 잉여물을 저장하거나 거래하기 위한 정보가 필요했다. 나아가 잉여물과 노동력(노예)을 쟁취하기 위한 전쟁과 군사 정보 역시 중요해졌다. 영토 확장과 식민지를 개척하기 위한 전쟁 도구와 무기 역시 부단히 발전했고 원시사회에서 부족에 한정되어 있던 권력관계는 세계 차원으로 확장했다. 과학기술의 눈부신 발전에 힘입어 이제 인류는 우주로 향하고 있다.

인공지능이 출현하기에 앞서 진행된 3차례에 걸친 산업 혁명은 잉여물의 산출을 극대화하기 위한 인간의 이기적이고 합리적인 측면을 더욱 부각해

왔다. 공장의 설립과 대량 생산 시대의 도래는 인류를 도시로 이동시키고 자본가와 노동자 계급을 탄생시켰다. 이제 우리는 초연결 네트워크의 형성과 함께 정보화 시대를 맞이했다. 정보화(informatization)는 우리 사회를 구성하는 많은 요소가 정보를 중시하는 방향으로의 변화 과정을 의미한다. 정보기술을 바탕으로 데이터를 분석·판단·실행하는 주체가 인간이었던 제3차 산업혁명에 비해 제4차 산업혁명은 사물인터넷이 빅데이터를 수집하고, 그것을 인공지능이 분석 및 판단하며, 자동화된 기계나 로봇이 그것을 실행한다. 정보와 정보 가공 능력은 군사 기술이나 사이버 테러리즘과 연계해 권력 자원(power resource)이 될 수 있다. 또는 온라인 서비스 기업이 제공하는 플랫폼 서비스를 통해 수집된 각종 데이터와 개인정보에 적절한 규제가 없다면 자원 권력(resource power)을 형성할 수 있다.

1990년대 냉전의 해체 후 확산한 세계화와 인터넷의 발전은 국가가 중심이었던 세계의 권력관계를 뒤흔들었다. 교통수단과 인터넷의 발달은 세계를 빠르게 연결해 물리적 공간의 한계를 뛰어넘게 했을 뿐 아니라 정치·경제·사회의 물리적 공간과 얽히게 했다. 인류가 통신망을 통해 지구 반대편에 있는 사람들과 소통하기 시작하면서 오가는 정보 역시 폭발적으로 증가했다. 정보통신기술의 발달로 정보 접근 비용이 감소하자 많은 이들이 정보에 쉽고 빠르게 접근할 수 있게 되었다. 하지만 정보 접근을 위한 기술 및 소유권의 격차는 정보 불균형으로 이어지고, 이는 국제정치에서의 힘의 균형(balance of power)에 영향을 미치는 주요 요인이 되고 있다.

국제정치에서 흔히 언급되는 수인의 딜레마(prisoner's dilemma)와 집단행동(collective action)의 딜레마는 불확실성이 행위자의 합리적 행위를 제한한다는 점에서 정보의 중요성을 보여준다. 수인의 딜레마는 상대방의 배신에 대한 불확실성에 기인하고, 집단행동의 딜레마는 집단의 일부 구성원의 무임승차에 대한 불확실성에 기인한다. 자유주의 국제정치학자로 유명한 로버트 코헤인(Robert Keohane)은 국제정치에서 정보의 중요성에 주목하였다. 정보 격차와 불확실성은 상대방의 의도와 행동에 대한 불신으로 이어지고, 이는 곧 행위자의 합리성을 제한하므로 소통(communication)을 통해 이를 개선해야 한다고 보았다. 이러한 소통의 방식은 국가 간의 협의체나 협력을 통한 방법이 될 수도 있고, 다수의 국가가 참여한 포럼이나 국제기구 등을 통한 다자 협력이 될 수도 있다. 투명한 데이터 교류는 불필요한 오해를 방지하고 거래 비용을 낮추며 권력을 분산해 민주주의의 실현과 유지에 중요한 역할을 한다. 하지만 동시에 거대한 데이터 권력을 가진 행위자의 무분별한 정보 수집과 활용은 다양성과 소수자 권리에 대한 위협이 될 수 있다.

중국이 G2 국가로 부상해 규칙 제정자(rule-maker)로의 역할을 하고자 시도하기 전까지 세계 경제 질서는 제2차 세계대전 이후에 설계된 것이었다. 제2차 세계대전이 연합국의 승리로 종전하기 직전인 1944년 미국 뉴햄프셔주 브레턴우즈에서 44개국이 연합국 통화 금융 회의에 참석했다. 이후 등장한 브레턴우즈 체제는 미국 달러화를 기축 통화로 고정 환율제를 실시해 전후 경제와 통화 가치를 안정시키고 국제 무역을 확대하는 것이 주요 골자였다. 브레턴우즈 체제는 세계은행(WB), 국제통화기금(IMF), 관세와 무역에 관한 일반 협정(GATT)이 제도적으로 떠받치고 있었다. 전 세계의 빈곤 퇴치 및 개발도상국의 경제 발전을 목표로 세계은행(WB)이 탄생했지만 엄격한 조건이 붙었을 뿐 아니라 자금의 활용을 엄격하게 감시했다. 예를 들어 프랑스 정부에 자금을 빌려주기 전에 공산당과 관련이 있는 인사들을 정리할 것을 요구하면서 프랑스 공산당과의 연합 정부가 해체되었다. 국제통화기금(IMF)은 미국 달러화를 기축 통화로 삼으면서 각국에 필요한 외화를 공급해 안정적이고 반응적인 국제 금융 관계를 창출하기 위한 것이었다. 하지만 자유 무역에서 국제수지 적자가 발생하여 보호무역의 길로 간다면 고정환율을 유지하는 의미가 없기 때문에 1947년 관세와 무역에 관한 일반 협정(GATT)이 탄생했다. 제1세계 국가들은 브레턴우즈 체제 하에서 자유 무역을 기반으로 고도 성장을 이룰 수 있었다.

중국은 1978년 사회주의 체제에 시장경제를 결합한 개혁개방을 단행한 후 미국이 주도하는 자유주의 질서 하에서 고도 성장을 이루었다. 중국이 세계 GDP 2위에 올라서자 미국과 G7이 중심이 되어 제정된 규칙에 끊임없이 개혁의 목소리를 높여왔다. 예를 들면 IMF의 투표권 개혁이 그것이다. 모범적인 규칙 준수자(rule-taker)였던 중국은 이제 AIIB를 설립하고, BRICS를 통해 규칙 제정자(rule-maker)로의 역할을 하고자 시도를 하고 있다. 규칙과 규범의 경쟁은 과학기술의 발전과 함께 디지털 무역과 데이터 규제 분야에서도 심화하고 있다. 중국의 국가 중심 데이터 거버넌스는 강력한 중앙 집권적 권위를 바탕으로 경제성장과 국가 안보를 강화하는 이중 목표를 추구하고 있다. 이는 곧, 경제성장과 국가 안보를 위해 개인 데이터에 대한 정부의 접근이 제한되지 않는다는 의미이기도 하다. 즉, 중국은 데이터를 경제 발전과 국가 안보를 강화하기 위한 전략적 자원으로 취급하는 동시에 외부의 접근으로부터 적절하게 보호되어야 하는 중국의 개인들의 정보로 보고 있다.

현실주의자들에게 국제 제도는 국제 질서에서 권력 관계를 반영하고 있을 뿐이며 국가 이익을 추구하기 위한 수단이다. 자유주의자들은 행위자 간 협력의 수단으로 제도를 바라보고, 거래 비용을 낮춤으로써 상호 간 원원(win-win)을 추구할 수 있다고 본다. 구성주의자들은 사회적으로 구성된 관념의 측면에서 제도를 바라본다. 그렇다면 디지털 무역과 관련한 규범은 어떻게 진행되고 있을까? 미국과 중국의 패권 경쟁은 디지털 무역 규범에 어떻게 영향을 미치고 있을까? 문명의 발전과 정보화는 국민 국가(nation-state)의 출현뿐 아니라 일상의 정치(everyday politics)에도 큰 변화를 가져왔다. 경제적 진보와 발전에 대한 인류의 욕망은 인류가 바다를 건너 식민지를 개척하도록 하고 교통과 기술의 발전을 촉진했다. 시장은 더욱 긴밀하게 연결되었고 부족이나 민족은 연합이나 전쟁을 통해 국가를 형성해 공동의 이익을 구성했다. 이제 인류는 빅데이터를 활용해 인공지능(artificial intelligence)을 개발하고, 우주로 향하고 있다. 국제정치의 차원에서 빅데이터와 관련한 패권경쟁과 규범 및 표준 협력이 어떤 의미를 지니는지 알아보고 그 진전 상황을 살펴보자.

2. 국제정치에서의 불확실성과 정보

1) 현실주의와 불확실성

토마스 홉스(Thomas Hobbes, 1588~1679)는 그의 저서 『리바이어던』에서 "자연 상태에서 인생은 외롭고 가난하며 추하고 잔인하고 짧다(Life in the state of nature is solitary, poor, nasty, brutish, and short)"고 했다. 그의 시각에서 인간은 자신의 안전과 안위를 추구하는 이기적인 개인이며, 자연 상태에서는 이러한 개인의 행동을 규제할 방법이 없다. 만인 대 만인의 투쟁(against for all)에 빠진 개인은 서로에 대한 두려움을 극복하기 위해 합의를 통해 인간의 자연권을 양도하고 국가를 창설할 수 있다. 이기적인 인간들이 합의하여 창설한 국가도 역시 이기적이다. 홉스에게 이성은 계산 능력

(calculation capacity)이다(Arendt 1973). 이러한 이성은 개인이 자신의 이익 (안전, 물질)을 위해 군사력을 키우거나 수요와 공급을 규제하고 가격을 정 하게 한다.

제2차 세계대전 이후 대표적인 고전적 현실주의 학자로 꼽히는 한스 모 겐소(Hans Morgenthau, 1904~1980)는 이기적 욕망으로 대표되는 인간 본성 과 힘의 측면에서 정의되는 이익(권력)을 정치적 현실주의에서 중요한 개념 으로 설명한다. 이들의 시각에 의하면 무정부적 특징을 가진 국제정치에서 는 영원한 적도 없고 동지도 없다. 생존과 권력 추구를 위한 국가안보를 증 진하는 것이 국제정치에 대한 객관적인 설명이다. 즉, 국제체제 지배를 위 한 경쟁과 신뢰 부족으로 인해 국제정치는 끊임없는 분쟁과 전쟁의 위협에 시달린다.

정부가 없는 상태(anarchy)는 국제정치의 주요한 특징으로 꼽힌다. 대표 적인 신현실주의자인 왈츠(Kenneth Waltz, 1924~2013)는 국제적 무정부 상 태는 단지 세계정부가 존재하지 않는 상태로 이 자체가 혼란을 의미하는 것은 아니라고 보았다. 그에 따르면 무정부 상태와 안보를 추구하는 국가 는 변화하지 않는 상수(constant)이며, 국가들 사이의 상대적인 힘의 분포 (distribution of relative power)가 국가의 행동 및 국제체제의 안정성을 결정 한다. 약소국은 자신보다 강한 힘을 가진 국가에 대한 두려움으로 인해 생 존을 위해 균형(balancing) 혹은 편승(bandwagoning)을 선택한다. 또 강력한 국가가 새로 부상하는 경우 국가들은 장기적으로 스스로 안보가 위험에 빠 질 수 있다는 우려로 인해 다른 국가들과 동맹을 체결함으로써 세력균형 (balance of Power)을 시도한다고 설명한다.

힘(power)에 기초해 동맹이 구축된다고 본 왈츠와 달리 왈트(Stephen Walt, 1955~)는 위협(threat)에 주목했다. 공격적 군사력과 의도를 가진 국가의 위협이 동맹을 결성하도록 한다는 것이다. 상대 국가가 공격적 군사력과 의도를 가졌는지에 대한 불확실성이 존재하며, 이를 파악하는 것은 정보와 연관되어 있다. 수인의 딜레마는 두 명의 사건 용의자가 체포되어 각자 심문을 받는 상황에서 죄수 A와 죄수 B가 협동(모두 침묵)을 하는 경우 서로에게 가장 이익이 되지만, 개인적인 욕심으로 배신(자백)을 하여 서로에게 불리한 상황을 선택하는 문제를 보여준다. 이는 각 행위자가 자신의 이익을 극대화하기 위해 행동할 때 모두에게 최악의 결과로 돌아오는 것을 의미한다. 이러한 딜레마는 행위자 간의 의사소통을 통해 해결할 수 없으며, 국가 등의 권위체가 개입해 행위자의 행동을 강제해야 한다고 본다.

현실주의자들은 국제 협력의 가능성을 낮게 평가하며 국제체제의 안정을 제공하는 강력한 패권국의 지도력(leadership)이 필요하다고 보았다. 즉, 국제정치의 무정부 체제가 사라지고 위계질서(hierarchy)가 등장해야 평화가 실현된다는 것이다. 이들에게 국제 제도란 국가들의 투쟁을 통해 드러난 권력 관계의 반영일 뿐이며 국가이익을 추구하기 위한 수단이다. 패권국이 국제체제의 안정이라는 공공재를 제공하더라도 합리적이고 이기적인 국가는 오직 혜택만을 누리려고 하기 때문에 공통의 이익이 협력을 통해 실현될 수 없다. 그렇다면 디지털 자원(데이터)과 그 거버넌스를 공공재로 제공할 수 있는 강력한 패권국이 나타나지 않는다면 정보화 시대의 안정적인 세계 질서의 실현은 불가능한 것일까? 현실주의자들은 국제 협력의 가능성을 낮게 평가했지만, 국가들은 주변국과 협력을 통해 공통의 이익을 실현하기도 한다. 유럽연합(EU: European Union)의 사례에서 확인할 수 있듯이 국제체제 및 지역 질서의 안정이라는 공통의 이익은 주권을 일부 위임하고 협력을 하도록 한다. 다음에서 국제 제도를 통해 국제 협력이 가능하다고 보았던 자유주의 국제정치 학자들의 시각을 살펴보자.

2) 제도주의와 정보 격차

홉스와 달리 로크(John Locke, 1632~1704)와 루소(Jean-Jacques Rousseau, 1712~1778)는 인간의 이성을 전제로 내세우며 군주에게 양도하는 자연권의 범위를 다르게 보았다. 홉스는 자연권을 자기 보존을 위해 무엇이든 할 수 있는 권리와 자유(freedom to)로 보았지만, 로크는 인간은 생명을 비롯해 소유물과 자유를 침해받지 않을 권리(freedom from)로의 자연권을 가지고 있다고 보았다. 국가 권력 행사와 관련해 왕권신수설은 전제적 군주정을 정당화하지만, 사회계약설은 계약론적 관점에서 국가의 기원을 설명한다. 자연 상태에 놓여 있던 인간의 계약을 통해 국가가 만들어졌으며 군주의 권력은 신으로부터가 아닌 국민에게 있다는 것이다. 이러한 인간의 본성에 대한 시각의 차이는 프랑스 혁명 구호에 '자유·평등'과 함께 '박애'가 등장하도록 했다.

국제 협력에 대해 비관적인 입장을 가지고 있던 왈츠와 달리 자유주의 국제정치학자인 코헤인(Robert Keohane, 1941~)은 국가 간의 협력이 가능하다고 보았다. 그는 특히 국제정치에서 정보의 중요성에 주목하였다. 정보 격차와 불확실성은 상대방의 의도와 행동에 대한 불신으로 이어지고, 이는 곧 행위자의 합리성을 제한하므로 소통(communication)을 통해 이를 개선해야 한다고 보았다. 이러한 소통의 방식은 양자 외교를 통한 방법이 될 수도 있고, 다수의 국가가 참여한 포럼이나 국제기구 등을 통한 다자 협력이 될 수도 있다. 예를 들어 소유권이 설정되어 있지 않은 자원(물, 공기 등)을 사용하는 방식이 상이해 발생하는 문제를 생각해 보자. 지리적으로 인접한 국가가 제한된 양의 물을 사용해야 하거나 상류에 있는 A 국가가 오염수를 방류한다면 하류에 있는 B 국가가 피해를 입을 것이다. 이처럼 소유권 귀속이 명확하지 않은 사안에 대해 당사자 간에 합의를 통해 문제를 해결하려는 경우 정보의 비대칭 및 정보 비용의 문제가 존재한다. 코헤인은 국제법과 국제관행을 포함한 국제제도를 통해 정보의 비대칭성과 정보 비용 문제를 완화하고 국가들 사이에 존재하는 불확실성을 감소시킬 수 있다고 주장했다. 또 국가들의 접촉 빈도가 높아지면 자연스럽게 장기적인 이익과 평판을 고려하게 된다. 즉 다음의 이익을 위해 당장 손해를 감수할 수 있는 여건이 마련되는 것이다.

크라스너(Stephen Krasner, 1942~)는 국가들 사이에 존재하는 불확실성을 감소시키는 국제제도를 '국가 간의 합의에 의해 국가 행동을 규제하는 명시적 합의' 또는 묵시적 원칙(principles), 규범(norms), 규칙(rules), 의사결정절차(decision-making procedure)'로 정의하였다. 국제제도는 규칙에 따름으로써 얻게 되는 비용의 감소는 국가 행동의 예측 가능성을 높임으로써 국가들 사이에 존재하는 불확실성을 감소시킨다. 또한 국제제도는 대화와 협상을 위한 장을 마련함으로써 국가 간의 협력으로 이어질 가능성을 높여 정보의 비대칭성 문제를 완화한다고 주장한다. 제도 경제학자들은 제도가 거래비용을 줄여줌으로써 얻게 되는 이익(gain)이 특정 제도의 형성, 유지, 그리고 변화에 중요한 역할을 한다고 주장한다. 합리적 행위자들이 효율성을 극대화하기 위해 관계를 조직화하고, 그에 따라 통합적이고 위계적인 제도가 등장한다는 것이다.

자유주의는 국가 행위자뿐만 아니라 국제기구, 다국적 기업, NGO 등의 비국가 행위자들 간의 국제정치 과정에 주목한다. 또한 국가를 구성하는 여러 행위자 간의 상충하는 이해관계로 인해 국가는 반드시 합리적이지 않다. 자유주의자들이 협력을 통해 세계 평화를 실현할 수 있다는 입장은 지역통합이론으로 이어졌다. 미트라니(David Mitrany)로 대표되는 기능주의는 기술적 영역에서부터 국가 간에 협력이 이루어진다면 다른 영역까지 협력이 확산(spill over)하고 궁극적으로 정치적 통합이 가능하다고 보았다. 하스(Ernst Haas)로 대표되는 신기능주의는 단순한 기술전문가가 아니라 정치적 선택(political choice)과 의지를 통해 통합이 가능하다고 보았다. 도이치(Karl Deutsch)로 대표되는 거래주의는 국경을 넘나드는 소통과 거래의 증가가 공동체 의식을 형성해 심리적 통합을 거친 후에 이것이 정치적 통합으로 발전한다고 주장했다.

현실주의는 상대의 의도를 알 수 없는 불확실성으로 인해 힘이나 위협에 따라 균형(balancing)을 이루거나 패권국이 공공재를 제공하여 국제 체제의 안정이 이루어진다고 보았다. 제도주의자들은 협력을 통해 정보를 투명하게 공개하고, 거래 비용을 낮춤으로써 효율을 극대화할 수 있다고 생각했다. 1977년 코헤인과 나이(Joseph Nye)는 국제정치의 현상에 대해 '현실주의 국제체계'와 '복합적 상호 의존의 국제체계'를 양극단으로 하여 현실주의와 자유주의의 입장을 절충해 설명한다. 환경, 인구, 식량, 핵확산 등 국경을 넘어서는 문제는 국가 간의 상호 의존(interdependence)적 특징을 보여준다. 데이터 이동과 관련한 국제 질서의 동학 역시 강대국의 힘겨루기와 초국가적 협력의 성격을 동시에 가지고 있다고 볼 수 있다.

3) 정보의 구성과 담론

국제 질서를 한 단어로 정의하기 쉽지 않지만, 글로벌 정치 행위자 간의 상호작용을 관리하고 그들에게 일정한 패턴을 부여하는 관리 방식으로 정의할 수 있다(Ikenberry 2001). 국제 체제에서 현실주의는 권력의 분배를, 자유주의는 국제 제도를, 구성주의는 관념과 정체성을 강조한다. 권력과 이익에 초점을 맞춘 현실주의자나 자유주의자들과 달리 구성주의자들은 국제 정치의 구조를 사회적인 상호작용에 따라 구성된 것으로 본다. 웬트(Alexander Wendt)는 "행위자의 정체성과 이해 관계는 공유된 사상에 의해 구성되고, 인간 관계의 구조는 주로 물질적 세력보다는 공유된 사상에 의해 결정된다"고 설명한다. 1990년대에서 2000년대에 걸쳐 이루어진 구성주의 학자와 합리주의 학자 간 논쟁은 이것이 행위자의 행위, 제도적 과정 및 결과의 형성에 영향을 미치는 지에 대한 것이었다(Broome 2014). 국제정치경제에서 '이익'에 부합하는 행위는 행위자의 '관념'과 '이익'이 행위에 의해 특정 보상을 얻거나, 행위자가 선호하는 결과와 일치하는 선호를 달성하거나, 비용을 절감하여 효용의 극대화를 추구하는 것으로 볼 수 있다(Broome 2014). 합리주의 학자들은 선호와 관심을 기반으로 한 행동은 잠재적인 비용과 가능한 대안적 행위에 따른 계산을 기반으로 하기 때문에 '합리적'이라고 간주한다. 이와 반면에 관념은 특정 집단 내에서 공유되는 정신적 구조(mental constructs)로, 특정 행위자의 사용 방식에 따라 정치적, 사회적 및 경제적 기능을 수행할 수 있다(Broome 2014).

국제정치에서 현실주의자들은 능력(힘)의 분포가 중요하지만, 구성주의자들에게는 관념의 분포가 중요하다고 본다. 구성주의자들의 시각에서 물질은 그 자체민으로는 의미를 가지지 않으며 능력 분포를 중심으로 설명하는 현실주의적 설명은 지나치게 물질주의적이다. 자유주의자들의 합리주의 이론은 보편적 이익이 외부에 존재한다고 믿지만 구성주의자들에게는 상호 정체성과 국가 간의 관계에 따라 국가이익이 계산된다. 개인이나 국가가 합리적인 행위자라는 시각에 동의하더라도, 구성주의는 합리주의 이론이 상정하는 경제적 가정과는 거리를 두고 있다. 구성주의자들은 국제체제에 대해 주관적인 구조가 부재할 때는 의미가 없다는 중립적인 태도를 유지한다. 의미 있는 행동은 사회적인 관계를 통해 규범이나 관습을 통해 발전한다(Hopf 1998). 행위자의 행동은 담론에 의해 영향을 받으며, 이는 보편적인 사회적 관습에서 힘을 얻게 된다. 학계에서 공통으로 도출된 규범의 정의가 부재하고 그 의미가 명확하지 않지만(Ruggie 1998), 규범은 주관적인 현실을 재처리하고 재정의하는 역할을 하는 것이다. 구성주의 학자들은 규범이 행위자의 행위를 제한할 수 있으며, 행위자 간의 이해관계를 형성한다고 본다. 또한 규범은 행위의 목적과 동기 부여의 인센티브를 제공한다. 규범의 속성은 사회 구성원의 공통 가치의 표현이며, 구성원의 동의나 반대에 따라 유지되거나 사라질 수 있다는 점에서 사회적 가치와 밀접한 연관이 있다.

중국의 부상은 자유 관념이 내재한 서구 중심의 세계 질서에 도전으로 여겨지기도 한다. 영국과 미국 등 세계를 지배했던 기존의 패권은 모두 자유주의 질서를 표방하는 국가들이었다. 제4차 산업혁명으로 새로운 규칙의 필요성이 대두하자 각국은 데이터와 관련한 국제 규범에서도 입장 차이를 보이고 있다(Lippoldt 2022). 특히 디지털 무역 협정의 개인정보보호나 사이버 안보와 관련해 중국, 유럽연합, 미국은 서로 다른 접근 방식을 보인다. 미국은 기업 주도의 상업적 개방성을 특징으로 하는 동시에 개인정보보호 및 사이버 보안의 일부 책임을 기업에 지우고 있다. 중국은 상업적 개방성이 국가의 안보 이익과 국가가 정의한 개인정보보호 환경에 종속된다. 즉, 국가의 안보 이익이 상업적 개방성에 우선하는 것이다. 유럽은 사용자 주도의 개인정보보호와 규제된 환경 내에서의 상업적 개방성을 특징으로 한다. 데이터를 누가 어떻게 얼마나 규제할 수 있는지에 대한 이러한 시각의 차이는 국경을 넘는 데이터 이동과 관련한 제도의 상이성으로 이어진다. 주권의 경계와 데이터 이동에 대한 규범은 우주 및 인공지능의 개발에서 파생되는 문제들과도 연계된다. 다음 장에서 데이터를 공공재로 볼 수 있는지, 그렇다면 누구에 의해 얼마나 어떻게 공유될 수 있을지에 대한 가능한 논의에 대해 살펴보자.

3. 데이터 거버넌스: 데이터는 공공재인가?

1) 공공재와 디지털 공유지의 비극

어떤 사람이 아침 식사로 무엇을 먹고 몇 시에 출근했는지, 누구를 만났는지는 일시적이고 무형인 상태이다. 그러나 이것이 기록되고 저장된다면 정보로 활용될 수 있다. 만약 그 기록이 디지털화가 된다면, 이는 곧 데이터가 된다. 실제로 데이터는 '정보로 변환될 수 있는 사실 또는 통계'라는 의미이다(Digital Trade & Data Governance Hub). 데이터는 자원이나 원자재로 묘사되기도 하고, 자산이나 자본의 한 형태로 보기도 한다. 또 어떤 이들은 데이터를 노동이나 인프라의 한 형태라고 주장하기도 한다. 실제로 물리적 자본이 아닌 무형 자본이 선진국 경제를 이끄는 주요 동력이 되고 있다. 이러한 데이터는 공익을 위해 어디까지 공개되고 사익을 위해 이디끼지 사용될 수 있을까? 또 이를 위한 의사결정은 어떻게 이루어져야 할까? 국가의 제한 없는 데이터 수집·활용·통제는 국가 권위의 과도한 행사로 이어질 수 있다. 또 지나친 자유 시장 경제 논리는 우리를 만인 대 만인의 투쟁이자 각자도생의 상태에 빠트릴 수 있다.

우리의 소비 활동은 데이터와 밀접하게 관련되어 있다. 신용카드만 사용해도 내가 언제 어디서 무엇을 구매했는지에 대한 정보가 생성된다. 데이터에 대한 시각은 사람마다 다르다. 데이터를 육성하고 통제해야 하는 대상인 상업적 자산으로 보거나, 수집한 데이터를 독점할 수 있다고 생각하기도 한다. 데이터 공유가 항상 공익적인 것은 아니다. 기업이나 정부가 데이터를 부적절하게 공유하거나 사용하는 경우 개인정보나 인권 침해의 우려가 있다. 즉, 데이터를 수집하고 활용할 만한 전문 인력이 확보한 주체에 자원이 독점되고 또 착취 남용으로 이어질 수 있다.

데이터 공유는 양날의 칼과 같지만, 데이터가 사회적 행위자 간에 공유되지 않으면 공익의 목적을 달성할 수 없다. 공공, 민간, 비정부 기관 등이 개인 데이터를 익명화하는 등 보호 조치를 하고 이를 공익 목적으로 공유할 수 있다면, 많은 사람이 상당한 이익을 얻을 것이라는 전망이 있다(Aaronson 2023). 경제협력기구(OECD)는 데이터 접근 및 공유가 데이터 사용자에 10~20배에 가까운 가치를 창출할 수 있으며, 더 넓게는 20~50배 가까이 가치를 창출할 수 있다고 밝힌다. OECD는 데이터 접근 및 공유가 공공부문 데이터의 경우 GDP의 0.1~1.5%, GDP의 1~2.5%에 해당하는 사회 경제적 이익을 창출할 수 있다고 결론짓고 있다. 민간 부문 데이터까지 포함할 경우 이 수치는 GDP의 약 4%까지 올라간다(OECD 2019; Aaronson 2023).

오늘날의 데이터 수집과 저장은 정부보다 민간 부문에서 더 많이 이루어진다(Bennett Institute for Public Policy and ODI 2020). UNCTAD(2021)에 의하면 70개의 거대 글로벌 기업이 보유하는 데이터가 전 세계 개인 데이터 수집의 대부분을 차지한다. 이러한 플랫폼은 전 세계에서 수집하는 데이터로 수익을 창출하고 그 사용과 재사용을 통제한다. 구글이나 애플은 전 세계에서 수많은 사용자가 해당 플랫폼을 통해 지도를 사용하고 있으며, 메타, 링크드인, 엑스 등과 같은 소셜 미디어 플랫폼은 정부보다 더 많은 네트워크 정보를 가지고 있다. 이처럼 민간 부문의 데이터 확보와 활용은 국가의 역량을 능가하기도 한다.

Deltapoll이 2020년 8월 31일부터 9월 4일까지 영국 성인 2,002명을 대상으로 온라인 설문조사를 실시한 결과에 따르면, 응답자의 약 64%가 데이터의 공유 및 사용이 사회 전체에 혁신 등의 이익을 가져올 수 있거나 가져올 것이라고 대답했다. 2021년 미국인 2,000명을 대상으로 한 설문조사에서는 응답자의 약 50~75%가 공익을 위해 자신의 사물인터넷(IoT) 장치에서 데이터를 공유할 의향이 있다고 밝혔다. 하지만 응답자들은 정부보다 대학, 비영리 기관, 의료 기관 등이 데이터를 공공 목적으로 공유하는 것에 더 신뢰한다고 밝혔다(Mossberger et al. 2022; Aaronson 2023).

물이나 공기와 같이 규제되지 않은 자원은 공동체의 구성원이 공동으로 소유한 재산의 일종이다. 이처럼 우리가 공적 혹은 사적 소유가 명확하지 않은 개방적인 자원을 개인의 이익과 합리적 판단에 따라 이용할 시 자원은 모두 고갈되어 버릴 것이다. 개릿 하딘(Garret Hardin)은 1968년 공유지의 비극(The Tragedy of the Commons)이라는 글에서 이러한 딜레마를 연구하였다(Hardin 1968). 하딘에 의하면 이러한 문제를 해결하는 데 기술적 방법이 존재하지 않으며, 개개인의 양심에 의존한다면 무임승차를 하는 이기적인 사람들에게 유리한 결과로 귀결된다. 보통 이러한 공공의 재산은 전통, 사회 구조, 혹은 공식적인 규칙을 통해 접근 및 사용이 통제된다. 공유지의 비극은 재생 불가능한 에너지와 자원 및 환경 문제와 관련된다.

유한한 자원과 오염과 관련한 공유지의 비극을 디지털 환경과 자원에 적용하면 어떨까? 국립중앙도서관의 정의에 의하면 '디지털 자원'이란 정보를 디지털로 인코드하고 일반 공중의 이용에 제공할 목적으로 배포된 것을 의미한다(국립중앙도서관 2018). 디지털 자원의 종류는 매우 다양한데, 미국의회도서관의 NDIIPP(National Digital Information Infrastructure Preservation Program) 프로젝트 연구팀은 디지털 자원을 아래의 4가지 영역으로 나누었다(국립중앙도서관 2018).

- 영역 1: 지리 영역(geospatial data)
  - 국가 및 행정기관 자원(GPS 데이터베이스, 재난대비데이터 등)
  - 과학 자원(지리통계 데이터, 해양정보 데이터, 대기정보 데이터 등)
- 영역 2: 음향 영상 영역(audiovisual content)
  - 공공 자원(공영 TV 방송, 공영 라디오 방송 등)
  - 개인 자원(상업적 방송, 상업적 음반, 공연 동영상 등)
- 영역 3: 텍스트와 이미지 영역(digital text and images)
  - 개인 및 회사 기록(의료기록, 행정 기록 등)
  - 데이터베이스(사회과학연구데이터베이스, 여론데이터베이스 등)
  - 정부기록(법원 기록, 주 및 지역 기록 등)
  - 전자정보원(전자저널, 신문, 전자책, 지도 등)
  - 디지털화된 인쇄기록(디지털화된 지도, 디지털화된 책 등)
- 영역 4: 웹 콘텐츠 영역(web-based content)
  - 소셜 소프트웨어 사이트(블로그, 비디오 블로그 사이트 등)
  - 정부 사이트(정부기관 사이트, 정부정책 사이트 등)
  - 최신이슈 사이트(개인 웹사이트, 이페메라(Ephemera) 정보사이트 등)
  - 공공데이터베이스(유튜브, 플리커, 위키피디아 등)
  - 기관 사이트(회사 및 기관 사이트, 해외투자 및 아웃소싱 사이트 등)

공공재는 잠재적으로 모든 국가나 사회에 확장되는 재화와 서비스이다.

데이터 공유는 빈곤, 기아, 기후변화와 같은 글로벌 이슈를 해결하는 데 도움이 될 수 있다. 2021년 유엔 무역 개발프로그램(UNCTAD)은 〈디지털 경제 보고서〉에서 일부 데이터가 글로벌 공공재로 간주되어 글로벌 이슈를 해결하기 위한 거버넌스에 제공되어야 한다고 기술하고 있다(UNCTAD 2021). 하지만 데이터의 부적절한 공유는 개인정보를 보호하지 못함으로써 인권과 관련 법률을 위반할 수 있다.

디지털 자원은 무한하게 복제된다는 점에서 무한한 자원으로 여겨지기도 한다(Greco and Floridi 2004). 그렇다면 온라인상에 공개된 자료를 제한 없이 내려받는 것은 디지털 환경을 파괴하는 것일까? 개인정보보호의 측면에서 보면 데이터는 유한한 자원이다(Bambauer 2011). 또 너무 많은 사람이 네트워크와 같은 디지털 자원을 무한한 자원으로 여겨 남용할 경우 과도한 접근으로 프록시 대역폭이 혼잡해질 수 있기 때문에(Christopher 2009). 디지털 환경에 대한 접근은 제한적이라는 시각도 있다. 또한 디지털 자원의 무제한 사용은 중복 데이터의 과잉 생산과 남용은 가짜 뉴스, 잘못된 정보, 범죄, 테러, 조작, 불안 등과 같은 데이터의 오염을 야기할 수 있다.

데이터는 개인의 시험 성적이나 거래 기록에 이르기까지 디지털화된 정보를 포괄한다. 1980년 경제협력개발기구(OECD) 이사회에서 〈프라이버시 보호와 개인정보의 국가간 유통에 관한 가이드라인〉을 채택했다. 우리나라의 개인정보보호법은 OECD 프라이버시 8원칙의 내용을 반영하고 있으며 2020년 8월 5일부터 개정된 개인정보보호법이 시행되고 있다. 기존에는 살아있는 개인에 관한 정보를 개인정보라 지칭했다면 개정 후에는 가명 정보 개념을 통해 개인정보에 대한 판단 기준을 명확히 하였다. 가명 정보는 개인 정보의 일부를 삭제하거나 일부 또는 전부를 대체하는 등의 방법으로 추가 정보가 없이는 특정 개인을 알아볼 수 없도록 가명 처리된 정보를 말한다. 이렇게 가명 처리된 정보는 통계작성, 과학적 연구, 공익적 기록 보존 등의 목적으로 동의 없이 처리가 가능하다.

디지털 공유지의 비극은 정보 격차를 해소하기 위해 사람들에게 제한 없는 접근을 제공하는 데서 비롯된다는 주장이 있다. 이러한 무제한 데이터 접근은 디지털 자원의 착취를 야기한다(Greco and Floridi 2004). 그렇다면 이러한 정보 격차와 디지털 자원의 착취 문제는 어떻게 조정 혹은 해결할 수 있을까? 어떤 학자들은 디지털 환경에서 신뢰를 증진하고 윤리적 행동을 촉진하는 공식 혹은 비공식 규칙을 마련해야 한다고 주장한다(Curien et al. 2007). 여러 이해 관계자가 자발적으로 의사 결정 과정에 참여하고 협력하는 디지털 거버넌스를 통해 디지털 공공재의 비극을 완화할 수 있다(Christopher 2009). 하지만 거버넌스의 절차와 방법에 대해 국가 간에 다른 이해관계를 가지는 경우 협상으로 귀결하지 못할 경우 대결적 구도를 형성해 긴장이 심화할 수 있다는 한계가 존재한다.

데이터 중심 경제에서는 데이터에 대한 통제가 더 많은 통제로 이어진다(Zech 2016 6). 예를 들어 영업 비밀 규정 등을 통해 과도하게 많은 데이터를 통제하는 기업은 정보 공유 및 신뢰를 훼손할 수 있다는 우려가 있다(Stucke 2018). 기업은 저작권을 통해 무형 자산의 법적 소유권을 확대하거나 '기술 보호 조치' 등을 통해 데이터 접근을 제한하기도 한다. 중앙집권형 국가에서는 이러한 통제가 정부 혹은 특정 정치 권력에 의해 일어나기도 한다. 특히 정권과 국가 안보를 최우선으로 수호해야 하는 국가는 그럴 가능성이 더욱 높다. 그렇다면 현 미·중 패권 경쟁 속에서 국가와 주권은 빅데이터의 활용과 데이터 거버넌스에 어떤 의미를 지닐까?

2) 데이터 주권과 거버넌스

국가는 전통적으로 정부의 권위가 미치는, 상주하는 인구를 가진, 그 경계가 명시된 영토를 의미한다. 주권체란 16세기 초부터 현재에 이르는 기간 동안에 확립됐던 근대의 정치적 법률적 권위를 보편적으로 표현하는 개념이다(잭슨 2016). 우리가 주권체라 지칭하는 국가 권위의 분별적 형성은 정부의 최상위성(supremacy)과 독립성(independence)에 기반하고 있다. 데이터 주권(data sovereignty)의 개념은 데이터 이동을 촉진함과 동시에 개인정보보호의 필요성으로 인해 부상하였다(Krüger 2016; 한국정보화진흥원 2018; 정애령 2019; 이가연 2023). 사이버 전쟁에서 적용되는 국제법을 담은 지침서인 탈린매뉴얼 2.0(Tallinn Manual on the International Law Applicable to Cyber Warfare)은 사이버 공간에 국가 주권의 원칙이 적용된다고 적시하고 있는데, 이는 국가의 주권 영토에 자리하고 있는 사람, 물리적 기반 시설, 그리고 사이버 활동에 대해 주권적 권한을 가진다는 의미이다(Schmit et al. 2021). 하지만 다국적 기업의 소재, 데이터 서버의 위치, 서비스 제공 위치, 사용자의 국적 등이 복잡하게 얽히며 국가의 영토에 기반한 국가 주권의 원칙을 데이터 주권에 적용하는 데 한계가 있다(이가연 2023). 예를 들어 개인정보 제공 내역 요청 등의 법적 보호는 국내법에 기반하지만, 전 세계에 이용자를 가진 구글 서비스 약관은 "독점적으로 미국 캘리포니아주 법률에 따르는 것을 동의"하도록 하고 있다(이가연 2023). 또 물리적 공간, 우주 공간, 그리고 가상 공간의 결합이 인간 행위자, 비인간 행위자(AI), 국가 행위자, 그리고 비국가 행위자와 행위자들이 활동하는 공간이 기존의 제도적 범위를 뛰어넘게 되었다. 이는 곧 물리적 영토에 기반한 전통적인 국가와 주권의 개념의 적용이 어려운 시대가 오는 것을 의미한다.

국내 정책 입안자들은 국내의 공익적 목적을 달성하기 위해 법안을 개정하는 등 데이터 공유를 촉진하는 조치를 취하고 있다. 이러한 국내 법안은 각 국가 혹은 문화권에서 국가 권력과 개인의 자유 사이에서 찾게 되는 균형점에서 마련된다. 초기 인터넷은 미국에서부터 발전하여 인터넷과 관련한 거버넌스 조직과 기술은 반사적으로 개방적인 성격을 가지고 있다(O'Hara and Hall 2018; 이가연 2020). 미국 내에서도 검열 및 통제로부터의 자유(freedom from)와 사적 재산을 운용할 자유(freedom to)에 대한 논쟁이 있지만 기본적으로 자유로운 분위기에서 기술을 바탕으로 성장한 실리콘 밸리의 기업이 시장을 추동하고 있다(이가연 2020). 동시에 미국은 자국의 이익을 수호하기 위해 지적재산권 문제를 비중 있게 다루고, 정부기관이 온라인 서비스 기업에 정보 제공 요청을 하도록 하는 법률을 제정하는 등의 규제를 마련하고 있다(이가연 2023).

중국은 데이터 주권을 내세워 영토를 경계로 분리된 네트워크를 원칙으로 하는 강력한 국지화 정책을 취하고 있다. 이를 뒷받침하기 위해 제정된 〈네트워크안전법〉은 중국에서 생산된 데이터를 중국 영토 내에 저장하는 것을 강제할 뿐 아니라 기업에는 체제에 반하는 컨텐츠 검열을 의무화하고 국민에는 해외 사이트 접속을 차단하고 있다(한국정보화진흥원 2018). 이러한 조치는 무역기술장벽(TBT)로 작용하기도 한다. 러시아도 국민의 개인정보는 국내에 위치한 데이터 서버로 관리해야 하며(Chander and Le 2015) 캐나다 역시 캐나다 영토에서 생산된 데이터를 캐나다에 위치한 서버에 저장하도록 하고 있다. 이는 캐나다 데이터가 2001년 테러리즘 저지와 회피를 위해 제정된 미국 애국자 법의 대상이 되지 않기 위함이다(Government of Canada Information Technology Strategic Plan 2016–2020). 유럽 시장에서 미국의 온라인 서비스 기업의 독점이 강화하면서 유럽 국가들은 데이터 보호를 위해 자국민 데이터의 국외 이전을 위한 조건과 절차를 강화하고 해외 서버 이전을 제한하였다(정애령 2019).

이처럼 데이터에 대한 세계 각국의 시각과 접근은 다르다. 코일(Coyle 2020)은 누가 기존의 재산권을 '소유'하는지에 대한 갈등이 불가피하기 때문에 데이터에 대해 접근이 가능하게 하는 데이터 거버넌스의 필요성을 이야기한다. 공유지의 비극에 대한 문제는 개인의 소유권과 접근 권한을 할당함으로써 해결될 수 있다는 것이다. 따라서 데이터 접근을 위한 공유 모델을 구축하는 것이 중요하다. 하지만 데이터의 소유권이나 불투명성의 문제뿐만 아니라 기업 등 데이터를 수집한 주체가 공공의 이익을 위한 데이터의 공유를 고려하고 있지 않은 채 데이터를 저장만 하는 등의 한계가 있다. 이런 경우 대중이 나서서 민간 혹은 공공 기관이 보유하는 데이터를 대중이 나서서 공익 목적을 위해 공유하자고 주장하기는 어렵다(Aaronson 2023). 사회에서의 적절한 합의가 필요한데, 이러한 합의의 과정은 각 정치 체제의 영향을 받을 수밖에 없다.

데이터 거버넌스(data governance)는 거시적 레벨에서 다양한 유형의 데이터를 관리하는 규범, 원칙 및 규칙으로 볼 수 있다. 그러나 독점 데이터에 적용되는 규칙은 개인 데이터에 적용되는 규칙과 다르다. 개인 데이터와 공개 데이티의 혼합을 관리하는 규칙을 갖춘 국가는 현재로서는 없으며, 이러한 상황에서는 일반적으로 개인 데이터에 적용되는 규칙이 적용된다(Digital Trade & Data Governance Hub). 데이터가 관리되는 방식에 대한 합의는 개인정보보호와 경제 안보뿐만 아니라 국제사회에서 불확실성에 따른 불안감을 완화함으로써 안전한 세상을 만드는 데 영향을 미칠 수 있다. 효과적인 데이터 관리를 위해서는 구성원 간의 부단한 대화가 필요하다. 디지털 무역의 주요 주체에는 국가뿐만 아니라 전자 상거래 서비스를 제공하거나 이용하는 비국가 행위자가 중요한 부분을 구성하고 있다. 구체적으로 다양한 유형의 데이터를 어떻게 관리해야 하는지, 어떤 종류의 데이터를 공유해야 하고 공유해서는 안 되는지, 데이터가 한 플랫폼에서 다른 플랫폼으로 어떻게 이동할 수 있는지, 데이터가 다른 국가로 어떻게 흐를 수 있는지, 다양한 유형의 데이터가 어떻게 공유될 수 있는지를 논의해야 한다. 다음 장에서 빅데이터와 우주 개발, 인공지능(AI), 디지털 무역의 연관성을 정리하고 이와 관련한 패권의 규범 경쟁과 국제기구와 같은 정부간 협의체의 규범 확산 노력에 대해 알아보자.

4. 빅데이터와 국제규범

1) 우주 개발과 빅데이터

15세기 이후 인류가 대항해를 나서 신대륙을 찾는 데 기여한 도구 중 하나는 나침반이었다. 갈릴레오 갈릴레이가 망원경을 개량해 천문학의 발전을 이끈 이후 1900년대에 이르러 인류는 지구 궤도를 도는 인공위성을 쏘아 올렸다. 21세기에 살고 있는 우주 인프라를 통해 금융 거래, 교통, 일기예보, 통신 서비스 등을 이용하고 있다. 이제 인류는 우주 탐사 시대를 넘어 우주 개발 시대에 진입했다. 우주 분야에서 이루어지는 대표적인 활동은 광대역 위성통신, 우주데이터 활용, 우주환경정보, 무선 우주자원탐사 등이 있다(신상우 2017). 우주 개발을 위한 경쟁은 치열하다. 미국 나사(NASA)는 지구의 달 주변에서 LunaNet 네트워크를 기발하고 있으며, 유럽 우주국(ESA)은 Moonlight이라는 달 통신 프로젝트를 진행하고 있다. 국가 행위자뿐만 아니라 스페이스X와 같은 민간 행위자 역시 우주 경쟁에 뛰어들고 있다. 이러한 다중 행위자의 중첩은 우주와 지상, 물리적 공간과 사이버 공간을 넘나드는 활동은 기존의 전통적 영토와 제도의 범위를 벗어나기도 한다.

인류는 우주 인프라를 통해 축적된 빅데이터를 활용할 뿐 아니라, 빅데이터를 우주 개발에 활용한다. 최첨단 장비를 확보하거나 건설하는 인프라 경쟁은 곧 빅데이터 경쟁으로 이어지며, 빅데이터에서 우위를 확보하면 우주 경쟁과 인공지능 방면에서도 앞설 수 있는 것이다. 이런 우주와 관련한 빅데이터의 활용과 처리는 국가와 민간 행위자가 협력을 하는 방식으로 이루어지고 있다. 미국은 data.gov를 개설하고 어플리케이션(API: Application Programming Interface)를 통해 시민들이 각종 통계 데이터를 이용할 수 있도록 하고 있다. 2015년 5월 대통령령이 발표된 이후 모든 연방정부기관에서 생산되는 데이터는 원칙적으로 검색이 가능하도록 공개해야 한다. 특히 미국 해양대기청(NOAA)은 구글, 마이크로소프트, 아마존, 아이비엠(IBM)과 제휴를 통해 위성 기상 데이터를 개방하고 있다(신상우 2022). 유럽우주청(ESA) 역시 사물인터넷(IoT) 환경을 적용하고 빅데이터와 머신 러닝 기술을 접목해 클라우드 플랫폼을 구축한 소프트 회사 SAP와 협력하고 있다. 유럽의 지구 관측을 위한 코페르니쿠스 프로젝트의 공모에 Sentinel Hub가 대상을 수상하기도 했는데, 아마존이 제공하는 AWS를 통해 Sentinel-2 위성의 관측 데이터를 활용한 서비스를 제공한다(신상우 2017).

인류는 어느 때보다 우주 자산에 의존하고 있다. 위성은 통신과 정보를 위한 가상 플랫폼의 사이버 공간과 더욱 긴밀하게 연결되고 있다. 위성, 가상 플랫폼, 인터넷 사용자, 데이터 센터, 상업 인프라와 시설의 주도적 행위자가 다양해지면서 정보(데이터)와 보안 문제는 더욱 복잡하게 얽히고 있다. 이는 곧 사이버 공격이 예측할 수 없는 양상으로 흐를 수 있음을 의미한다. 우주, 사이버 공간, 그리고 데이터 시스템은 밀접하게 연결되어 있다. 따라서 특정 위성 시스템이 중단되면 광대한 네트워크를 통해 의도하지 않은 대상에 위협이 확산할 수 있다. 우주 시스템의 상호 연결성으로 인해 위협의 범위가 전 세계 불특정 다수로까지 확장하는 것이다. 전통적인 안보 체제에서는 국가 행위자의 위협과 의도만 파악하면 되었지만 사이버 공간과 인간, 비인간, 국가, 비국가 등의 다중 행위자가 얽혀 복잡성이 심화하는 시대에는 다중 행위자의 위협과 의도를 파악하는 것이 국가뿐 아니라 개인의 안전에 중요한 과제가 되었다. 예를 들어 러시아 관료들은 위성에 대한 사이버 공격이 전쟁의 원인이 될 수 있음을 지적하기도 했다(West 2023). 국가 행위자는 정치적 목표를 달성하기 위해 사이버 작전, 정보 작전, 경제적 행동 등을 수행하는데 이는 일반 시민이 의존하는 인프라와 컴퓨터 네트워크에 영향을 미칠 수 있다.

인공지능과 우주 경쟁이 과도해질수록 제어되지 못하는 욕망은 착취적이거나 악의적인 활동으로 이어져 위험에 처할 수 있다. 예를 들어 누군가가 악의적인 의도로 보안의 취약성을 파고들거나 정보를 탈취하는 경우이다. 사이버 공격은 위성 시스템에 대규모 차단이나 영구적인 손상을 가하거나, 전쟁 수행에 필수적인 통신을 해킹함으로써 치명적인 위협으로 작용할 수 있다. 사이버 간섭은 감지하기 어려울 뿐만 아니라 자연적인 위성 간섭 소스와 구분이 어렵고 특정 행위자의 원인으로 간주하기 어렵다(West 2023). 우주 시스템과 인공지능에 대한 규칙이나 규범에 대한 논의는 진행 중이며, 아무리 잘 만들어도 규칙이 적용되지 않는 회색 지대가 존재할 수 있다는 의미이다. 그럼에도 우주 데이터 거버넌스는 행위자 간의 오해를 방지하고 불확실성을 줄여줄 수 있다.

2) 인공지능(AI: Artificial Intelligence)과 빅데이터

지난 2022년 출시된 챗GTP-3을 필두로 시작된 생성형 AI 개발은 대량의 데이터에 기반하고 있다. 생성형 AI는 데이터 원본을 통해 학습해 텍스트뿐 아니라 이미지나 비디오로 된 다양한 콘텐츠(데이터)를 만들어낸다. 특히 빅데이터를 통해 종합적 추론이 가능한 거대언어모델(LLMs: large language models) AI는 인간의 뇌에 가까워 학습과 판단 능력이 향상된 것으로 알려져 있다. 대화에 특화한 AI는 이미 전 세계에 수백 개가 출시되어 있으며 구글의 바드(Bard)나 마이크로소프트의 뉴빙(New Bing)과 같이 인공지능과 검색엔진을 결합한 형태의 서비스도 이용자의 폭발적인 관심을 불렀다.

불특정한 대량 데이터에 기반한 생성형 AI는 데이터의 학습과 생성 과정에서 허위정보, 데이터 편향, 데이터 환각 등의 문제를 드러내고 있다. 특히 오픈소스 AI의 특성은 미국의 바이든 대통령, 일본의 기시다 총리 등 유명인들의 음성 파일과 영향을 기반으로 가짜 영상을 만드는 등 AI 딥페이크 피해를 야기하기도 한다. 생성형 AI 시스템과 이를 이용하는 데이터에 적절한 규제와 규범이 만들어지지 않는다면 허위정보와 조작된 캠페인을 통해 선거에 영향을 미치거나, 이미지나 데이터를 조작한 범죄(딥페이크 포르노)로 심각한 사회 문제를 일으킬 수 있다. 그렇다면 생성형 AI와 관련한 각국의 대응과 규제는 어느 정도로 진전되었을까?

2023년 11월 영국 블레츨리 파크에서 한국을 비롯한 미국, 영국, 중국 등 28개국과 유럽연합(EU)이 참가한 제1회 인공지능(AI) 안전 정상회의(AI Safety Summit)가 개최되었다. 참가국들은 아직 가상의 개념에 불과하지만 스스로 생각하고 추론하면서 인간의 통제를 벗어나는 프런티어 AI의 위험에 대해 공감하고 블레츨리 선언(Bletchley Declaration)을 발표했다. 예를 들면 AI가 생성하는 허위 정보(disinformation)로 인해 테러 등 사이버 안보 문제가 발생하거나 전쟁의 판도를 마음대로 바꿀 수도 있을 것이다(조선일보). 블레츨리 선언은 AI의 실존 위험에 대응하기 위한 안전 테스트를 위한 도구를 개발하고 적절한 평가 지표를 마련하는 등 국제협력을 위한 방침을 마련했다는 데 의의가 있다(연합인포맥스). 하지만 프런티어 AI의 발전 속도와 방향에 대한 불확실성으로 인해 위험을 예측하기 어렵고, 규제에 대한 구체적인 실행 방안이 모호하다는 한계가 있다. 또한 AI 서비스는 독점적인 시장으로 소수의 기업만이 제공하고 있어 인공지능 학습 데이터가 공개되지 않아 야기되는 정보의 비대칭 문제가 불확실성을 더욱 키우고 있다.

블레츨리 선언의 성과 중 하나는 중국, 사우디아라비아, 아랍에미레이트 등과 같은 국가와 함께 AI 규제에 대한 공식 성명을 발표한 것이다. 브레츨리 선언은 G7, G20, UN, 경제협력개발기구(OECD) 내에서 진행되던 노력의 일환이었다. 위험을 파악하고 국제협력을 위한 국가 거버넌스 개선과 제도 마련이 이루어진다면 인공지능의 장점을 극대화해 보건, 식량 안보, 교육 등의 공적 영역뿐 아니라 유엔 지속가능개발목표(UN SDGs)의 달성에도 영향을 미칠 수 있다(ESG 경제). 또 그 배경에는 AI를 통해 생성된 콘텐츠에는 관련한 표시를 해야 하며 AI의 학습에 있어 작가나 예술가 등 창작자의 저작권을 존중해야 할 필요성에 대한 공감이 있었다. 나아가 허위정보나 일자리 손실 등 AI로 인한 피해를 줄이고 AI 관련 기업에 세금을 부과하기 위한 것이다. AI가 공익을 위한 방향으로 개발되는 것은 각국의 정부와 세계 시민이 협력해야 하는 과제이다. 구속력 있는 법안을 제정하는 것 역시 중요하다.

2020년 2월 19일 유럽집행위원회(European Commission)가 발간한 "인공

지능백서"와 2020~2021년 유럽의회의 저작권, 윤리, 형사 등의 AI 관련 결의는 2021년 EU의 AI 규제에 대한 법안 초안의 발의로 이어졌다. 이 초안에는 AI 기술의 위험 단계별 유형을 용인할 수 없는 위험(unacceptable risk), 높은 위험(high risk), 제한적 위험(limited risk), 최저의 위험(minimal risk)의 4등급으로 분류하고 있다. 2021년의 초안에서 용인할 수 없는 위험(unacceptable risk)은 잠재의식의 조작, 아동·장애인의 착취, 공적인 범용 사회적 평점 시스템, 그리고 실시간 원격 생체정보기반 식별을 포함하고 있다. 높은 리스크(high risk)에는 교통·수도·가스·난방·전력과 같은 핵심 기반 시설의 관리나 운영, 법 집행, 출입국관리 등이 해당된다. 그리고 딥페이크, 감정인식, 생체 정보 기반 범주화는 제한적 리스크(limited risk)로 구분하고 있다. 이 초안에는 챗GPT에 쓰이는 것과 같은 (스스로 성장하는) 범용 AI와 관련한 내용은 포함되지 않았다는 한계가 있다.

지난 2023년 12월 유럽연합 집행위원회(EC)와 유럽의회, EU 27국 대표 등 3자는 'AI 규제법(The AI Act)'에 합의했다. 가장 강한 등급인 '용인할 수 없는 위험(unacceptable risk)'에 정치·종교적 신념과 성적 지향, 인종 등을 기준으로 사람을 분류하는 안면 인식 데이터베이스 구축을 목적으로 인터넷이나 보안 영상에서 생체 정보를 수집하는 행위를 금지하고 있다(고학수 외 2021). 인디넷이 그러히듯 데이터의 이동은 경계가 없다. 빅데이터 혹은 개인 데이터의 수집과 활용이 기반이 되는 이러한 기술이 특정 행위자의 권력을 추구하기 위한 정치적 통제로 이어지지 않기 위한 초국경 협력이 필요하다. 데이터 이동과 관련한 초국경 협력은 국제기구나 G20과 같은 정부 간 협의체뿐만 아니라 양자 합의 및 각종 협정 등 디지털 무역 규범을 통해 살펴볼 수 있다.

3) 데이터 이동과 디지털 무역 규범

디지털 무역이란 광의의 의미로 온라인으로 제공되는 상품과 서비스로 정의할 수 있다. OECD는 디지털 무역이 "디지털 혹은 물리적으로 전달될 수 있고 소비자, 기업과 정부가 참여하는 상품 및 서비스의 디지털 기반 거래"를 포괄한다고 정의하고 있다(OECD). 디지털화된 정보는 글로벌 가치사슬(Global Value Chain) 및 관련 통관 프로세스의 운영을 통해 유형별 상품 거래를 촉진하는 데 핵심적인 역할을 한다. 이러한 디지털 기반 거래를 수행하는 과정에는 국가 간 개인정보(이름, 주소, 연락처 등) 및 데이터 이동이 수반된다.

디지털 무역 규범은 지정학적 이슈와 연계되기도 한다. WTO같이 무역에 관해 영향력이 큰 행위자가 주요 담론이나 협정을 마련하기도 하지만, 새롭게 형성되는 질서에서 광범위하고 시급한 문제에 대한 대응은 어렵다. 이러한 틈새를 국가의 정치적 결단이 필요한 지역무역협정(RTA, Regional Trade Agreements)이 빠르게 채우고 있다. 이러한 지역무역협정에 주목해야 하는 이유는 제도의 확산과 지역 통합을 촉진할 수 있기 때문이다. 우리라는 정체성(we-ness)을 공유함으로써 지역 이익과 안전을 수호하는 데에 공동으로 대응할 경우 세계 차원의 안보 지형에도 영향을 미칠 수 있다. 미국이나 중국 등 주요국들은 우방국과 동맹을 통한 지역 규범의 창출을 통해 지역 질서에서의 우위를 확보하고자 하고 있다. 특히 아세안은 미국과 중국이 지역 패권을 두고 경쟁하는 대표적인 지역 중 하나이다. 중국이 대만과 통일을 하고 해상 무역로를 장악하기 위해 남중국해의 영유권에 사활을 걸고 있기 때문이다.

중국의 권위주의 정권의 제도 창출에 대한 욕구는 다른 권위주의 정권과의 협력으로 이어지기도 한다. 특히 아세안 10개국 중에서 인도네시아, 말레이시아, 필리핀, 동티모르는 선거를 통해 지도자를 선출하지만, 베트남, 라오스, 브루나이는 권위주의 국가이다(신재혁, 2023). 민주주의 국가라 하더라도 싱가포르를 제외하고 부패인식지수(CPI)는 모두 낮은 편이다. 중국은 권위주의 정권에 대해 디지털 권위주의를 수출하는 세미나를 지원하거나 정부 관료와의 결탁을 통해 인프라 사업의 입찰 계약을 하는 등 부패로 이어지기도 한다. 예를 들어 중국 쿤밍에서 말레이시아까지 이어지는 육상 교역로인 말레이시아 동해안 철도(The East Coast Rail Link, ECRL) 사업을 통해 중국 쿤밍에서 말레이시아까지 이어지는 육상 교역로를 건설하는 과정에서 중국 통신건설사인 CCCC(China Communications Construction Company)가 말레이시아 나집 정부의 1MDB와 결탁해 입찰 계약을 체결한 사례가 있다(최기룡·황인원 2022).

미국에도 아세안은 지정학적 전략적 가치가 높다. 미국 백악관은 2022년 2월 〈미국의 인도태평양 전략(Indo-Pacific Strategy of the United States)〉보고서에서 미국을 '인도태평양 세력(Indo Pacific power)'으로 명명하고 인도태평양을 '세계 힘의 중심(center of gravity)'으로 규정하고 있다. 미국은 중국을 인태 지역의 가장 큰 위협으로 인식하고 중국의 영향력 확산에 대응하기 위해 가치를 공유하는 지역 내 동맹국 간의 공조가 필요함을 강조하고 있다. 인도태평양 전략의 주요 대상국은 한국, 일본, 호주, 뉴질랜드, 인도, 대만 및 아세안 국가들이다. 미국의 인도 태평양의 5개 목표는 자유와 개방(free and open), 연결성(connectivity), 번영(prosperity), 안보(security), 회복력(resilience)으로 삼고 있다. 이러한 미국의 대동남아 전략은 아세안의 디지털 데이터 거버넌스(ASEAN Framework on Digital Data Governance)의 국경 간 데이터 이동에도 영향을 미치고 있다(이가연 2023).

미국은 지난 15년간 데이터(정보)의 자유로운 흐름을 위해 무역 장벽을 세우는 것을 제한하는 문구를 무역 협정에 포함시키고자 노력해 왔다. ASEAN의 데이터 기반 경제를 육성하는데 투명성과 개방성의 자유 관념을 담론으로 내세우며 관련한 정책 및 규제 접근 방식을 조정할 것을 권고하기도 했다(이가연 2023). 2023년 11월 14일 발표된 일본-미국 상업 및 산업 파트너십에는 "국경을 넘는 데이터 흐름을 구현하고 신뢰를 바탕으로 데이터의 자유로운 이동을 운영한다"는 문구를 포함하고 있다(US Department of State). 하지만 2023년 10월 미국 무역대표부(USTR)는 세계무역기구(WTO)의 국경을 넘는 데이터의 자유로운 이동을 촉진하는 조항에 대한 지지를 철회하기도 했다(Aaronson 2023). 이는 곧 미국이 무역 협정에서 강력히 옹호했던 자유로운 국제 디지털 무역보다 데이터 프라이버시, 인공지능, 온라인 콘텐츠 등에 대한 국내 규제 및 보호가 우선시된 것으로 보인다.

디지털세와 관련한 각 행위자의 이해관계 역시 복잡하게 얽혀있다. 코로나19의 확산과 함께 온라인 서비스 이용이 급증하면서 주요 온라인 서비스 공급자인 아마존, 애플, 알파벳(구글의 모회사), 마이크로소프트, 페이스북의 매출과 주가가 상승했다.[1] 법인세는 물리적인 고정사업장을 기준으로 부과된다. 하지만 이처럼 전 세계에 소비자를 가진 다국적 온라인 서비스 기업은 고정사업장이 없어도 운영이 가능하기 때문에 EU와 경제협력개발기구(OECD)를 중심으로 '디지털세(digital tax)'에 대한 논의가 본격화되어왔다. 구글세라고도 하는 디지털세는 고정사업장 소재지와 관계없이 기업이 매출을 얻는 영토 내에서 해당 국가가 세금을 부과할 수 있도록 하는 개념이다. 예를 들어 미국에 위치한 기업이 우리 나라에 고정 사업장이 없어도 우

---

[1] 2019년 대비 2020년 아마존, 애플, 알파벳, 마이크로소프트, 페이스북의 매출액이 모두 상승했다. KDI 경제정보센터. 2021. "새로운 세금의 등장, 디지털세".

리나라에 동영상 스트리밍 서비스를 판매했다면 관련 국내법에 따라 세금을 부과할 수 있도록 하는 것이다. 페이스북의 경우 법인세가 12.5%, 지식재산권 관련 세율이 6.25%에 불과한 아일랜드에 지주회사를 설립하여 조세회피를 시도했으나 결국 2020년 2월 소송으로 이어졌고, 같은 해 12월 아일랜드 지사를 폐쇄하기에 이르렀다.

이러한 조세회피 문제를 해결하기 위해 경제협력개발기구(OECD)는 2013년 디지털 서비스 세금(digital service tax)를 부과하는 방안을 논의하기 시작했는데, 이는 전체 매출에서 해외 비중이 50% 이상을 웃돌면서 미국에만 법인세를 내는 구글 등을 겨냥한 것이었다. OECD가 합의점을 찾지 못하자 프랑스와 헝가리 등은 2019년부터 자국 내에서 일정 기준치 이상의 매출을 올리는 기업에 3~7.5%의 세금을 부과하기 시작했다. 이에 미국은 2019년 11월 OECD 회의에서 "제조업을 포함해" 세금을 부과하는 '디지털세(digital tax)'로 전환할 것을 제안했다.[2] 이 디지털세에 대한 성명문(outcome statement)은 2023년 7월 10일 파리에서 개최된 경제협력개발기구(OECD)/주요 20개국(G20) 포괄적 이행체계(IF) 제 15차 총회에서 143개국 중 138개 국가의 승인을 거쳐 발표되었다. 이는 글로벌 조세체계의 큰 변화를 가져오는 것으로 새로운 디지털 경제에 맞는 과세 기준을 도입했다는 의의가 있다(기획재정부 2023).

디지털세 도입 국가와 미국 간의 무역 분쟁으로 번지기도 한다. EU는 가

---

2 제조업을 포함한 디지털세는 삼성전자와 SK하이닉스 등과 같은 기업도 해외에서 얻은 수익에 대해 세금을 내야 한다. 2020년 1월 OECD는 두가지 접근법(Two Pillar Approach)을 발표했다. 통합접근법(unified approach)로의 Pillar 1은 글로벌 기업의 초과 이익 중에서 시장 소재지 국가에서 창출한 매출의 배분(Amount A), 시장 소재지 국가에서의 판매 및 홍보 활동 등에 대한 보상(Amount B), 그리고 특별기능에 대한 보상(Amount C)으로 구성되어 있다. Pillar 2는 자국 기업이 글로벌 거래에서 발생한 소득에 대해 하한선을 정해 과세하는 방안이다.

장 적극적으로 디지털세의 도입을 주장했으나, EU 일부 회원국의 반대로 EU 차원의 합의에는 이르지 못했다. 대신 이탈리아, 스페인, 프랑스 등 일부 EU 회원국이 독자적으로 디지털세를 도입했다. 글로벌 디지털 기업의 시가총액 기준 상위 10개 기업 중에서 알리바바(Alibaba)와 텐센트(Tencent)를 제외하고 모두 미국에 본사를 두고 있다. 2019년 프랑스가 디지털 서비스세 도입에 대한 법안을 발표하자 미국은 프랑스산 핸드백, 치즈, 와인 등에 대해 추가 관세를 부과하겠다고 맞섰다. 또 미국은 디지털세 부과를 시작한 이탈리아, 스페인, 오스트리아, 영국, 터키, 인도에서 수입되는 상품에 대해 25%의 관세를 부과할 것임을 발표했다(KCMI 2021). OECD는 이 외에도 디지털 경제와 관련한 지속 가능한 성장, 고용, 금융 안정성, 국제 무역 및 투자 등을 지원하고 있다.

OECD 외에도 G20, UN, WTO, 지역무역협정 등이 디지털 무역과 관련한 규범을 마련하고 있다. G20은 주요 경제국 정부 간 정책 개발 및 조정을 위한 포럼을 제공하고 있다. 주요 이해 관계자 그룹은 디지털 경제를 포함한 광범위한 문제에 대해 회원들의 견해를 수렴해 통합하는 역할을 한다(Lippoldt 2022). UN은 유엔 국제 무역법 위원회(UNICITRAL)에서 전자상거래에 관한 모델법(UNCITRAL Model Law on Electronic Commerce, 1996), 전자 서명 모델법(UNCITRAL MODEL LAW ON ELECTRONIC SIGNATURES, 2001), 전자 양도 기록에 관한 모델법(UNCITRAL Model Act on Electronic Transferable Records, 2017) 등을 제공하고 있다. UNCTAD는 개인 금융 계좌의 가용성, 안전한 인터넷 접근 및 우편 서비스 신뢰성 등 전자상거래 준비와 관련한 문제에 대한 정기 보고서를 발간함으로써 모니터링을 하고 있다. 디지털 무역에 대한 통계와 정책 차원에 대한 권장 사항을 내기도 한다.

2017년 발효된 WTO 무역원활화협정(The WTO Trade Facilitation Agreement)은 국경에서의 투명성을 향상하고, 통관의 디지털화와 절차의 명확성을 지원한다(Lippoldt 2022). 2017년 12월 부에노스아이레스에서 개최된 WTO 제11차 각료회의(MC11)에서 71개 회원국이 '전자상거래에 관한 공동성명(JSI)'을 발표했다. 2019년 1월에는 76개 회원국이 기존 WTO 체제를 기반으로 전자상거래와 관련한 협상을 시작하기로 합의했으며 2023년 10월 23일 현재 세계 무역의 90% 이상을 차지하는 90여 개 회원국이 관련 논의에 참여하고 있다(WTO Joint Initiative on E-commerce). 이들은 경제의 확실성과 기회 제고를 위해 "불필요하거나 차별적인 데이터 현지화 의무조항 및 데이터 이전 제한 규정은 지양되어야 할 것"이라고 지적하고, "어떤 합의든 합법적 틀 안에서 투명성과 상호운용 가능성의 원칙을 따라야 할 것이며, 모든 경제 분야에 적용되도록 해야 하고, 모든 국가에 개인정보보호를 위한 법체계의 도입 또는 유지를 요구하는 내용이 담겨야 한다"고 주장하고 있다.

지역무역협정에서도 디지털 무역과 관련한 규범을 명시하고 있다. 전자상거래와 관련한 장을 포함하는 최초의 EU 무역 협정은 2008년 14개 캐리비안 국가와 체결한 EU-카리포럼 경제 파트너십 협정(EPA: The EU-CARIFORUM Economic Partnership Agreement)이었다. EU는 디지털 무역과 관련해 전자 전송에 대한 무관세, 데이터 이동 및 데이터 현지회 요구 사항 금지, 원치 않는 직접 마케팅 커뮤니케이션으로부터 소비자 보호, 전자 수단 및 전자 서명에 의한 계약 체결에 관한 조항, 소프트웨어 소스 코드 보호, 그리고 협력과 규제 대화 등을 협의하고 있다(European Commission). 2018년 5월부터는 유럽 일반개인정보보호법(GDPR, General Data Protection Regulation)이 시행되었는데, 기업이 개인정보보호 책임자를 지정하는 등의 보호 책임의 문제와 더불어 개인정보를 다른 사업자에 전송하도록 요구할 수 있는 정보이동권 등의 권리를 규정하고 있다. 이 외 디지털 무역 관련 규정을 담고 있는 대표적인 지역무역협정은 다음과 같다.

- 유럽 일반 개인정보보호법(GDPR, General Data Protection Regulation)
- 아세안 디지털 데이터 거버넌스 프레임워크(ASEAN Framework on Digital Data Governance)
- 환태평양 경제 동반자 협정(CPTPP, Comprehensive and Progressive Agreement for Trans-Pacific Partnership)
- 역내 포괄적 경제 동반자 협정(RCEP, Regional Comprehensive Economic Partnership)
- 캐나다-미국-멕시코 협정(CUSMA, Canada-United States-Mexica Agreement)
- 유럽-일본 경제 동반자 협정(European Union and Japan for an Economic Partnership Agreement)
- 미국-일본 디지털 무역 협정(US-Japan Digital Trade Agreement)
- 호주-싱가포르 디지털 경제 협정(Austrailia-Singapore Digital Economy Agreement)

이러한 지역무역협정은 주요국이 동맹국이나 우방국과의 연대(coalition)의 수단으로 활용될 수 있다는 점에서 주목할 필요가 있다. 특히 CPTPP와 RCEP는 미국과 중국의 대결적 지역협정으로 여겨졌던 만큼 심화하는 복잡한 세계 질서 속에서 관련 규범과 규칙을 자세히 살피고 우리나라의 대응 방안을 마련하는 것이 중요하다.

5. 결론

　이 글은 정보의 불균형과 불확실성이 국제정치에서 왜 그리고 어떻게 중요한지를 현실주의, 제도주의, 구성주의 이론을 통해 고찰하고 우주 개발, 인공지능, 디지털 무역 규범의 측면에서 빅데이터의 의미와 현황을 설명하고자 하였다. 특히 패권 경쟁의 측면에서 디지털 무역 규범 경쟁을 살펴보는 것은 우리나라의 전략적 대응을 마련하는 데에 중요한 의의가 있다. 인공지능과 디지털 무역의 발전은 국가 간의 협력을 촉진할까? 아니면 국가 간의 대립과 반목이 심화할까? 현실주의자들은 상대방의 의도에 대한 정보의 부족과 불확실성으로 인해 생길 수 있는 갈등과 힘의 균형(balancing)에 주목한다. 또 제도와 규범은 국제 질서의 권력관계를 반영하며 위계적인 패권국이 공공재를 제공함으로써 국제 질서가 안정적일 수 있다고 설명한다. 제도주의자들은 제도가 대화와 협상을 위한 장을 마련하고 정보의 비대칭성으로 야기되는 문제를 완화한다고 주장한다. 나아가 거래 비용의 감소는 효율을 높이고 상호 간 이익을 가져다준다고 보았다. 구성주의자들은 행위자의 정체성은 사회적으로 구성되는 것으로, 우리라는 정체성과 담론이 제도에 영향을 미치는 것으로 본다.

　데이터가 무한한 자원의 공공재라면 패권국은 이에 내해 어떤 역할을 할 수 있을까? 아직 디지털 무역 규범이 완료된 상태라고 보기에는 시기상조이지만 강대국들이 지역무역협정 등에 디지털 무역과 관련한 규칙과 규범을 명시하고 있다. 이러한 지역무역협정은 미국과 중국이 각자가 주장하는 국제 질서에 동조하는 집단을 만드는 데 활용되기도 한다. 미국은 자유로운 데이터 이동을 포함한 자유 관념을 지역무역협정 등에 명시하도록 노력해 왔으나 최근 보호주의적인 입장으로 회귀하는 모습이 보인다. 중국이 새로운 규칙 제정자로 부상해 공공재를 제공하는 역할을 하게 된다면 제2차 세계대전 이후에 형성된 미국 중심의 자유주의 국제 질서는 제한적 이거나 시대의 뒤편으로 사라질 가능성도 있다. 중국은 개혁개방 이래 시장 자본주의를 도입해 급속한 성장을 이루었지만, 공산당 1당 지배 체제로 국유 자산과 국유 기업이 당의 영도에서 벗어나지 않는다. 효율보다 정치적 안정을 추구하는 중국이 디지털 경제의 도래와 함께 주변국을 우방국으로 끌어들일 수 있을지가 관건이다.

빅데이터는 우주 개발 및 인공지능과 같이 국가 안보에 중요한 부분을 담당하는 분야와 긴밀하게 연관되어 있다. 우주와 인공지능 개발에 빅데이터를 활용하기도 하지만, 우주 인프라와 인공지능의 시장 선점을 통해 빅데이터를 더 많이 수집할 수 있기도 하다. 특히 인공지능이 스스로 성장하고 판단을 내리는 형태로 진화할 경우, 테러나 전쟁에 개입할 가능성이 있다. 빅데이터와 관련한 규제가 적절하게 이루어진다면 국제협력을 촉진하고 UN 지속가능개발목표의 달성을 앞당길 수 있지만 문제는 다중 행위자와 다중 공간의 복잡성으로 인해 전 세계 시민에 영향을 미칠 수 있는 악의적인 행위가 규제의 빈틈을 파고들 수 있다는 점이다. 데이터의 공익적 사용은 환경, 빈곤, 재난 등을 예측하거나 예방하고 적절하게 자원을 배분하는 데 기여할 수 있다. 또 데이터 이동은 디지털 무역을 활성화하고 상호 간 경제적 이익을 얻도록 해준다. 하지만 이러한 데이터 권력이 사적 기업이나 특정 국가에 과도하게 집중된다면 우리는 폭력적 상황을 마주할 지도 모른다.

데이터 이동과 개인정보보호 문제는 정치, 경제, 사회 등의 전 분야와 연관이 있다. 투명성과 개방성을 담론으로 내세우는 국제 제도는 정보의 장벽과 거래 비용을 낮춤으로써 국가 간의 협력과 지역 통합을 촉진할 수도 있다. 이러한 협력은 우리라는 정체성을 공유할 경우 더 수월할 수도 있다. 하지만 서로 다른 정체성과 관념이 충돌할 경우, 오히려 행위자 간의 입장 차이를 드러내어 갈등의 소지가 될 수도 있다. 또 기울어진 운동장은 디지털 자원을 활용하지 못하는 집단이 소외되어 정보 및 경제적 격차를 심화할 수도 있다.

구글의 딥마인드가 데이터의 대량 수집과 대규모 언어모델(LLM)을 통해 단순 작업을 반복하던 로봇이 자율 로봇으로 고도화한 오토RT를 공개했다고 한다. 빅데이터를 기반으로 한 인공지능과 로봇이 인류에 혜택을 가져다줄 수도 있지만 이제는 어쩌면 국가 간의 전쟁이 아니라 다중 행위자간의 전쟁을 걱정해야 할 수도 있다. 복잡성이 심화하는 정보화의 시대에 예측 불가능성 위험으로부터 인류의 스스로 사유할 권리를 보호하기 위해서는 경쟁보다 협력이 절실한 때이다.

참고문헌

고학수·임 용·박상철. 2021. 『유럽연합 인공지능법안의 개요 및 대응 방안』. DAIG.

신상우. 2017. [우주×4차산업혁명] ②우주데이터 활용 사업(6). 한국항공우주연구원.

이가연. 2020. "글로벌 디지털 표준협력과 데이터 거버넌스: 자유주의적 인권과 개발협력 담론을 중심으로." 『국제지역연구』 24권 3호: 177-199.

_____. 2023. "미·중 초국경 데이터 규제와 사이버안보 담론 비교: 아세안 개발원조 사례를 중심으로." 『정보화정책』 30권 1호: 89-108.

잭슨, 로버트. 2016. 『주권이란 무엇인가』. 21세기북스.

정애령. 2019. "개인정보 국외이전 허용요건의 검토." 『공법학연구』 20권 2호: 209-244.

최기룡·황인원. 2022. "중국 'ODA-like'와 정치적 부패—말레이시아 동부해안철도 (ECRL) 사례를 중심으로." 『동남아시아연구』 32권 4호: 119-158.

국립중앙도서관. 2018. 국립중앙도서관 디지털 자원 보존전략 수립 연구.

기획재정부 보도자료. 2023년 7월 12일. "디지털세(필라1,2) 관련 성명문 경제협력개발기구(OECD)/주요 20개국(G20) 포괄적 이행체계(IF) 승인."

한국정보화진흥원. 2018. "데이터 주권 부상과 데이터 활용 패러다임의 전환." 『IT&Future Strategy』 제5호.

KCMI. 2021. 글로벌 디지털세 도입 현황 및 논의 방향. 자본시장포커스.

KDI 경제정보센터. 2021. 새로운 세금의 등장, 디지털세.

연합인포맥스(2023-12-04), "[시사금융용어] 블레츨리 선언(Bletchley declaration)" https://news.einfomax.co.kr/news/articleView.html?idxno=4291337 (최종검색일: 2024. 2. 19.)

조선일보(2023-11-03), "AI 규제 나선 주요국들 '편견·허위정보 유포… 전쟁까지 전방위 위협'" https://www.chosun.com/economy/tech_it/2023/11/03/ZQ3LYZBPQRDNFECJVLKF7JBDGQ/ (최종검색일: 2024. 2. 19.)

ESG 경제(2023-11-06), "블레츨리 선언, '프런티어 AI는 UN SDGs 달성 위협할 수도'" https://www.esgeconomy.com/news/articleView.html?idxno=5074) (최종검색일: 2024. 2. 19.)

Arendt, Hannah. 1973. *The Origins of Totalitarianism*. Harcourt, Brace, Jovanovich, First Edition.

Aaronson, Susan. 2023. "Could a Global 'Wicked Problems Agency'Incentivize Data Sharing?" CIGI Papers No 273.

Bambauer, Jane. 2011. *Tragedy of the Data Commons*.

Broome, André. 2014. *Issues and Actors in the Global Political Economy*. Basingstoke. Palgrave Macmillan.

Chander, Anupam and Uyen Le. 2015. "Data Nationalism." *Emory Law Journal* 64(3).

Christopher, Springer. 2009. "Avoiding a Tragedy: Information Literacy and the Tragedy of the Digital Commons." *Library Philosophy and Practice*.

Curien, Nicolas, Emmanuelle Fauchart, Gilbert Laffond, and François Moreau. 2007. "Online Consumer Communities: Escaping the Tragedy of the Digital Commons." *Internet and Digital Economics*. Cambridge: Cambridge University Press: 201-219.

Deutsch, Karl. 1981. *Comparative Government: Politics of Industrialized and Developing Nations*. Published by Houghton Mifflin.

Greco, Gian Maria and Luciano Floridi. 2004. "The Tragedy of the Digital Commons." *Ethics and Information Technology* 6(2): 73-81.

Haas, Ernst. 1961. "International Integration: the European and the Universal Process." *Internatioanl Organization* 15(3): 366-392.

Hardin, Garret. 1968. "The Tragedy of the Commons: The Population Problem has no Technical Solution." *Science* 162(3859): 1243-1248.

Hobbes, Thomas. 1651. *Leviathan* (1981 by Penguin Books).

Hopf, Ted. 1998. "The Promise of Constructivism in International Relations Theory." *International Security* 23(1): 171-200.

Ikenberry, John. 2001. *After Victory: Institutions, Strategic Restraint, and the Rebuilding of Order After Major Wars*. Princeton: Princeton University Press.

Keohane, Robert. 1984. *After Hegemony: Cooperation and Discord in the World Political Economy*. Princeton University Press.

Krüger, Philipp. 2016. "Datensouveränität und Digitalisierung." *ZRP*, 190.

Krasner, Stephen. 1976. "State Power and the Structure of International Trade." *World Politics* 28(3): 317-347.

Lippoldt, Douglas. 2022. "Regulating the International Digital Economy, with Trade and Innovation in Mind." CIGI Papers No. 265. Waterloo: Centre for International Governance Innovation.

Locke, John. 1689/90. *Two Treatises of Government*.

Mitrany, David. 1975. *The Functional Theory of Politics*. New York: St. Martin's Press.

Morgenthau, Hans. 1948. *Politics Among Nations: The Struggle for Power and Peace*. New York Alfred A. Knopf.

Mossberger, Karen, Seongkyung Cho and Pauline Cheong. 2023. "The Public Good and Public Attitudes toward Data Sharing Through IoT." *Policy & Internet* 15(3): 370-396.

Nye, Joseph and Robert Keohane. 1977. *Power and Interdependence: World Politics in Transition.* Little Brown and Company.

O'Hara, Kieron and Wendy Hall. 2018. "Four Internets: The Geopolitics of Digital Governance." CIGI Papers Series. No. 206. Waterloo: Centre for International Governance Innovation.

Rousseau, Jean-Jacques. 1762. *The Social Contract, or Principles of Political Right.*

Ruggie, John. 1998. "What Makes the World Hang Togethere? Neo-Utilitarianism and the Social Constructivist Challenge." *International Organization* 52(4): 855-885.

Schmit, Cason, Theodoros Giannouchos, Mahin Ramezani, Qi Zheng, Michael A. Morrisey and Hye-Chung Kum. 2021. "US Privacy Laws Go Against Public Preferences and Impede Public Health and Research: Survey Study." *Journal of Medical Internet Research* 23(7). doi: 10.2196/25266.

Waltz, Kenneth. 1979. *Theory of International Politics.* McGraw-Hill.

Wendt, Alexander. 1999. *Social Theory of International Politics.* Cambridge: Cambridge University Press.

Zech, Herbert. 2016. "A Legal Framework for a Data Economy in the European Digital Single Market: Rights to Use Data." *Journal of Intellectual Property Law & Practice* 11(16): 460-470.

Bennett Institute for Public Policy and ODI. 2020. "The Value of Data: Summary Report." https//www.bennettinstitute.cam.ac.uk/wp-content/uploads/2020/12/Value_of_data_summary_report_26_Feb.pdf (최종검색일: 2024. 2. 19.)

Colye, Dinae. 2020. "Common Governance of Data: Appropriate Models for Collective and Individual Rights." Bennett Institute. https://www.bennettinstitute.cam.ac.uk/blog/common-governance-data-appropriate-models-collecti/

Deltapoll Survey Results. 2020. https://view.officeapps.live.com/op/view.aspx?src=https%3A%2F%2Fassets.publishing.service.gov.uk%2Fmedia%2F60950489e90e0726efe48264%2FDeltapoll-Polling_data_Data_sharing_between_organisations.xlsx&wdOrigin=BROWSELINK (최종검색일: 2024. 2. 19.)

Digital Trade & Data Governance Hub. https://datagovhub.elliott.gwu.edu/faq/ (최종

검색일: 2024. 2. 19.)

European Commission, Digital trade in EU trade agreements. https://trade.ec.europa. eu/access-to-markets/en/content/digital-trade-eu-trade-agreements-0 (최종검색 일: 2024. 2. 19.)

Government of Canada Infomation Technology Strategic Plan 2016-2020. https:// www.canada.ca/en/treasury-board-secretariat/services/information-technology/ information-technology-strategy/strategic-plan-2016-2020.html (최종검색일: 2024. 2. 19.)

OECD 2019. Enhancing Access to and Sharing of Data: Reconciling Risks and Bene-fits for Data Re-use across Societies. https://www.oecd.org/sti/enhancing-access-to-and-sharing-of-data-276aaca8-en.htm (최종검색일: 2024. 2. 19.)

OECD, The impact of digitalisation on trade www.oecd.org/trade/topics/digital-trade/. (최종검색일: 2024. 2. 19.)

OECD Legal Instruments. https://legalinstruments.oecd.org/en/instruments?mode=no rmal&statuslds=1&dataType=adoption. (최종검색일: 2024. 2. 19.)

Stucke, Maurice. 2018. "Here are All the Reasons It's a Bad Idea to Let a Few Tech Companies Monopolize Our Data." *Harvard Business Review.* https://hbr. org/2018/03/here-are-all-the-reasons-its-a-bad-idea-to-let-a-few-tech-companies-monopolize-our-data (최종검색일: 2024. 2. 19.)

UNCTAD. 2021. Digital Economy Report 2021 — Cross-Border Data Flows and De-velopment: For whom the data flow. https://unctad.org/page/digital-economy-report-2021 (최종검색일: 2024. 2. 19.)

US Department of State, Joint Statement of the Japan-U.S. Economic Policy Con-sultative Committee https://www.state.gov/joint-statement-of-the-japan-u-s-cconomic-policy-consultative-committee/ (최종검색일: 2024. 2. 19.)

Walt, Stephen. 2014. "Is Barack Obama More of a Realist Than I Am?." *Foreign Policy.* https://foreignpolicy.com/2014/08/19/is-barack-obama-more-of-a-realist-than-i-am/ (최종검색일: 2024. 2. 19.)

West, Jessica. 2023. "Where Outer Space Meets Cyberspace: A Human-Centric Look at Space Security." https://www.cigionline.org/articles/where-outer-space-meets-cyberspace-a-human-centric-look-at-space-security/ (최종검색일: 2024. 2. 19.)

저자소개

한의석

중앙대학교 정치외교학과를 졸업하고 동대학원 및 올바니 뉴욕주립대 정치학 석사, University of Southern California에서 정치학박사 학위를 받았다. 성신여자대학교 교수 및 동아시아연구소장으로 재직 중이다. "아베 시대 야당의 분열과 갈등", "대립하는 세계와 한국의 공공외교", 『일본의 정치체제와 제도』(단독, 명인문화사), 『생명과학기술과 정치』(공저, 푸른길) 등의 논문과 저서가 있다.

손민석

중앙대학교 정치외교학과를 졸업하고 동 대학원에서 정치사상 전공으로 박사학위를 받았다. 현재 조선대학교 사회과학연구원 학술연구교수 및 서울대학교 국제문제연구소 객원연구원으로 재직 중이다. 종교와 정치사상, 디지털 시대, 과학기술과 정치철학에 관심을 가지고 연구와 강의를 진행 중이다. 논문으로는 "정치적 헤브라이즘과 근대 공화주의 담론", "ESG 시대, '사회적'(Social) 규범의 역사와 도전과제" 등이 있고, 『현대정치의 위기와 비전: 니체에서 현재까지』(공저, 아카넷), 『우리 시대의 그리스도교 사상가들』1, 2(공저, 도서출판 100), 『근현대 동아시아 지식장과 정치변동』(공저, 성균관대학교출판부), 『서양을 번역하다』(공역, 성균관대학교출판부)』 등을 출간했다.

김영근

도쿄대학 대학원 총합문화연구과에서 박사학위(국제관계학 전공)를 취득하고, 현재 고려대학교 글로벌일본연구원 교수로 있으며, 사회재난안전연구센터 소장을 맡고 있다. '포스트 코로나 시대의 생명정치와 인간의 안전보장' 등의 논문을 썼으며, 『한일관계사 1965~2015. II: 경제』(공저), 『한일 관계의 긴장과 화해』(편저), 『생명과학기술과 정치』(공저) 등의 저서와 『한일 경제협력자금 100억 달러의 비밀』, 『3·11 동일본대지진을 새로이 검증하다』, 『일본 원자력 정책의 실패』 등의 역서가 있다. 주된 관심분야는 글로벌 위기관리 및 재해안전학, 일본의 정치경제, 동아시아 국제관계, 국제기구론, 국경학 등이다. 미국 예일대학 국제지역연구센터(YCIAS) 파견연구원, 일본 아오야마가쿠인대학 국제정치경제학부 협력연구원, 현대경제연구원 동북아연구센터 연구위원, 무역투자연구원(ITI) 무역정책실 연구실장, 계명대학교 국제대학 일본학과 조교수를 역임했다.

정진화

성신여자대학교 정치외교학과를 졸업하고 동 대학에서 정치사상 전공으로 정치학 박사 학위를 받았다. 현재 성신여대 동아시아연구소 연구원으로 있으며 최근 주요 연구주제는 제4차 산업혁명시대 과학기술의 발전과 정치변동에 관한 정치철학적 접근과 학제간 융복합이다. "유전공학의 발전과 인간의 자유에 대한 정치철학적 고찰"(2020), "뇌-컴퓨터 인터페이스(BCI)와 인간의 조건에 대한 정치철학적 고찰"(2023) 등 과학과 정치를 아우르는 다수의 논문을 발표하였다.

박일현

대한의사협회에 근무하고 있으며, 연세대학교 보건대학원에서 보건학석사학위를 취득하고, 중앙대학교 대학원 정치국제학과에서 "의료민영화법률 입법교착 원인과 양상: 노무현, 이명박, 박근혜 정부 의료법개정안 중심으로"라는 논문으로 정치학 박사학위를 취득했다. 보건복지부 지역환자안전센터 연구용역, 질병관리청 지역사회 감염병 대응 역량 강화사업 연구용역 등 다수 연구에 참여했으며, 보건의료정책결정과정, 행위자 갈등, 이익단체 정치참여, 재난의료 등에 관심을 가지고 연구하고 있다.

임진희

중국인민대학(中国人民大学)에서 국제관계학으로 석사학위를, 국제정치학으로 박사학위를 취득하였다. 현재는 한신대학교 유라시아연구소에서 연구교수로 재직 중이다.
주요 연구주제는 중국 대외정책과 정치 엘리트이며, 최근 논문으로는 "중국공산당 중앙정치국집체학습(集体学习) 분석 – 시진핑 시기를 중심으로(2023)", "디지털 기술 발전이 중국의 체제 안정에 미치는 영향(2023)", "중국 시진핑 정부 특징과 권력 공고화 분석 - 마오쩌둥 시기와 비교를 중심으로(2022)" 등이 있다.

김윤희

한국외국어대학교 아프리카어학과를 졸업하고 동대학원에서 아프리카지역학 경제 석사 및 University of Ilinois Urbana–Champaign에서 경제학 석사를 받았다. 이후 영국 Durham University에서 국제정치학으로 박사학위를 받았다. 현재는 서울대학교 아시아연구소 아시아–아프리카 센터에 객원연구원으로 재직하며 중국–아프리카 및 제3세계의 안보정책에 관심을 갖고 연구 중이다. 주요 대표 논문은 "미국의 인도–태평양 전략이 아프리카의 안보에 미치는 영향과 한국 외교에 주는 함의(2024)", "The Intersection between Diplomatic Security and Cooperation: Korea's Veteran Diplomacy Towards Türkiye(2024)", "시진핑 시기 중국의 기후변화 대응에 따른 대(對)아프리카 공공외교 전략: 케냐와의 재생에너지 협력사례를 중심으로(2022)", "다자주의를 통한 중국의 對 아프리카 운명공동체 구상—중국—아프리카 협력포럼을 중심으로(2022)" 등이 있다.

심세현
강원대학교 통일강원연구원 선임연구원이다. 대전대학교 안보군사연구원 군사문제연구센터장을 역임했고, 같은 학교 안보융합학과 조교수로 재직했다. 주요 연구실적으로는 "1970년대 자주국방담론과 국방정책에 관한 연구", "한미동맹의 비대칭성에 관한 연구", "한국의 생물테러 발생 가능성과 대응방안에 관한 연구", "4차 산업혁명시대 뉴테러리즘에 관한 연구", "디지털 기술의 발전과 사이버안보 위협" 등이 있다. 비전통안보를 비롯한 다양한 안보 분야로의 연구 확대를 도모하고 있다.

이가연
현재 성신여대 동아시아연구소 학술연구교수로 재직 중이다. 성신여대에서 독문학과 영문학 학사, 중앙대학교에서 북한개발협력 석사학위를 받았다. 이후 국립국제교육원 외국정부 초청장학생에 선발되어 중국 정부에 추천되었고, 길림대학교(吉林大学) 행정학원에 배정되어 국제정치 박사 학위를 받았다. "외생요인이 글로벌 금융 거버넌스에 미치는 영향(중문 작성)"으로 논문을 써 박사학위를 받았으며 정치경제 시각으로 데이터 거버넌스와 동아시아 지정학을 연구하고 있다. "중국의 부상과 글로벌 금융 거버넌스의 표준경쟁"(2020), "글로벌 디지털 표준협력과 데이터 거버넌스: 자유주의적 인권과 개발협력 담론을 중심으로"(2020), "미·중 초국경 데이터 규제와 사이버안보 담론 비교: 아세안 개발원조 사례를 중심으로"(2023) 등의 논문을 발표하였다.